T0124891

Elke Strauchenbruch

LUTHERS WITTENBERG

EVANGELISCHE VERLAGSANSTALT
Leipzig

Elke Strauchenbruch, Jahrgang 1956, studierte Geschichte in Leipzig. Anschließend war sie elf Jahre als wissenschaftliche Mitarbeiterin im Wittenberger Lutherhaus tätig. Durch langjährige Studien und Stadtführungen hat sie sich einen Namen als profunde Kennerin der Lutherstadt erarbeitet. Seit 1990 ist sie als Buchhändlerin und Antiquarin tätig und als Publizistin populärer reformationsgeschichtlicher Texte bekannt. Nach »Luthers Kinder« und »Luthers Weihnachten« schrieb sie das vorliegende historische Stadtporträt »Luthers Wittenberg«.

Die Deutsche Bibliothek verzeichnet diese Publikation in der Deutschen Nationalbibliografie; detaillierte bibliografische Daten sind im Internet über http://dnb.ddb.de abrufbar.

Printed in EU · H 7601

Das Buch wurde auf alterungsbeständigem Papier gedruckt.

Gesamtgestaltung: Ulrike Vetter, Leipzig
Druck und Binden: GRASPO CZ a. S., Zlín

ISBN 978-3-374-03137-5
www.eva-leipzig.de

VORWORT

Gegen seinen Willen wurde der Mönch Martinus Luther von seinem Ordensvikar nach Wittenberg versetzt. Bei diesem ersten Aufenthalt erschien ihm die Stadt als *armselig* und *am Rande der Welt*, die Einwohner als *grobe Sachsen*.
Heilfroh war er, als er nach einem Jahr in sein Mutterkloster nach Erfurt zurückkehren durfte. Doch dort kam es während schwerer städtischer Auseinandersetzungen auch zu Übergriffen auf wichtige Universitätsgebäude. Die Lage in der Stadt hatte sich kaum beruhigt, als auch in seinem Kloster Streitigkeiten ausbrachen. Luther, auf den seine Ordensoberen längst aufmerksam geworden waren, gehörte zu jenen Brüdern, die zu einem Ordens-Konvent nach Nürnberg und von diesem bis nach Rom entsandt wurden. In diesen Monaten nach seinem ersten Wittenbergaufenthalt lernte der Mönch die Gefahr unversöhnlicher Kontroversen und unkontrollierter Aufstände kennen. Er lernte, um seine Sache zu kämpfen und sich auf die Seite derjenigen zu stellen, die seine Richtung unterstützten. Zurückgekehrt in sein geliebtes Erfurter Kloster und die dort ungelösten Misshelligkeiten, musste ihm die erneute Versetzung nach Wittenberg wie eine Wohltat erscheinen.
Sein Förderer und Beichtvater Staupitz hatte ihn dort zu seinem Nachfolger in seiner Wittenberger Bibelprofessur bestimmt. Erneut in Wittenberg angekommen sah sich der Mönch mittendrin im Leben einer jungen und aufblühenden Universität.

Hier war alles auf dem neuesten und modernsten Stande: die Gebäude, die sich teilweise noch im Bau befanden und die neu berufenen Professoren. Die junge Universität öffnete sich von Anfang an dem Humanismus. Als Luther aufgefordert wurde, erstmals ein Gutachten für den Kurfürsten zu verfassen, sprach er sich eindeutig für die Freiheit in Lehre und Forschung aus. In jenen Jahren wurden die Grundlagen für Luthers hervorragende Beziehungen zum Wittenberger Rat gelegt, dem es nun gelang, den jungen Universitätsprofessor und Mönch auf eine vakante Predigerstelle in der Stadtkirche zu bringen und durch ihn seinen Einfluss auf die Stadtkirche auszuweiten.

Damals entstand ein großartiges Beziehungsdreieck zwischen Luther und der Universität, der Universität und dem Rat der Stadt und dem Rat und Luther. Man ging eine Symbiose ein, die für die Reformation höchste Bedeutung erlangen sollte.

Als nach Erscheinen der *Thesen* die Gefahr für den Mönch immer weiter wuchs und er außerhalb der Stadt seines Lebens nicht mehr sicher sein konnte, wusste er längst, der Rat steht auf meiner Seite und wird mich unterstützen und mit ihm ein großer Teil der Wittenberger Bevölkerung und auch der Universität. Wittenberg war ihm Fluchtpunkt und Heimat geworden. Hier war er als Mönch, als Universitätsprofessor und als Prediger im Auftrage der Stadtobrigkeit vernetzt, wie kaum ein Zweiter.

Natürlich fand er auch in Wittenberger Universitätskreisen, in seinem Kloster und in der Bevölkerung Menschen, die seine Gegner wurden, Freunde, die ihn verließen und Menschen, die sich offen gegen ihn und die von ihm angestifteten Neuerungen aussprachen. Alles, was man bisher für richtig und gut gehalten und ausgeübt hatte, kam jetzt auf den Prüf-

stein und sehr vieles, von der Angst vor dem Fegefeuer, über Speisegewohnheiten bis hin zur eigenen Stellung gegenüber Arbeit und Feiertag veränderte sich grundlegend.
Luthers Abneigung gegen *Aufruhr und Empörung* und sein ständiges Bemühen, den Kurfürsten nicht zu verärgern oder gar gegen sich aufzubringen, führten dazu, dass er behutsam vorging. Er meinte, man könne das Evangelium den Menschen nicht aufzwingen. Sie müssten es für sich wollen und selbst annehmen. Damit kam er der zögerlichen Haltung Kurfürst Friedrichs entgegen, der von Anfang an das Eingreifen des Kaisers verhindern wollte. Es vergingen sieben lange Jahre. Erst Weihnachten 1525 wurde auf Befehl von Kurfürst Johann an Luthers Predigtkirche, der Stadtkirche, die deutsche Messe eingeführt.
Die Stadt veränderte in jenen Jahren und bis zu Luthers Tod ihr Gesicht. Überall entstanden große Steinbauten, offizielle und private Gebäude, die die Zeiten bis heute überdauert haben. Mit dem Buchdruck, der Buchbinderei und dem Buchhandel zogen Exportgewerbe in die Stadt und brachten neue Arbeitsplätze. Viele Einwohner kamen zu Wohlstand, noch mehr wurden immer ärmer. Die Einführung des *Gemeinen Kastens* als Armen- und Sozialkasse, das persönliche Eingreifen Luthers, Melanchthons, Bugenhagens und vieler Bürger, ihre Stiftungen zugunsten des Kastens und der Ausbildung von Studenten und Ausstattung unvermögender Bürgerstöchter und die Hilfe durch das kurfürstliche *Amt Wittenberg* haben die höchste Not von der Stadt gewendet. Aus dem säkularisierten Franziskanerkloster wurde in Zusammenarbeit Luthers mit dem Rat eine Art Sozialstation der Stadt.
Trotz seiner Gegenwehr wurde die Verehrung Luthers schon zu seinen Lebzeiten immer weiter ausgebaut. Ihm gefiel das nicht, doch als er zum Ende seines Lebens hin immer wieder

den Eindruck hatte, ihm würde nicht genügend Respekt entgegengebracht – der Bau der Stadtbefestigung bedrohte sein Haus, Tagelöhner warfen ihm Fenster ein, ein Acker wurde, ohne ihn zu fragen, überbaut, kostbares Bauholz verschwand ... – hatte er schwer zu kämpfen. *Ich bin es leid*, schrieb er seiner Frau und drohte, die Stadt und ihre Universität, die er als Wiege der Reformation betrachtete, endgültig zu verlassen. Kurfürst, Universität und Rat holten ihn gemeinschaftlich nach Hause und das nochmals, als er *müde und abgelebt* auf einer Reise in Eisleben verstorben war. Der *teure Mann* konnte doch nur in seiner Stadt Wittenberg seine letzte Ruhe finden!

Es ist Zeit, Dank zu sagen. Ich danke meiner Familie und meinen Freunden. Mein Sohn und Dasha von Anhalt haben mich bestärkt, dieses Buch fertig zu schreiben. Astrid und Ulrich Räuchle fuhren mit mir auf den Spuren der Hedwig bis nach Burghausen an die österreichische Grenze. Andreas Wurda hat mit mir diskutiert und mir Hinweise gegeben und Wolf D. Hartmann hat in altbewährter Weise geholfen.

Johannes Winkelmann von Kultur e.V., das Stadtarchiv in den Ratssammlungen Wittenberg und das Fotostudio Kirsch, das in diesen Tagen den Seniorchef Winfried Kirsch an den Tod verloren hat, haben geholfen. Mein Dank gilt der Stiftung der Lutherstätten, der Stadtkirchengemeinde, dem evangelischen Predigerseminar und dem Ratsarchiv für ihre Unterstützung und dem Stadtkirchenpfarrer Johannes Block für moralische Stärkung.

Mein besonderer Dank gilt der Evangelischen Verlagsanstalt. Ohne ihre engagierte Arbeit wäre das Erscheinen des Buches nicht möglich gewesen. Möge es viele und hoffentlich begeisterte Leser finden und machen wir uns weiter auf den spannenden Weg, Luther zu entdecken und von ihm zu erzählen!

INHALTSVERZEICHNIS

KAPITEL 1
»SCHINDLEICHE« WITTENBERG

DIE BURG DES KÖNIGLICHEN HOFMARSCHALLS

Als Luther im Herbst 1508 zum ersten Mal in Wittenberg eintraf, sah die Stadt schon auf eine mehr als 300-jährige christliche Geschichte zurück.

Die *Wittinburg* wurde im Jahre 1180 erstmals neben anderen Burgen in einer Urkunde der Diözese Brandenburg erwähnt. Kaiser Friedrich Barbarossa hat 1180 auf einem Hoftag in Gelnhausen den jüngsten Sohn des verstorbenen Albrecht der Bär, den Grafen Bernhard von Ballenstedt, mit der hohen Würde des Herzogs von Sachsen belehnt. Der Askanier gehörte nun zu den in der mittelalterlichen Ständepyramide höchsten Fürsten des Reiches. Die Herzöge von Sachsen hatten immer das Amt des königlichen Hofmarschalls, des *Erzmarschalls*, inne, waren für die Sicherheit des Königs verantwortlich und begleiteten ihn auf politisch wichtigen Reisen. Das Tragen des königlichen Schwertes und, seit 1356, das sächsische Kurwappen mit den gekreuzten Schwertern symbolisieren ihre besondere Stellung. Das Herzogtum Sachsen wurde durch ein von schwarzen und goldenen Balken neunmal geteiltes Wappen mit schrägem grünem Rautenkranz symbolisiert.

Die älteste erhaltene Darstellung der Kreuzigung Christi in Wittenberg, Sandsteinplastik an der Westseite der Stadtkirche aus dem 13. Jahrhundert

Die Stadtfarben Wittenbergs sind darum bis heute Schwarz und Gold.
Um 1265 ließ Herzogin Helene die Grablege der Familie in das im Norden Wittenbergs innerhalb der Stadtbefestigung erbaute Franziskanerkloster verlegen. Die Grablege einer adeligen Familie war eine auf ewig angelegte Memorialstiftung, die den Adel bis heute von allen anderen Menschen abhebt. Man gedachte hier der Verstorbenen der Familie und betete für ihr Seelenheil. Hatte man, wie die Askanier, sogar königliches Blut in seinem Familienstammbaum[1], kam den Toten große Verehrung und ihren Gräbern unbedingter Schutz zu. Dadurch galt dem Ort dieses Totenkults die besondere Fürsorge der Familie. Man bemühte sich, die Grablege möglichst häufig aufzusuchen und gestaltete sie repräsentativ aus.
Herzogin Helenes Sohn, Herzog Albrecht II., wurde 1273 mit Agnes, einer Tochter König Rudolfs von Habsburg, vermählt. Deren nach dem königlichen Großvater benannter Sohn Rudolf wurde ein enger Freund und Vertrauter König Karl IV., der mit der Goldenen Bulle von 1355/56 das alte Königswahlrecht schriftlich fixieren ließ. Von nun an bis zum Wiener Kongress im Jahre 1815 haben die Kurfürsten die deutschen Könige gewählt; einer von ihnen war der Herzog von Sachsen. Die sächsische Kurwürde blieb immer mit dem Besitz

von Wittenberg und dem Kurkreis Wittenberg verbunden. Man konnte also nicht Kurfürst von Sachsen sein, ohne Wittenberg zu besitzen. Diese Tatsache hat die Stadt- und Landesgeschichte 1423 beim Wechsel von den Askaniern zu den von nun an regierenden Wettinern, 1484 in der Leipziger Teilung, 1547 im Schmalkaldischen Krieg und selbst noch unter August dem Starken mitentschieden.

Ältestes Stadtsiegel Wittenbergs mit herzoglich sächsischem Wappen, Elbe und mächtiger Stadtbefestigung, 1358

Schon zur Zeit des askanischen Herzogs Rudolf I. erwähnte das Stadtbuch von 1332, dass die Besitzer eines jeden Hauses jedes Jahr *Wachgeld* zahlen mussten und 72 Bürger sich die Mauerwache teilten. Sie bewachten eine einfache, hohe, turmbewehrte Mauer mit hölzerner Brustwehr, zu der im Jahre 1372 elf Mauertürme, drei starke Türme und mehrere Befestigungswerke sowie 1409 der Beginn einer Wallanlage kamen.

Die Burg und die Stadt waren so stark befestigt, dass im Jahre 1429 die sie belagernden Hussiten unverrichteter Dinge wieder abziehen mussten.

1447 bis 1449 kam es unter anderem wegen der hohen Ausgaben zur Stadtbefestigung, den damit verbundenen Steuererhöhungen und den vielen Heerfahrten, an denen sie teilnehmen sollte, zum Aufruhr unter der Wittenberger Bürgerschaft. Der Rat solle Heerfahrten so gestalten, dass es Arm und Reich erträglich sei, beschied Kurfürst

Um diese Zeit entstand die erste Ordnung der Schützenbruderschaft, zu deren Aufgaben 1430 zum Beispiel das Geleit der Bürgermeister von Halberstadt, Aschersleben und Quedlinburg gehörte, die zu einer Besprechung nach Wittenberg gekommen waren.[2] Auf Befehl des Kurfürsten gingen die Wittenberger auf Ketzerreise und kamen dabei bis Mühlberg/Elbe. Bei einer späteren Heerfahrt gelangten sie bis nach Hoyerswerda.

Der Abrechnung des 1473 abgehaltenen Schützenfestes können wir zum Beispiel entnehmen, dass der in Wittenberg ansässige Landvogt 60 Groschen spendete, *als man nach dem Vogel schoss* und 120 Groschen *aus Vorteilen beim Tafelschießen* zusammenkamen. Ausgegeben wurden vier Groschen an Meister Hans, der den Vogel hergestellt hat, ein Groschen für den Träger des Vogels zur Wiese und zwei Groschen für Kränze für die Singer, Spielleute und Trommelschläger[5]. 1477 wurden auf dem Wittenberger Schützenfest sieben Groschen für Eierteig, Butterfladen und Eierkuchen, die dem Magistrat, dem Schosser und den Frauen zur Ehrerbietung gereicht wurden, ausgegeben.

Friedrich II. nun und ließ eine neue Ratsverfassung einsetzen.[3] Auch eine neue Schützenordnung wurde erlassen. Schützenfeste und Bauernturniere, wie das seit 1496 jährlich im Sommer am Apollensberg stattfindende[4], wurden vom Landesherrn finanziell und mit der Aussetzung lukrativer Preise unterstützt, denn sie dienten der Wehrertüchtigung der Bevölkerung.

Mit Gründung der Universität im Jahre 1502 musste *eine Scharwache von ettlich vnd 20 Mann aufgerichtet, und dazu besonders Wächter Geld angelegt werden,*[6] denn der Zuzug vieler, vor allem junger Männer und die damit in einer Universitätsstadt üblichen Sicherheitsprobleme hatten die Bürgerschaft in ihrer Eigenleistung überfordert. Immerhin mussten alle Wachen und Heerfahrten neben der eigentlichen Erwerbstätigkeit von den Bürgern, Bauern und ihrem Gesinde erbracht werden. Der Wittenberger Rat rüstete weiter auf, sicherlich auch angesichts der wachsenden Unruhen in der Stadt durch die *causa lutheri*, und ließ einen neuen Marstall bauen, der aber zu groß geriet[7] – ein Skandal, den Luther 1520 miterlebte.

Im Oktober 1475 wurde die Königstochter Hedwig/Jadwiga von Polen in Wittenberg der Gesandtschaft ihres Bräutigams Herzog Georg von Bayern übergeben. Die Übergabe der Braut an die Bayern fand hier statt, weil die Mutter des Bräutigams

eine Schwester Kurfürst Ernsts und Tochter der Kurfürstenwitwe Margarete war. Die Abordnung unter Führung von Herzog Otto von Wittelsbach bestand aus zwei Landgrafen, vielen Grafen, Rittern und Reisigen, Bediensteten, inklusive sechs reitenden Köchen und zwei Küchenschreibern, Pfeifern und *Posaunern,* und 500 Pferden für Reiter und Wagen. Hier trafen sie auf das erbetene Geleit, bestehend aus *einer verwitweten sächsischen Herzogin und einer jungen Prinzessin von Sachsen* mit ihrem geschmückten Gefolge aus Ehrenfrauen und Jungfrauen. Der prächtige Brautzug soll am 23. Oktober in Wittenberg angekommen und bis zum 26. Oktober 1475 geblieben sein. In dieser Zeit waren der polnische und der bayerische Brautzug zu beköstigen und unterzubringen und mit ihnen etwa 1700 Pferde und 100 Wagen; eine große Leistung, die Amt und Stadt Wittenberg damals erbringen mussten und konnten.
Der nach Landshut weiterziehende Brautzug wurde wunschgemäß von der Kurfürstenwitwe Margarethe und ihrer Enkelin Christine, einer Tochter Kurfürst Ernst von Sachsens und seit 1478 Königin von Dänemark, begleitet. Margarethe hat auf der *Landshuter Fürstenhochzeit* ihren Bruder Friedrich noch einmal getroffen, denn der Kaiser und sein Sohn Maximilian waren bei der Trauung des Paares in Landshut anwesend. Immerhin ging es bei dieser Eheschließung um die Einbeziehung des Königreichs Polen in ein mitteleuropäisches Verteidigungsbündnis gegen die Türken, um europäische christliche Politik gegen den Islam.

Hedwig spielte lange nach ihrem Tod noch einmal eine Rolle in der Wittenberger Stadtgeschichte, denn ihr Brautschatz ist den Bayernherzögen nie übergeben worden. Der Schuldschein über den Brautschatz geriet in die Hände ihrer Tochter

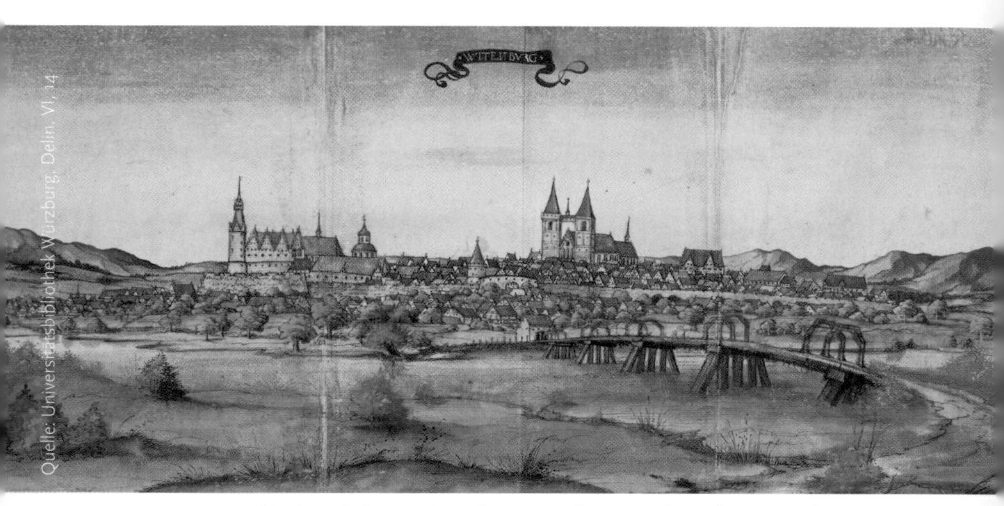

Die älteste bekannte Darstellung Wittenbergs, Tuschezeichnung aus dem Reisetagebuch des Pfalzgrafen Ottheinrich, 1537

und durch diese an den Neffen Ottheinrich von Neuburg-Pfalz. Wer den später gebauten Ottheinrichsbau von Heidelberg kennt, ahnt es schon: Ottheinrich war sein Leben lang stark verschuldet und der Schuldschein kam ihm gerade recht. Er reiste also nach Krakau und versuchte dort das Geld einzutreiben. Auf seiner Rückreise von Krakau über Berlin übernachtete er im Februar 1537 auf Kosten von Kurfürst Johann Friedrich im Wittenberger Schloss. Während seiner Reise ließ Ottheinrich ein Reisetagebuch mit Stadtansichten anfertigen. Diese Darstellungen von Wittenberg und von Düben mit Kemberg sind die ältesten bisher bekannten Stadtansichten der drei Städte.[8]

STADT DER BÜRGER

Die Elbebrücke wurde 1428 bei Wittenberg gebaut.[9] 1455 hat Kurfürst Friedrich II. beim Wittenberger Rat wiederholt Geld geliehen und den Bürgern dafür eine Vergünstigung beim Brückenzoll gewährt. Diese Brücke ist am 9. März 1488 *von einem Wasser weg geführt* worden, wurde also durch Hochwasser schwer beschädigt und man hat wieder eine Fähre benutzen müssen, wenn man das andere Ufer erreichen wollte. Der junge Kurfürst Friedrich III. ließ sie zur Förderung des Handels unter hohem Kostenaufwand reparieren.[10] Die nächste Brücke elbaufwärts sollte seit 1490 bei Torgau entstehen, doch der Bau konnte aus finanziellen Gründen erst 1529 dem Verkehr übergeben werden.[11] Die Dessauer Elbebrücke wurde erst um 1540 gebaut.[12] Da auch alle Handels- und schweren Frachtwagen zwischen Nord und Süd die Elbe überqueren mussten, wird man zumindest bei schlechtem Wetter gerne einen Umweg gemacht und die Wittenberger Brücke benutzt haben.

Der Fluss spielte als Wirtschaftsfaktor eine bedeutende Rolle, wie die umkämpften Stapelrechte beweisen. Wittenberg erhielt 1415 Stapelrechte für Getreide, Wein, Holz, Heringe und andere Waren, wie Steine und kostbare Mühlsteine und brachte einen Teil des Zwischenhandels an sich.

1469 erlangten die Wittenberger von Kurfürst Ernst und seinem Bruder Albrecht das Recht, jährlich einen Weihnachts-Jahrmarkt und Salzmarkt abzuhalten. Für den Salzhandel erhielt der Rat eine Bannmeile, innerhalb der er nur das weiße Gold verkaufen lassen durfte. Fast 200 Jahre früher, am 28. Juni 1298, hatten Herzog Albrecht II. von Sachsen und seine Gemahlin, Herzogin Agnes, der Stadt Wittenberg das Stadtrecht verliehen.

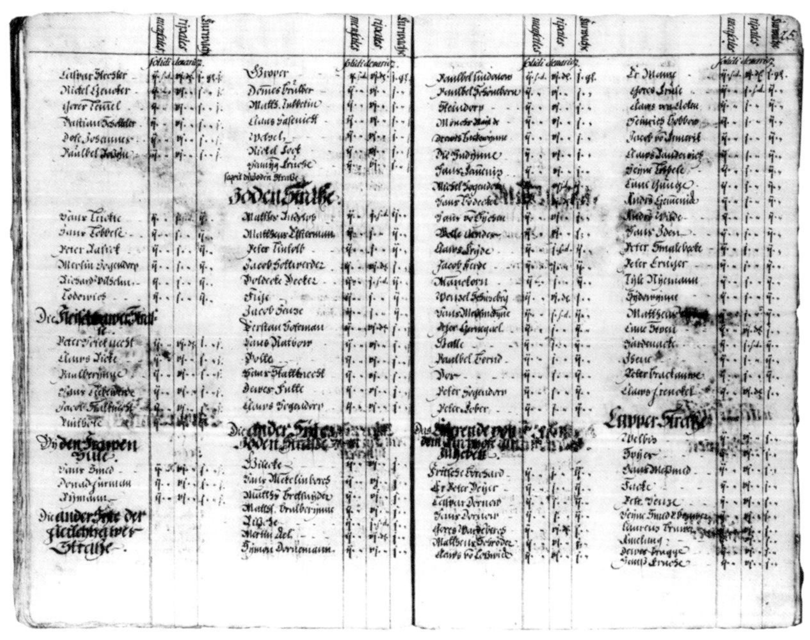

Die älteste Erwähnung des Wittenberger Frauenhauses, 1430

Die Stadt war in vier Stadtviertel eingeteilt, das Elsterviertel, Jüdenviertel, Marktviertel und das Schlossviertel. Im Schlossviertel wohnten die dem Landesherrn besonders nahestehenden Bürger und höheren Bediensteten. Hier und am Markt befanden sich auch die größeren Gasthöfe, in denen selbst fürstliche Besucher mit ihrem Gefolge und Pferden auf Kosten des Landesherrn untergebracht worden sind. Nördlich des Marktes, hinter den *Scharren* genannten Verkaufsständen der Fleischer, befand sich das Franziskanerkloster. Im Jüdenviertel und im Elsterviertel im Osten der Stadt standen vor allem die *Buden* der kleinen Handwerker.

Laut *Erbbuch* von 1513 lebten nur 172 *Brauerben,* das waren brauberechtigte Bürger, in größeren Häusern, und 184 *Bude-*

linge, die nur kleine Häuser und kein Braurecht besaßen, mit ihren Familien und ihrem Gesinde innerhalb der Stadtbefestigung. In der *Schlossvorstadt* im Westen der Stadt, lebten vor allem Hofbedienstete, Gärtner und Fischer und in der Vorstadt vor dem *Elstertor* vor allem Gärtner. Dazu kamen noch Gasthöfe und Herbergen. Insgesamt waren 382 Bürger steuerpflichtig. Immerhin 26 von ihnen besaßen innerhalb der Stadtmauern kein Haus. Für 1513 errechnete man eine Einwohnerzahl von etwa 2000 plus in der Stadt lebende Geistliche und Universitätsangehörige, die nicht steuerpflichtig waren. Dazu kamen die Bewohner und das Gesinde des Schlosses und die meist in den Vorstädten lebenden Tagelöhner mit ihren Familien. Der Neubau des Schlosses, des Klosters, der Universität und die Arbeiten an der Stadtbefestigung erforderten eine hohe Zahl von Arbeitskräften, die zum Teil von weit her herangeholt werden mussten. Dennoch war selbst innerhalb der Stadt zum Beispiel im Elsterviertel viel Platz zur nächtlichen Viehweide, denn die Häuserzeile zwischen Collegienstraße und *Jüdenviertel* war noch nicht gebaut. Viele Bürger besaßen außer- und sogar innerhalb der Mauern Gärten und betrieben neben ihrem Handwerk noch eine kleine Landwirtschaft. Darum gehörte Wittenberg zu den sogenannten *Ackerbürgerstädten*. Das war im Kriegsfall oder bei Seuchen eine Chance zum Überleben, konnte man sich doch über längere Zeit selbst versorgen. Die Bierbrauerei und vor allem der nicht unerhebliche Handel trugen zur wirtschaftlichen Kraft bei. Immerhin hat die Wirtschaftskraft der Stadt im 15. Jahrhundert zum Erweiterungsbau der Stadtkirche mit ihrer eindrucksvollen Westwand gereicht, und die Stadtkirchengemeinde konnte sich ein neues Taufbecken aus der berühmten Bronzegießerei von Peter Vischer in Nürnberg leisten. Wie in den meisten europäischen Städten nördlich der Alpen lebte die Mehrheit

der Bürger noch in strohgedeckten Fachwerkhäusern. Als Kurfürst Friedrich in Wittenberg an den Neubau seines Schlosses und die Gründung einer eigenen Landesuniversität ging, wusste er, dass die Wirtschaftskraft der Stadt und des Kurkreises, der durch das im Schloss sitzende Amt Wittenberg verwaltet wurde, die wirtschaftlichen Grundlagen für seine Pläne boten.
Wer in oder vor der Stadt ein Handwerk oder einen bürgerlichen Handel treiben wollte, hatte das Bürgerrecht zu erwerben und die jährlichen *Schoß*leistungen (Städtische Steuer) zu erbringen. Bedingung dazu war der Nachweis der ehelichen Geburt und der vier deutschen Ahnen der Eltern. Damit waren alle Wenden und die Juden aus der städtischen Gemeinde, die zugleich eine christliche Gemeinde war, ausgeschlossen. Wenden blieb nur das Leben als Tagelöhner oder Gesinde.

Am 4. April 1339 regelte Herzog Rudolf I. in Wittenberg einen Streit zwischen Fleischern und den nach ihrer Vertreibung im Jahre 1304 zurückgekehrten Juden. Die Juden durften nur an bestimmten Tagen Rinder und Schafe schlachten und die Zahl der Tiere wurde ihnen, ähnlich den christlichen Fleischern, genau vorgeschrieben. Durch die Verordnung wurde möglichem Streit mit den Fleischern die Grundlage genommen. Die Beteiligung der Juden am Wittenberger Gemeinwesen wurde durch die Verordnung gestärkt. *Jüdenstraße* und *Jüdenviertel* erhielten in dieser Zeit ihre heute auffällige Bezeichnung.[13] Der Herzog duldete die Juden, weil sie ihm, wie es überall üblich war, besonders hohe Steuern zahlten und weil sie als *Banker* für den politisch sehr aktiven Herzog die notwendigen Geldmittel beschafften, was Christen damals noch verboten war. Die Gesellschaft, in die Luther 150 Jahre später hineingeboren wurde, war traditionell durchaus fremdenfeindlich. Jeder, der nicht christlich und deutsch war oder sich sonst von der Gesellschaft irgendwie abhob, konnte jederzeit der Verfolgung ausgesetzt sein. Soziale Ächtung, Verfolgung und Vertreibung, die lebensgefährlich werden konnten, waren in der mittelalterlichen Gesellschaft und Frühen Neuzeit üblich. Das hat Luther durch den gegen ihn verhängten Bann und die Acht am eigenen Leibe erfahren müssen.

Die Bürger unterstanden der Ratsgerichtsbarkeit, Geistliche der Gerichtsbarkeit ihrer Koorporationen, Universitätsangehörige der Universitätsgerichtsbarkeit und Hofbedienstete und Adelige der im Schloss untergebrachten Hofgerichtsbarkeit. Leibeigene Bauern unterstanden je nachdem, wer ihr Herr war, der Gerichtsbarkeit ihrer Gutsherren, des Amtes, des Rates, eines Klosters. Tagelöhner unterlagen ähnlichen Gerichtsbarkeiten wie die Bauern. Eine Rolle spielten dabei der Wohnort und der Ort ihrer Taten. Gerichtsherren waren also meist die Dienstherren, denen auch die Abgaben und Frondienste zuflossen.

Aus Krisen heraus entstanden oftmals wichtige Neuerungen im gesellschaftlichen Leben. So erreichte 1317 die Not infolge von Missernten auch in Mitteldeutschland ihren Höhepunkt. Just zu diesem Zeitpunkt gingen Landesherrn daran, ein neues Stadt- und Gewerberecht zu schaffen und erteilten ihre Zustimmung zur Bildung von Stadträten und Handwerksinnungen in Wittenberg am 23. Oktober 1317 zur Bildung der

BÜRGERRECHTE:

- Sicherheit der Person und des Eigentums (freie Bürger)
- Teilnahme am Gemeindegut (Allmende)
- Eintritt in die Zünfte und Innungen
- Nutzung städtischen Eigentums wie der Stadtwaage

BÜRGERPFLICHTEN:

- Unterwerfung unter das Weichbild-/Stadtrecht
- Gehorsamkeit gegen den Rat
- Teilnahme an der Stadtverteidigung als Wächter und Hüter
- Beitrag zu den Kosten der Selbstverwaltung und den Steuern an den Landesherrn

Vier Gewerke – Gewandschneider, Bäcker, Schuhmacher und Fleischer. Sie hatten noch keine Zunftordnung, sondern unterstanden der vom Landesherrn Herzog Rudolf und seinem Bruder Herzog Albrecht bestätigten Stadtordnung, *Willkür* genannt. Kurz nach dem Höhepunkt der Pestepidemie im Jahr 1350 erhielten in Wittenberg die Zünfte der Bäcker, Fleischer, Tuchmacher, Gerber und Schuhmacher eine neue Ordnung.
Ähnlich den Ratsmitgliedern wurden auch die Obermeister der *Gewerke* von den Meistern ihrer *Innung* jährlich gewählt und vom Rat der Stadt bestätigt. Sie standen ihren jeweiligen *Innungen* vor und waren vor allem verpflichtet, über die Qualität und Menge der Arbeit zu wachen und alle Ruhestörungen und Aufläufe zu verhindern. Sie wurden vom Rat in allen ihre Innung betreffenden Handwerks- und Marktangelegenheiten befragt, mussten aber auch dafür sorgen, dass keine *Morgensprache* ihrer Innung abgehalten wurde, ohne dass zwei Ratsmitglieder anwesend waren. Die Zünfte der anderen Städte des Herzogtums wurden angewiesen, Rechtsfälle, die sie selbst nicht entscheiden konnten, durch die *Vier Gewerke* von Wittenberg entscheiden zu lassen.[14] Die *Vier Gewerke* übten Gewerbegerichtsbarkeit aus und wirkten als vornehmste Innungen der wichtigsten Stadt des Herzogtums über die Stadtgrenzen hinaus. Zu ihnen kamen im Laufe der Zeit weitere Innungen hinzu, die aber nicht mehr die gleichen weitreichenden Rechte erlangen konnten.
Die Waren boten oft die Frauen der Handwerksmeister feil. Sie konnten sicherlich gut rechnen, viele auch lesen und schreiben. Wie sonst hätten sie den Handel abwickeln, Kredite geben und eintreiben können? Das Rathaus war jahrhundertelang gleichzeitig auch das Kaufhaus der Stadt. Es ist spätestens seit 1317 nachweisbar und stand bis zur Lutherzeit auf der Südseite des Marktplatzes. Gewandschneider und Kürschner

boten hier ihre Tuche und wärmenden Pelze an. Die Fischer hatten ihre *Fischbänke am Rischen Bach* in der Nähe des *Stadtbrunnens*. Auf dem Markt stand die *Rats-Garküche*.[15] Auf dem Markt boten auch Bauern aus der Umgebung ihre frischen Produkte an und verdienten hier die finanziellen Mittel, die sie für Abgaben und Steuern benötigten.

RELIGIÖSES ZENTRUM

Das Leben der Menschen aller Gesellschaftsschichten war eng mit Glauben und Kirche verbunden. Tägliche Gebete und Gottesdienstbesuche waren üblich, ebenso üblich wie die enge Verflechtung jeglichen alltäglichen Lebens mit dem religiösen Brauchtum. Selbstverständlich hat man wenigstens einmal pro Woche gefastet, meist freitags oder mittwochs, selbstverständlich wurden die jeweils 40 Tage dauernden Adventsfasten und Fasten in der Passionszeit eingehalten und die Fastnachtszeit dazwischen lebhaft gefeiert. Bei Wetterkapriolen, Hungersnot, Seuchen- und Kriegsgefahr nahm man an Bittprozessionen teil. Die Gemeinschaft, in der man lebte, war immer zugleich auch Religionsgemeinschaft. Das gilt für Dorfgemeinden ebenso wie für Stadtgemeinden, für Berufsgemeinschaften wie Innungen und Zünfte, Ordensgemeinschaften, Adelsgesellschaften. Aus tiefer Sorge vor dem Weltgericht und im Fegefeuer zu erwartenden Höllenqualen und in Hoffnung auf Erlösung strebte man nach einem gottgefälligen Leben. Dazu erbrachten die Menschen unglaubliche Opfer zum Bau von Kirchen und prächtigen Domen und zu deren Ausgestaltung. Die Kultur des Abendlandes wurde durch das Christentum derart tief geprägt, dass das Eine ohne das Andere noch heute undenkbar ist.

FRANZISKANERKLOSTER[16]

Zu Beginn des 13. Jahrhunderts setzte im religiösen Denken eine Abwendung von der alten, durch den Adel allein bestimmten Reichskirche hin zu einer Erneuerung, einer Reformation der Kirche, ein. Berühmte Vertreter dieses neuen Denkens sind Franz von Assisi und die Heilige Elisabeth von Thüringen. Wie Elisabeth hatte auch Franziskus der reichen Kirche den Rücken gekehrt. Durch ihn kam es zur Gründung des Franziskanerordens.

Luther hat sich in seiner Eisenacher Schulzeit als Kurrendesänger betätigt. Damals wohnte er im Hause des Patriziers Konrad Cotta und wurde von dessen Frau Ursula, einer geborenen Schalbe, umsorgt. Ursulas Familie war Patron der Franziskanerniederlassung, die dort natürlich besonders das Andenken an die Heilige Elisabeth von Thüringen pflegte. Der Eindruck der Heiligen hat den Reformator durch sein ganzes Leben begleitet. Magister Johannes Mathesius erzählte, als man ihm 1541 im Lutherhaus die Nachricht von seiner Wahl als Diakon in Joachimstal überbrachte, habe Luther ihn und die sieben Joachimstaler Gesandten zu Tisch geladen und sei mit ihnen fröhlich und guter Dinge gewesen. Luther stand auf und holte ihnen zu Ehren ein altes Kristallglas herbei, das seinem Bekunden nach ehemals der Heiligen Elisabeth gehört habe, dann in die Reliquiensammlung Kurfürst Friedrichs des Weisen gelangt sei und nun ihm gehöre.[17]

»Elisabethglas«, Holzschnitt der Cranach-Werkstatt

Um das Jahr 1248 wurde Helene von Braunschweig, die 21-jährige Witwe des Landgrafen Hermann II. von Thüringen, die dritte Ehefrau des Herzogs Albrecht I. von Sachsen-Wittenberg. Ihr verstorbener Ehemann Hermann war ein Sohn der Elisabeth von Thüringen. Herzogin Helene war also eine Schwiegertochter der Heiligen und nicht nur das: Ihr Gatte Herzog Albrecht hatte dreimal geheiratet. Die verstorbene zweite Ehefrau Agnes war ihre Stieftochter und eine Enkelin der Heiligen. Die Herzogsfamilie stand der Hl. Elisabeth also verwandtschaftlich außerordentlich nahe, so nahe, dass es nicht abwegig erscheint, dass eine der beiden Frauen das kostbare *Elisabethglas* mit nach Wittenberg gebracht hat, wo es zumindest anfangs im Franziskanerkloster aufbewahrt wurde. Der Orden widmete sich ihrer Verehrung auf besondere Weise und beging den 17. November, den Todestag der Heiligen, zu ihren Ehren.

Herzogin Helene gilt als Stifterin des um 1265 erbauten Wittenberger Franziskanerklosters, in dessen Barbara-Kapelle sie die Grablege der Herzogsfamilie einrichten ließ.

Am 24. Juni 1336 sicherte Erzbischof Otto von Magdeburg allen Gläubigen einen Ablass zu, wenn sie in der Wittenberger Franziskanerkirche, in der sich ein Reliquienbehältnis (gemeint ist womöglich das *Elisabethglas*?) befand, opferten. Die Franziskaner durften als Angehörige eines Bettelordens

Almosen sammeln, die Beichte abnehmen und predigen. 1337 gewährte der Bischof von Passau, Albert von Sachsen-Wittenberg, der Klosterkirche weiteren Ablass.
Um diese Zeit begann der Streit mit dem Pfarrer der Wittenberger Stadtkirche, der 1371 zur Unterzeichnung eines Mandates durch Erzbischof Albrecht führte, in dem der Pfarrer angewiesen wurde, Beeinträchtigungen des Klosters bei Schenkungen zu verhindern. 1372 verbot der Patriarch Johann von Alexandrien(!) Belästigungen des Franziskanerklosters seitens der Pfarrgeistlichkeit.
Am 16. Mai 1413 erteilte Heinrich, der Generalvikar der Bischöfe von Brandenburg und Halberstadt, einen Ablass für die Teilnehmer der Fronleichnamsprozession zur Klosterkirche des Franziskanerklosters. Damit stärkte er die Stellung des Klosters in der Stadt.
Am 27. November 1422 starb Kurfürst Albrecht III. und wurde vor dem Hochaltar der Franziskanerkirche beigesetzt. Der junge Kurfürst war der letzte männliche Vertreter der askanischen Herzogsfamilie. Mit seinem Tod wurde die Würde des Herzogs und Kurfürsten von Sachsen frei und konnte durch den Kaiser neu vergeben werden. Zudem erlosch die Funktion der Klosterkirche als Grablege der Herrscherfamilie, denn die nachfolgenden Wettiner nutzten dafür den Meißener Dom. Das Wittenberger Kloster und das Mönchsleben darin gerieten langsam in Verfall. Schon 1428 beauftragte Erzbischof Günther den Propst der Allerheiligenkapelle und den Stadtkirchenpfarrer mit der Entscheidung über Klagen der Mönche und mit dem Schutz des Klosters gegen mögliche Angriffe. Dennoch sind immer wieder Stiftungen vor allem von Bürgern zugunsten des Klosters nachweisbar und die Begräbnisstreitigkeiten rissen nicht ab.

Ende November 1452 machte der 66-jährige Franziskanermönch Johannes Capistranus auf seiner Reise durch Mitteldeutschland Station im Wittenberger Kloster. Capistranus war offenbar ein sehr redegewandter Prediger, den der Papst 1447 zum Inquisitor für die Juden ernannt hatte und der nun als päpstlicher Legat und Inquisitor für Juden, Hussiten und andere Ketzer durch die Lande reiste und die Menschen zur Buße für ihre Sünden aufrief. Um ihn zu hören, haben viele weite Strecken zurückgelegt. Als der Gast das Kloster verließ, mögen die Mönche aufgeatmet haben. So spartanisch wollten sie ihr Klosterleben keinesfalls gestalten! Und auch die Bürger erinnerten sich sicherlich nur wenig später seufzend an ihre unter dem Eindruck des Redners hergegebenen Spielkarten und Würfel und den kostbaren Putz, den die Frauen geopfert hatten. Ihr bisschen Luxus wollten sie sich auch von keinem noch so redegewandten Prediger nehmen lassen. Die Zeit der auch von der hl. Elisabeth und Franziskus von Assisi gepredigten Armenkirche war vorbei.
Wenig Essen, lange Fasten, viel Studieren und Predigen, kaum Schlaf – Capistranus' Lebensweise erinnert stark an die Beschreibungen Luthers von seinen ersten Klosterjahren. Er nannte das später *Werkgerechtigkeit* vor Gott, die in allem abzulehnen sei, da nur der Glaube zähle und das Seelenheil durch nichts erkauft werden könne.

Kurfürst Friedrich hat die Klostergebäude des Franziskanerklosters unter großem Aufwande erneuern lassen. Die Kämmereirechnungen der Stadt belegen für 1492, 1493 und 1499 die Lieferung größerer Mengen Kalk, Mauer- und Ziegelsteine an das Franziskanerkloster. 1515 wurde laut Rechnung auf Kosten des Kurfürsten ein Fenster mit kurfürstlichem Wappen für die Klosterkirche angefertigt.

ALLERHEILIGENSTIFT UND SCHLOSSKIRCHE[18]

Selbst so hochstehende weltliche Fürsten wie der Herzog Rudolf von Sachsen durften Kapellen ohne päpstliche oder wenigstens bischöfliche Erlaubnis nicht nach Gutdünken verlegen. So blieb der herzoglichen Familie offenbar über lange Zeit zu ihren Gebetsübungen und Gottesdienstbesuchen nur der Weg in die Wittenberger Franziskanerkirche oder in die Stadtkirche. Rudolf I. hat in einer 1353 ausgestellten Urkunde gesagt, er habe seiner Anfang der 30er Jahre verstorbenen zweiten Ehefrau, der Prinzessin Kunigunde von Polen, versprochen, eine Schlosskapelle zu stiften. Ein schönes Bild: Die Gründung der Schlosskirche geht auf ein Versprechen des Fürsten zurück, das der seiner Ehefrau gegeben hat. Zur Einlösung seines Versprechens und wohl auch zur Hebung des repräsentativen Eindrucks seiner wichtigsten Stadt setzte Rudolf alle Hebel in Bewegung und zahlte dem Erzbischof 1338 600 Groschen für die Erlaubnis des Übergangs des Patronats der aufgelösten Kapelle vom Erzbistum Magdeburg an das Bistum Brandenburg. Nun gelang es Rudolf I. endlich, die immer wieder vom Hochwasser der Elbe überspülte Prataurer Kapelle in seine Burg zu verlegen und damit seine eigene Religiosität und die seiner Familie intimer und in seinem hohen Stande entsprechendem repräsentativem Rahmen ausüben zu können.

Im Winter 1341/1342 nahm Herzog Rudolf an einer Gesandtschaftsreise zu König Philipp von Frankreich teil, die Kaiser Ludwig der Bayer angeordnet hatte, um durch Vermittlung des französischen Königs seine Aussöhnung mit dem Papst zu erreichen, der ihn in Bann getan hatte. Philipp heuchelte eine Zusage und hat Rudolf wahrscheinlich in diesem Zusammenhang mit einem Dorn aus der Dornenkrone Christi beschenkt.

Reisende Pilger, Holzschnitt

Der Magdeburger Erzbischof war von der kostbaren Reliquie offensichtlich sehr beeindruckt und gab dem Herzog am 31. Oktober 1343 die Erlaubnis, Ablässe in der Schlosskapelle von den dort tätigen Stiftsherren geben zu lassen.[19] Die tiefgläubigen sächsischen Landesherrn haben in der Wittenberger Schlosskirche von ihrer Gründung an für die Besichtigung von kostbaren Reliquien Ablass an Gläubige verkaufen lassen. Sie haben alles getan, um den Pilgerstrom nicht abreißen zu lassen und immer mehr zahlungswillige Gäste in die Stadt zu holen. Die Fürsten warben für den Besuch der Reliquiensammlung noch, nachdem ausgerechnet hier die Reformation begonnen hatte.

Herzog Rudolf wechselte nach seiner Rückkehr aus Frankreich die Partei und ging endgültig auf die Seite des jungen Luxemburgers und Widersachers Ludwig des Bayern, Karl IV., über. Karls ehemaliger Lehrer, Papst Clemens VI., unterzeichnete auf Rudolfs Wunsch schon 1346 zwei Bullen zugunsten der Wittenberger Schlosskapelle. Die Kapelle wurde der unmittelbaren Jurisdiktion des päpstlichen Stuhles unterstellt und damit dem Einfluss des Magdeburger Erzbischofs entzogen. Hier sollte die Dornenreliquie aufbewahrt und überhaupt die Heiligenverehrung, darunter vor allem die des Heiligen Wenzel, ausgeübt werden. Die tiefe Verehrung des Heiligen,

dessen Namen der Herzog sogar seinem jüngeren Sohne, dem späteren Kurfürsten Wenzel, gab, zeigt die enge Beziehung des Herzogs zu Karl IV.
Um 1340 errichtete Herzog Rudolf I. ein Kollegiatsstift in der Wittenberger Burg, das Allerheiligenstift. Es war mit Stiftsherren besetzt, deren Mithilfe in der administrativen Organisation der Landesherrschaft[20] leichter zu ermöglichen war als die von Mönchen. So war der Stiftspropst meist auch Kanzler des Herzogs und der späteren Kurfürsten und verwaltete dessen Besitzurkunden. Zudem konnte Herzog Rudolf mit der Einrichtung eines Stifts seinen kirchlichen Einfluss stärken. Er hatte, anders als in autonomen Klöstern, im Stift Mitspracherechte bei der Besetzung der Pfründen mit Stiftsherren und konnte auf dessen dienstliche, seelsorgerliche und administrative Tätigkeit einwirken. Dagegen standen die führenden Franziskaner nicht wie er auf der Seite der Päpste und König Karls IV., sondern auf der Seite der Wittelsbacher und König Ludwigs. Die Stiftsherren lebten nicht nach Ordensregeln in einem Kloster, sondern in eigenen Häusern in der Pfaffengasse. Ihre Anzahl ergab sich aus den vom Herzog geschaffenen Pfründen, Einkünften, die ihnen aus verschiedenen Pfarreien zuflossen. Ihre Hauptaufgabe war und blieb neben dem Messelesen und Messesingen vor allem das Beten und Gedenken an die Stifterfamilie, deren Vorfahren und Nachkommen in der Stiftskirche, die zugleich Schlosskirche und später auch Universitätskirche war. Das Leben der Stiftsherren war nicht romantisch. Die stets steigende Zahl von Messen und Horen, die die Stiftsherren zu leisten hatten, hielt sie täglich über Stunden in einer kalten Kirche stehend fest. Gemeinsam bildeten sie das *Stiftskapitel*. Der aus ihrer Mitte gewählte Propst durfte in einem die *Propstei* oder auch *Kanzlei* genannten Hause gegenüber der Kirche wohnen.

Am 1. November 1398 erteilte der Papst auf Betreiben von Kurfürst Rudolf III. einen Porticular-Ablass für die Wittenberger Schlosskirche und das Franziskanerkloster. Danach war seiner Sünden ledig, wer am Vorabend bis zum Abend des 1. November (Allerheiligen) hier im Gebet aufrichtig bereute. Ein solcher Porticular-Ablass wurde kurz vorher nur der Kirche in Assisi gewährt, wo einhundert Jahre zuvor Franz von Assisi sein gottgefälliges Leben gelebt hat.[21]
Nach dem tragischen Tod des letzten askanischen Kurfürsten Albrecht III. im November 1422 fiel die Landesherrschaft an den Kaiser zurück. Der vergab sie schon im Januar des folgenden Jahres an die Wettiner, die damit in der Ständepyramide ganz weit nach oben rückten und ihr Land beträchtlich erweitern konnten. Kurfürst Friedrich der Streitbare wurde auf diese Weise für seinen Einsatz gegen die Hussiten belohnt, die das zerstrittene Reich stark gefährdeten. Doch die Kriege dauerten noch an und so begannen Jahrzehnte, in denen die Stadt kaum je einen Landesfürsten in ihren Mauern sah. 1434 klagte das Wittenberger Allerheiligenstift vor dem Konzil von Basel über *Benachteiligung und Vorenthaltung seiner Einkünfte sowie Beschwerung mit allerhand Abgaben seitens der weltlichen Gewalt.* 50 Jahre später war auch die Wittenberger Geistlichkeit moralisch und sittlich verfallen.

Johann Schneider wurde um 1481 von Kurfürst Friedrichs Vater Ernst in sein hohes Amt des Propstes des Allerheiligenstiftes eingesetzt und erhielt zur Amtseinführung vom Rat der Stadt als Geschenk eine Weinspende. 1490 begann der Streit im Stiftskapitel, das ihm eine schlechte Stiftsregierung vorwarf. Schneider habe den Stiftsherrn die Einkünfte gekürzt, habe Papstbullen aus dem Archiv entwendet, den Chordienst in der Kapelle wiederholt versäumt und lebe mit einer Magd im Konkubinat. Kurfürst Friedrich löste den Fall am 11. März 1499, indem er den auch ihm gegenüber hochfahrend auftretenden Propst durch die Aussetzung einer Jahresrente von 40 Gulden zum Abdanken veranlasste.

Nachfolger Schneiders wurde damals mit Lampertus Buhle ein Wittenberger Bürgerkind. Seit 1423 sind etliche nachgeborene Söhne der reichen Wittenberger Familien Zwiesigko, Zülsdorf, Pluckaff/Pflückauff, Bernhardi, Krahnepul und einige mehr als Stiftsmitglieder nachweisbar.[22] Das bedeutet, die Bürger ließen ihre Söhne inzwischen sogar ein Universitätsstudium absolvieren, denn das wurde mit der Zeit Bedingung für die Erlangung einer Stiftsherrnwürde. Und sie übernahmen Verantwortung für die universitäre Ausbildung ihrer Söhne: 1498 stiftete der Bürgermeister des Städtchens Belzig im Norden des Wittenberger Kurkreises, Antonius Schlamau, eine Anzahl von Legaten für Freunde und Verwandte, unter denen auch sein jüngerer Bruder Lorenz Schlamau war. Lorenz Schlamau war Stiftsherr am Allerheiligenstift und als solcher Pfarrer an der Stadtkirche. Außerdem unterrichtete er an der jungen Universität Kirchenrecht. Lorenz Schlamau hat aus dem Vermächtnis des verstorbenen Bruders offenbar eine Stipendienstiftung gemacht, die an keine Fakultät gebunden war. Dies scheint die älteste private Stiftung für die Universität Wittenberg zu sein.[23]
Längere Aufenthalte des Kurfürsten in Wittenberg waren selten, doch weist die Nutzung der Residenz für Hochfeste, an denen auch bedeutende Gäste teilnahmen, darauf hin, dass das Wittenberger Schloss Kurfürst Friedrich nun nicht mehr nur als gelegentliche Unterkunft diente, sondern inzwischen in der Repräsentationsstrategie der Ernestiner eine wichtige Stellung einnahm.

Die Auferstehung Christi wurde mit besonderen Riten gefeiert. Der bisher älteste in der Literatur erwähnte Hinweis auf ein Osterspiel stammt aus dem Jahre 1501, wo auf dem Marktplatz die Passion mit Satan und Luzifer aufgeführt wurde.[24] Die Kreuzfahrer hatten die Kunde von der Begräbniskirche Christi aus dem Heiligen Land nach Europa gebracht. 1454 erhielten die Franziskanermönche in Wittenberg eine Wachsspende für Lichter zum *Heiligen Grab*, dessen Existenz in ihren Klostermauern bisher nur durch eine Quellennotiz belegt ist.

Ein weiteres *Heiliges Grab* entstand in der von Kurfürst Friedrich dem Weisen erbauten Schlosskirche. Er machte 1517 eine Stiftung zur Abnahme des *Bildnisses unseres lieben Herrn und Seligmachers vom Kreuz* und des Besuches des Heiligen Grabes. Dazu wählte man 14 bedürftige Studenten oder Schüler aus, kleidete sie am Mittwoch in der Karwoche neu ein und ließ sie am Gründonnerstag bei der donnerstäglichen *Wahrleichnamsprozession am Altar des hl. Kreuzes* das Sakrament empfangen. Am Abend des Gründonnerstags setzte der Küster das Kreuz mit dem Bildnis Christi in das vor dem Altar des hl. Kreuzes ausgehauene Loch. Am Karfreitag versammelten sich das Stiftskapitel, vier Kapläne und die 14 jungen Männer zur feierlichen Kreuzabnahme und Grablegung. Dem folgten noch vier weitere Besuche des Heiligen Grabes am Karfreitag und Ostersonnabend und in der Osternacht die Hebung des Bildes und seine Überführung in den Großen Chor.[25]

Am 24. März 1509 trafen Kurfürst Friedrich und Herzog Johann mit 94 Begleitern im Wittenberger Schloss ein und feierten hier gemeinsam das Osterfest. Herzog Johann reiste am 12. April ab, Kurfürst Friedrich erst am 16. April 1509.[26]

DIE STADTKIRCHE ST. MARIEN

Anstelle der 1187 erstmals erwähnten Stadtkirche errichteten die Bürger um 1285 den Rechteckchor mit der noch heute in der Ostfassade erkennbaren, reich gegliederten Giebelwand aus Backsteinen. Der Kirchenbau erhielt als Bauzier große, nahezu vollplastische Sandsteinbildwerke, wie Schlusssteine, Konsolfiguren und das Relief der *Judensau*. Das Relief ist als theologische Aussage und nicht als Ereignisbild zu verstehen. Sie soll keinen Bezug auf das 1304 in Wittenberg durchgeführte Judenpogrom haben.

Ostgiebel der Stadtkirche mit überbautem eindrucksvollem Backstein-Giebel der Kirche, ältestem erhaltenem Kirchturm und Relief der »Judensau«, um 1300

Die Sandsteinbildwerke wurden von wahrscheinlich aus Frankreich stammenden Meistern gefertigt, die nach 1260 am Naumburger Westchor mitgearbeitet haben. Man kann sich gut vorstellen, wie die Wittenberger den Schmuck ihrer neuen Kirche beratschlagten, sich einigten, »modernste« Kunst ihrer Zeit zu bestellen und dafür zu sorgen, dass die schweren kostbaren Steine nicht nur in Meißen abgeholt, bezahlt, über die Elbe nach Wittenberg und zur Baustelle transportiert und hier in luftiger Höhe eingebaut wurden. 1281 bis 1285 galt eine von mehreren Bischöfen zugunsten des Neubaus der Kirche ausgestellte Ablassurkunde. Eine weitere Ablassurkunde für die Stadtkirche wurde 1360 ausgestellt.[27]

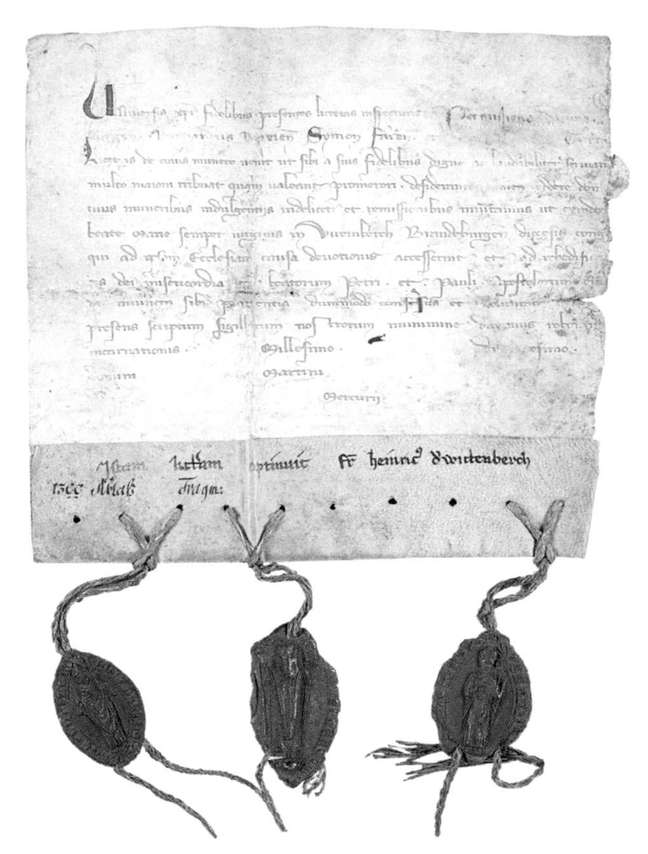

Ablassurkunde zugunsten der Stadtkirche, 1360
Urkunde aus dem Archiv der Stadtkirche

Seit dem ausgehenden 13. Jahrhundert sind erste Bürgerstiftungen zugunsten der Marienkirche nachweisbar.[28] Das bedeutet, die Bürger hatten nicht nur die Kraft errungen, sich aus der persönlichen Leibeigenschaft des Herzogs zu befreien. Sie traten von nun an als städtische Genossenschaft auf und waren schon jetzt wirtschaftlich und politisch stark genug, für die von ihnen geplante Stadtkirche Bischöfe zur Ausstellung von Ablassurkunden zu bewegen, die Pilger anzogen und damit Geld in die Baukasse und in ihre Beutel brachten.

Nach der Gründung der Schlosskapelle entspann sich ein lang anhaltender Kampf um die geistliche Vormachtstellung in der Stadt. Das Allerheiligenstift der Schlosskapelle und die Stadtkirche waren die Hauptkonkurrenten. Den Herzögen lag immer die Stärkung ihrer Kapelle am Herzen und sie taten alles, um diese wirtschaftlich immer besser zu stellen. Dies gelang durch Inkorporationen. Dabei hat die Stadtkirchengemeinde Widerstand geleistet und um ihre Selbständigkeit gerungen. Doch haben Kurfürst Wenzel und sein Neffe Albrecht am 3. März 1376 die Unterstellung der Stadtkirche unter das Patronat des Allerheiligenstiftes, die schon Kurfürst Rudolf II. veranlasst hatte, bestätigt. Dies bedeutete zugleich, dass die Stadtkirche nun auch dem Heiligen Stuhl in Rom unterstand. Rechtskräftig wurde dies aber erst durch eine am 5. Dezember 1400 durch Papst Bonifatius IX. ausgestellte Bulle.[29] Am 12. Januar 1415 unterzeichnete Papst Johannes XXIII. während des Konzils in Konstanz auf Bitten von Kurfürst Rudolf III. eine weitere Ablassurkunde für die Stiftskirche. Dennoch plante der kurfürstliche Hof nun die Aufhebung der Stiftskirche und Versetzung des Propstes mit seinen sechs Stiftsherrn in die Marienkapelle auf dem Apollensberg, die der Kurfürst 1400 gestiftet hatte und die inzwischen einen größeren Besucherzustrom genoss als die Kirche in Wittenberg.[30] Hätte man diese Absicht umsetzen können, wäre die spätere Grundlage der Universitätsgründung und des Wirkens von Martin Luther zerstört worden.

VON BRUDERSCHAFTEN, PROZESSIONEN UND FRIEDHÖFEN

Auch in der mittelalterlichen Stadt Wittenberg haben die religiösen Gemeinschaften der Bürger viele Altäre in den Kirchen gestiftet und unterhalten. Insgesamt sollen in der Stadt 18 Bruderschaften bestanden haben! Alleine in der Stadtkirche lassen sich im 15. Jahrhundert immerhin 13 Altäre nachweisen.[31] Im Bewusstsein, dass jeder Mensch womöglich im nächsten Moment sterben und für sein Leben vor dem Weltenrichter einstehen muss, gehörten damals fast alle Menschen bis hin zum Kaiser zu wenigstens einer Bruderschaft, die ihnen in einem gottgefälligen Leben und der Angst vor dem *Letzten Gericht* Halt bieten sollte.

Die Bürger spendeten auch den Bettelmönchen, die in Wittenberg Terminierhäuser unterhielten oder erwarben bei der *Heiltumszeigung* in der Schlosskirche oder zu anderen und besonderen Anlässen in der Stadtkirche Ablass für ihre Sünden. Viele wanderten zum westlich der Stadt gelegenen Apollensberg und beteten in der dortigen Marienkapelle. Weitere Kapellen standen ihnen in den beiden Hospitälern *Zum Heiligen Geist* (seit 1301 nachweisbar) und *Zum Heiligen Kreuz* zur Verfügung, wo bedürftige Alte, Arme oder Kranke sich einkaufen konnten oder ebenso barmherzig aufgenommen wurden wie in die Stadt gekommene erkrankte Pilger.

Bäckersiegel mit ihrem Schutzpatron, dem Heiligen Nikolaus

Über die zahlreichen Prozessionen innerhalb der Stadtmauern wissen wir nur sehr wenig. Öffentliche Prozessionen fanden

1513 wurden bei der Fronleichnamsprozession Kränze als Kopfschmuck getragen. Zur Mahlzeit des Kaplans, Kantors, Organisten, der Kerzenträger, Meister und Schenke wurde Bier geschenkt. Sie verzehrten Semmeln, 1 Kalb, 1 Hammel, 90 Eier, Fladen, Gewürze. Zur Vorbereitung des Festessens benötigte man Holz und Kohlen, Gläser, Speck und Butter, Hühner und vieles mehr.[32]

zum Beispiel an Heiligenfesten statt oder als Bittprozessionen zur Abwehr von Seuchen, Hunger oder Krieg. Neuerdings ist von einem Kreuzweg mit den zugehörigen sieben Stationen zum Gebet innerhalb der Stadtmauern die Rede. Solche Prozessionen wurden auch in den Kreuzgängen der Klöster von den Mönchen veranstaltet und dienten der Glaubensübung ihrer Gemeinschaft. Außerdem war es geboten, verstorbene Mitglieder seiner Zunft oder Bruderschaft im Leichenzug zu ihrer letzten Ruhestätte zu geleiten.

Um 1400 ließ Johannes Carben, Präzeptor der Antoniter von der Lichtenburg in Prettin, in Wittenberg ein *Haus* für wandernde Ordensbrüder errichten. Das Haus bestand aus einem Wohnturm, Wirtschaftsgebäuden und einem Garten, in dem verstorbene Mönche des Ordens bestattet wurden. Die Kapelle des Ordens ist seit 1403 in Wittenberg nachweisbar. Der Antoniterorden bestand nicht aus Mönchen, sondern aus Laienbrüdern, die sich ursprünglich erfolgreich der Pflege von Menschen gewidmet hatten, die vom sogenannten *Antoniusfeuer* befallen waren. In einer Zeit, in der sich die Menschen vorwiegend von Getreidebreien ernährten, kam es häufig vor, dass sie mit dem Mutterkorn, einem Pilz, vergifteten Roggen aßen und daran schwer erkrankten. Außer von den Antonitern konnten sich Verwundete auch von Badern versorgen lassen.

Die Wittenberger gehörten natürlich zur Stadtkirchengemeinde und fanden auf dem Kirchhof, der bald durch die vom Markt trennende Häuserzeile abgegrenzt wurde, ihre letzte Ruhe. Spätestens seit dem 15. Jahrhundert muss auf diesem Friedhof drangvolle Enge geherrscht haben. Der begegnete man 1486 durch den Bau eines *Beinhauses*, in dem man die in aufgelassenen Gräbern gefundenen menschlichen Knochen aufbewahrte. An ihm musste Luther bei seinen Gängen zur Stadtkirche vorbeigehen. Es wurde 1564 wieder abgerissen. Arme, Stadtfremde und Seuchenopfer fanden ihre letzte Ruhe meist auf dem vor dem Elstertor gelegenen Friedhof des Heilig-Geist-Hospitals. Viele wohlhabende Bürger hingegen bevorzugten damals die Angebote der in der Stadt ansässigen Franziskanermönche und deren Friedhof.

Fronleichnamskapelle auf dem Kirchhof der Stadtkirche

1375 informierte Herzog Wenzel den Provinzialminister des Franziskanerordens in Sachsen, er werde zur Vermeidung weiterer Begräbnisstreitigkeiten den Stadtkirchenpfarrer dazu anhalten, die Franziskanermönche an Begräbnissen, Beichtehören und Almosensammeln nicht mehr zu behindern.[33]

Um 1375 ließ der Ratsherr Konrad Wyman die *Fronleichnamskapelle* auf dem Kirchhof bauen und übernahm die Baukosten. In der Kapelle stand ein Altar, der der Jungfrau Maria, dem Evangelisten Johannes, dem Apostel Matthäus und Johannes dem Täufer gewidmet war. 1377 stiftete Kurfürst Wenzel die erste Messe und sicherte sie durch die Schenkung der Einkünfte von etwa 20 Hufen auf den Feldmarken einiger Dörfer in der Umgebung Wittenbergs ab. Eine zweite Kapelle wurde im März 1456 von Georg Zülsdorff gestiftet, die *Zülsdorfer oder Neue Kapelle*. Mit dieser Stiftung sollten in Abstimmung mit dem Rat der Stadt besonders die jungen Männer der Familie abgesichert werden, die studieren wollten.

KAPITEL 2
AUF DEM WEGE ZUR REFORMATION

Die Kurfürsten Friedrich, Johann und Johann Friedrich von Sachsen, Kupferstich aus dem Reformations-Almanach 1817

Regierungszeit	Beziehung zum Vorgänger	Name und Titel	Ehepartner
1486–1525	Sohn	Friedrich III., der Weise, Herzog und Kurfürst von Sachsen	Uneheliche Beziehung
1515–1532	Bruder	Johann der Beständige, Herzog und Kurfürst von Sachsen	1. Sophia von Mecklenburg 2. Margarethe von Anhalt
1532–1547	Sohn	Johann Friedrich der Großmütige, Herzog und Kurfürst von Sachsen.	1. Sibylle von Cleve

Als Kurfürst Ernst von Sachsen am 26. August 1486 starb, war sein für seine Nachfolge vorgesehener dritter Sohn Friedrich gerade 23 Jahre alt. Das Land, das der junge Kurfürst nun regieren sollte, hatte etwa eine Million Einwohner. Besonders im Süden von Sachsen entwickelten sich Bergbau und Gewerbe und boten dem jungen Fürsten und seinen politischen und kulturellen Ambitionen eine beachtliche wirtschaftliche Basis. Sein Vater Ernst hatte offenbar vor, die alte kursächsische Hauptstadt Wittenberg zur Residenz seiner Familie werden zu lassen. Die wirtschaftlichen Kapazitäten der Region genügten offensichtlich für diesen Plan, wenn man sie nur weiter fördern würde und Friedrich wollte das tun.
Kurfürst Friedrich kam am 6. Dezember 1486 nach Wittenberg und ließ sich hier huldigen. Die Huldigung eines neuen

Landesherrn war als ritualisiertes Treueversprechen im mittelalterlichen Lehnswesen von zentraler Bedeutung und wurde erst durch Napoleon abgeschafft. Die Lehnsnehmer verpflichteten sich bis dahin in einem offiziellen Akt, ihrem Lehnsherrn Gefolgschaft und Treue zu leisten. Der Lehnsherr wiederum sicherte seinen Untertanen ebenfalls Treue und Schutz sowie die Wahrung ihrer Rechte zu.
Sofort wurde der Bau des Stadtgrabens mit Werksteinen, Kalksteinen und Mauersteinen vorangetrieben. Ein Baumeister, zwei Poliere und viele Tagelöhner wurden vom Amt bezahlt, eine Kalkscheune gebaut, ein Elbnebenarm aufgefüllt und Sträucher am Graben beseitigt.

DAS GROSSE BAUEN SETZT EIN – SCHLOSS UND SCHLOSSKIRCHE[34]

1489 *suchte* Meister Claus Roder *den Grund* für das neue Schloss und ließ Material und Gerät für die Steinhütte erwerben.[35]
Um 1490 verschmolzen die alten Ämter Wittenberg, Zahna und Trebitz zum Amt Wittenberg. Diese Verwaltungsreform hatte zur Folge, dass der Amtmann als Beamter des Kurfürsten weiter zur *Heerfolge* aufrief und die Domänen, die Vorwerke Bleesern und Pratau, verwaltete. Außerdem verwaltete er die Finanzen des Amtes und übte die Polizeiaufsicht aus. Die beiden ihm unterstellten Landknechte trieben rechts und links der Elbe die Abgaben ein. Nach einem längeren Aufenthalt in der Stadt forderte der Kurfürst

1492 Maurer an. Er wollte den Bau des Schlosses beschleunigen.
Im 15. Jahrhundert unternahmen die sächsischen Herzöge noch die weite und gefährliche Pilgerreise nach Jerusalem. Sie folgten damit ihren geistlichen Bedürfnissen und ihrer Abenteuerlust. Zudem war die Reise von hohem Prestigewert. Man reiste standesgemäß mit großem Gefolge, zu dem nicht nur dienendes Personal, Geistliche, Ärzte, Künstler und Bewaffnete, sondern auch Adelige gehörten. Ziele der Reise waren auch die Beschaffung von Reliquien und das Studium der Künste. Reisen waren schon damals bildend und erweiterten den Horizont. Junge Adelige aus dem Tross wurden oftmals am Heiligen Grabe zu Jerusalem zum Ritter geschlagen. Um Reisekosten zu sparen und die Sicherheit zu erhöhen, schlossen sich miteinander befreundete hochrangige Adelige zu Reisegesellschaften zusammen. Um die Wende zum 16. Jahrhundert kam die Pilgerlust immer weiter zum Erliegen. Das geschah noch vor Beginn der Reformation, hatte also andere Gründe, wie steigende Reisekosten und vor allem sich verschlechternde politische Verhältnisse im Mittelmeerraum, die die Reise immer unsicherer machten. So wurde Kurfürst Friedrich der letzte sächsische Landesherr, der sich auf den Weg machte.

Friedrich blieb kaum Zeit zur Erholung, denn er erhielt die Nachricht vom Tode seines Onkels, des Kaisers Friedrich III., und musste sich beeilen, um

Am 19. März 1493 ging Kurfürst Friedrich auf eine Pilgerreise nach Jerusalem.[36] In Gesellschaft des Kurfürsten reiste Herzog Christoph von Bayern. Von Venedig aus ging es mit zwei Schiffen weiter bis nach Jaffa und dann auf Eseln bis nach Jerusalem. Bei der Rückreise erkrankte der Kurfürst schwer. Der mitreisende kurfürstliche Leibarzt Martin Pollich von Mellerstadt konnte sein Leben retten und so seine Beziehungen zum Kurfürsten ausbauen. Der ebenfalls erkrankte Herzog Christoph starb am 15. August 1493 auf Rhodos.

rechtzeitig zur anstehenden Königswahl in Frankfurt zu sein. König Maximilian zog ihn im folgenden Jahr an seinen prächtigen Hof in die Niederlande. 1495 war der Sachse auf dem Reichstag in Worms, wo der König die deutschen Kurfürsten aufforderte, in ihren Ländern Universitäten zu gründen. In diesen Jahren konnte es nur zu kurzen Aufenthalten des Kurfürsten in Wittenberg kommen und sein Schlossbau musste ohne ihn vorangetrieben werden. Dennoch kam es in dieser Zeit zu entscheidenden Impulsen für die Entwicklung Wittenbergs, wie eben die Aufforderung zur Universitätsgründung, der Kauf weiterer Reliquien für die stets wachsende Heiltumssammlung des frommen Fürsten und die Nutzung des jungen Buchdruckhandwerks zur Verbreitung von Steuerforderungen.[37]

Friedrichs Bauziele in Wittenberg waren hochgesteckt. Der Fürst hatte auf seinen vielen Reisen durch halb Europa viele interessante neue Bauprojekte gesehen und wollte natürlich seinem Stande gemäß nicht nur ein repräsentatives Schloss bauen, sondern auch eines, das die modernsten und schönsten Aspekte der Renaissancebaukunst in sich vereinte. In Wittenberg ging

Reste des Treppenturms im Südwesten des Wittenberger Schlosses, Zustand 2012

1496 malte Albrecht Dürer für Kurfürst Friedrichs neue Schlosskirche einen Marienaltar mit Darstellungen der sieben Schmerzen Mariens und ihrer sieben Freuden.[38] Der Kurfürst hatte sich im April 1496 wegen des tagenden Reichsregiments in Nürnberg aufgehalten und dort das junge Malergenie kennengelernt, das nun eine Probe seiner Kunst abgab und schon im Herbst aus der Wittenberger Amtskasse 100 Gulden für seine Arbeit erhielt. Da Luther später wiederholt in der Schlosskirche gepredigt hat, hat er den kostbaren *Dresdener Altar* sicherlich gesehen und dürfte als Bewunderer der Gottesmutter hier gebetet haben.

der Bau des Schlosses und der Schlosskirche gut voran. Es siedelten sich etliche andere hervorragende Künstler an, wie der aus Franken stammende Baumeister Claus Heffner und sein Bruder Jürgen Heffner, der Goldschmied und Gasthofbesitzer Christian Döring und vor allem der Hofmaler Lukas Cranach.

DIE GRÜNDUNG DER UNIVERSITÄT

Die Bauarbeiten am Schloss liefen noch, da ging der Kurfürst schon an die Verwirklichung seines nächsten Projektes für Wittenberg – am 6. Juni 1502 stellte Kaiser Maximilian auf seine Bitte hin die Gründungsurkunde der Wittenberger Universität aus, die ihre Studenten in der Wittenberger Region finden sollte. Man dachte an eine relativ kleine Landesuniversität, die den ständig wachsenden Bedarf an ausgebildeten Kräften in Verwaltung, Kirche und Schule decken helfen sollte. Am 24. August kündigte ein Mandat des Kurfürsten die Eröffnung zum 18. Oktober 1502 an. Für den Druck von 200 Einladungen bezahlte die kurfürstliche Schatulle einen Gulden.[39] Johann Staupitz begann seine Werbetätigkeit für die neue Universität und suchte in Tübingen nach den begabtesten Lehrern. Man war sich seiner Sache vollkommen sicher – der Akt der Universitätsgründung war noch nicht vollzogen, da erhielt der Propst des Allerheiligenstiftes, Magister Stolberg, schon den Auftrag, auf dem Leipziger Michaelismarkt Bücher im Wert von 30 Gulden einzukaufen.

Schlosskirche, Holzschnitt von Lukas Cranach d. Ä., 1509/10
Die Brücken über dem hier zu groß dargestellten Graben vor der Schlosskirche zeigen, dass es unmöglich war, dass sich beim Thesenanschlag eine diskutierende Menschenmenge zusammenfand, wie es auf Darstellungen aus dem 19. Jahrhundert verbreitet wurde.

Am 18. Oktober 1502 wurde die Wittenberger Universität von ihrem ersten Rektor Martin Pollich von Mellerstadt, der dem Kurfürsten auf seiner Pilgerreise das Leben gerettet hatte, feierlich eröffnet. In einem festlichen Zug begab man sich vom neuen Schlosse nach der Stadtkirche, wo nach einer feierlichen Messe die Festpredigt gehalten wurde. Die Einbeziehung der Stadtkirche in die Feiern zur Eröffnung der neuen Universität und die folgende Prozession führten den Universitätsangehörigen und Bürgern von Anfang an vor Augen, dass Universität und Bürgerschaft von nun an zusammengehörten, auch wenn beide jeweils eigenem Recht unterlagen und eigenständige Einheiten innerhalb der Stadt bildeten. Für das an diesem 18. Oktober 1502 beginnende Wintersemester ließen sich 416 Studenten immatrikulieren.

Um die junge Universität auch wirtschaftlich abzusichern, wurde ihr 1507 das Allerheiligenstift inkorporiert. Da in der Schlosskirche die Doktorpromotionen und in der Sakristei die halbjährlichen Rektoratswahlen stattfanden, wurde sie gleichzeitig zur Universitätskirche. Die noch im Bau befindliche Schlosskirche hatte Kardinal Raimund Peraudi am 17. Januar 1503 geweiht. 1507 bestätigte Papst Julius II. die Universitätsgründung und übertrug ihr auf Bitte des Kurfürsten Friedrich das Allerheiligenstift. Die Zahl der Kanonikate – Pfründen der Stiftsherren – stieg infolge der Umwandlung von sieben auf zwölf. Alle zwölf Stiftsherren wurden zu akademischer Lehrtätigkeit verpflichtet, die der sieben alten Pfründe sollten an der theologischen und juristischen und die der vier neuen an der artistischen Fakultät lehren. Beim Tod eines Stiftsherrn rückte der ihm folgende auf. Vakante Stellen konnten unter dem Einfluss des Stifts vom Senat der Universität neu besetzt werden.[40] Alle Stiftsherren hatten sich der Priesterweihe zu unterziehen.

An der Spitze der Universitätsfakultäten standen Dekane. Sie wurden halbjährlich aus dem Kreise der Fakultätsangehörigen gewählt. Der Dekan verwaltete das Fakultätssiegel, die Schlüssel und ihre Statuten. Er berief Fakultätssitzungen ein und leitete sie. Ihm stand jeweils ein Pedell zur Verfügung, der zum Beispiel dafür verantwortlich war, Verlautbarungen und Thesen für Disputationen an den dafür vorgesehenen Kirchentüren anzuschlagen.[41]

Die Neugründung der Wittenberger Universität brachte viele junge Menschen in die Stadt. Sie war voller junger Männer und avancierte zum Heiratsmarkt für Bürger- und Professorentöchter.

BEZIEHUNGEN ZWISCHEN STADT UND UNIVERSITÄT

Die Studenten und Professoren wurden keine Bürger, sondern lebten als Universitätsangehörige unter dem Recht der Universität. Dennoch stellten sie den damaligen Rat der Stadt vor gewaltige Probleme, denn die meist recht jungen Männer wollten wohnen, mit Lebensmitteln, Kleidung, Büchern versorgt sein, wollten Gasthäuser besuchen, das Frauenhaus, Unterhaltung, sie wollten sich körperlich betätigen, herumspazieren, reiten, baden und natürlich auch raufen. Die vielen Adeligen unter den Studenten hatten gewisse Ansprüche an Lebensqualität und Erhaltung ihrer Standesrechte. In diesen Jahren begannen die das ganze Jahrhundert anhaltenden

Klagen über eine allgemeine Teuerung für Grundstücke, Mietzinse, Lebensmittel. Die Stadt musste ihre Gewerbepolitik überdenken und dafür sorgen, dass friedliche Verhältnisse in ihren Mauern herrschten und ausreichend Lebensmittel, andere notwendige Waren und Luxusgüter in die Stadt kamen.

Unter den Studenten waren viele Arme. Seit 1504 gab Kurfürst Friedrich der Weise einhundert Gulden für die Versorgung der Studenten. Später ließ er die Stadt daraufhin untersuchen, wo noch Wohnungen für Studenten hergerichtet oder erbaut werden könnten. Die ganze Stadt wurde zur Baustelle und verwandelte ihr Angesicht wie kaum eine andere Stadt in dieser aufregenden Zeit. Neben neuen und teilweise prächtigen Wohnhäusern entstanden große öffentliche Gebäude, wie das von Konrad Pflüger errichtete Friederizianum; Augustinermönche erhielten die Erlaubnis und Unterstützung zum Bau ihres Klosters, die Stadt errichtete einen neuen Marstall und so weiter.

1504 beschloss der Wittenberger Rat unter Führung von Bürgermeister Thilo Dehne angesichts seiner durch den Universitätsbetrieb wachsenden Aufgaben eine neue Stadtordnung, die *Wittenberger Willkür*.[42]

Der jeweils sitzende Rat wurde noch immer in einem *Burding*, einer Bürgerversammlung, vereidigt und eingesetzt. Die Wahl fand jedes Jahr Ende Januar/Anfang Februar statt. Man erhöhte die Zahl der Ratsherren von sechs auf acht. Alle Ratsmitglieder erhielten zum Ausgleich der Zeit für ihre Erwerbsarbeit eine gewisse Entschädigung, gingen aber ihren eigentlichen Berufen nach und wirkten so zweifach für *ihre Stadt*.

Die neue Stadtordnung regelte die Gewerbe, bürgerliche Viehzucht und den Handel neu, ohne in die gültigen Innungsbriefe einzugreifen. Änderungen der Briefe bedurften laut § 19 der Zustimmung sowohl des Kurfürsten als auch des Rates. § 12 bestimmte, dass nach Ladung zur Morgensprache aufs Rathaus von Haus zu Haus der Ladung Folge zu leisten war. Verspätungen von mehr als 15 Minuten wurden geahndet. Zwei als Bauherrn fungierende Ratsherren aus dem sitzenden Rat kontrollierten als Bauaufsicht alle Hausbauten, die städtische Ziegelscheune, Schiffe (!) und den städtischen Marstall. Kämmerei und Stadtschreiber sollten mindestens an jedem Sonnabend, Dienstag und Donnerstag auf dem Rathaus ihrer Tätigkeit nachgehen. Gleiches galt auch für die anderen Ratsmitglieder. Um der Stadt die als *Schoß* bezeichnete Steuer zu sichern und nicht noch mehr Grundstücke der *toten Hand* zu überlassen, gebot § 31 an Geistliche vererbte Häuser sollten binnen Jahr und Tag verkauft werden.

Die an bestimmte Grundstücke gebundene Brauerei war ein besonders einträgliches Gewerbe und wurde streng geregelt. Bier durften nur brauberechtigte Bürger brauen. Wer zu mehr als den ihm erlaubten Gebräuden in die Amtsmühle um Malz schicken ließ oder sonst über die erlaubte Menge braute, musste mit einer Strafe von 10 Schock oder sogar der Verweisung aus der Stadt rechnen.

Ließ ein Händler im Rathause ein Feuer unbeaufsichtigt und erlitt die Gemeinde dadurch Schaden, folgte eine Strafe an Leib und Leben!

Maße und Gewichte und teilweise sogar Preise wurden festgelegt und sollten wöchentlich kontrolliert werden. Um Qualität zu sichern, sollten Produkte zum Beispiel der Goldschmiede und Kannegießer städtische Signaturen erhalten. Lebensmittelfälschungen wurden verboten.

Man sorgte für Sauberkeit, Reinhaltung der Luft und des Wassers. Deshalb wurde der Bau von Toilettenanlagen und

Schweineställen auf und bei den Stadtbächen sowie auf den Gassen verboten. Kehricht durfte nicht in die beiden Stadtbäche geschüttet werden. Der Steinweg (ein Teil der heutigen Collegienstraße) war durch alle Anlieger wöchentlich zu fegen und Unrat innerhalb von drei Tagen zu beseitigen. Seit dem 15. Jahrhundert mussten in Wittenberg besondere Steuern für Schweine, Schafe, Bienen, Kühe und Pferde bezahlt werden. Die Stadt unterhielt zur Betreuung der Tiere eigens eingestellte Hirten, die im städtischen Hirtenhaus hinter der Mauergasse in der Nähe des Marstalls wohnten. 1504 wurde in der Stadtordnung nochmals unterstrichen, dass nur vom Hirten betreute Schweine auf der Straße laufen durften.

Zu den 1504 erlassenen Gewerbeordnungen gehören auch eine Zollordnung, die zum Beispiel die Gebühren für die Nutzung der Elbebrücke neu ordnete und die Erneuerung der Schützenordnung für die Schützengilde.

Die von Bürgern verwaltete Stadt stellte sich auf die neuen Entwicklungen ein und bemühte sich lebhaft, die Stadt für Bürger und Gäste zu einem Ort umzugestalten, an dem man gut arbeiten und leben konnte.

Die Paragraphen 45 und 46 der Stadtordnung regelten Verlöbnisfeiern und Hochzeiten. Bei der Hochzeitsbitte sollten zwei Frauen und zwei Männer die Gäste einladen. Als Verlobungsessen wurden gebackener Kuchen, Brot, Käse, Obst und Bier gereicht und beim Hochzeitsschmaus fünf verschiedene Gerichte. Der Hochzeitsschmaus durfte nicht länger als einen Tag dauern, es sei denn, es wären auswärtige Gäste anwesend. Am Schmaus durften höchstens 100 Personen teilnehmen.

DAS *SCHWARZE KLOSTER* DER AUGUSTINEREREMITEN

Die Anfänge des Wittenberger Augustinerklosters sind mit denen der Universität eng verbunden. Dreizehn Augustinermönche gingen 1502 im ersten Semester der Hochschule nach Wittenberg. Sie sollen sich in Wittenberg eigene Häuser angeschafft haben, die nach Fertigstellung ihres Schlafhauses wieder verkauft wurden. Sie betrieben von Anfang an ein ordensinternes Generalstudium, erwarben an der Universität ihre akademischen Grade und hielten Vorlesungen. Da ihre Kutten dunkel waren, wurde das neue Kloster im Gegensatz zum *Grauen Kloster* der Franziskaner auch als *Schwarzes Kloster* bezeichnet.

Bei der Grundsteinlegung für das Augustinerkloster waren Friedrichs Brüder Herzog Johann und Erzbischof Ernst von Magdeburg zugegen, eine wettinische Demonstration zugunsten des Klosters, ihrer jungen Residenz und Universität.

Das Augustinerkloster wurde südlich der Collegienstraße vor dem Elstertor *an der Stelle, wo zuvor das Hospital zum Hl. Geist gestanden hatte*, gebaut. Kurfürst Friedrich schrieb am 17. Juni 1504 dem Wittenberger Rat, die Übergabe des Bauplatzes an die Augustiner sei geschehen, *den Raum zu bebauen*

Die enge Verbindung zwischen Universität und Augustinern geht sicherlich auf die Freundschaft zwischen Kurfürst Friedrich dem Weisen und dem Augustiner-Generalvikar Johann von Staupitz[43] zurück, die beide die Klosterschule in Grimma besucht und dort eine ungewöhnlich gute Schulbildung erhalten haben. Friedrich verbrachte später bis 1520 regelmäßig die vorösterliche Fastenzeit im Grimmaer Augustinerkloster. Johann dagegen wurde Augustinermönch und wegen seiner ungewöhnlichen Fähigkeiten vom Generalvikar des Ordens Andreas Proles gefördert. Am 7. Mai 1503 wählte ihn ein Ordenskapitel als Nachfolger zum Generalvikar des Ordens.

und etliche Brüder in das neue Kloster zu bestellen, doch solle man dafür sorgen, dass die armen Leute im Spital eine andere Unterkunft erhielten. Friedrich Myconius beschrieb den damals unbefriedigenden Baufortschritt: *Zu Wittenberg war das Augustinerkloster neu angefangen zu bauen und nicht mehr denn das Schlafhaus, darin jetzt Dr. Martinus noch wohnet, ausgebauet.* Im Erdgeschoß befand sich das *Refektorium*, der Speisesaal der Mönche, darüber im ersten Stock der Schlafsaal, im zweiten Stock die Wohnzellen. Der Kreuzgang lief an der Hofseite des Gebäudes. Der jetzt vorhandene Treppenturm wurde erst nach 1564 gebaut. Luther hat ihn also nicht gesehen. Die Klosterkirche sollte auf den Fundamenten der baufälligen Kirche des 1301 von Herzoginwitwe Agnes und ihrem Sohn Rudolf I. von Sachsen-Wittenberg gegründeten Heilig-Geist-Hospitals errichtet werden, das in der städtischen Armen- und Krankenpflege eine wichtige Rolle gespielt hat und vormals neben der Stadtkirche und dem Rathaus zu den größten städtischen Gebäuden gehörte. Um das Hospital herum hat man die im Hause verstorbenen Armen bestattet. Ihm gegenüber wurde 1437 der *Kuhgarten*, eine Viehweide, erwähnt. Bei Ausgrabungen fand man südlich der Collegienstraße einen Kuhschädel und das Skelett einer Frau, die gestorben ist, nachdem man ihr eine Hand abgeschlagen hatte. Dort fand man auch die Leiche einer Frau mit Kind im Bauch, gestorben im Kindbett.[45] Das

Schutzpatron der Wittenberger Universität ist der hl. Augustinus, dessen Jahresfest an jedem 28. August bei den Augustinermönchen gefeiert wurde. Dadurch war das Kloster besonders eng an die Universität gebunden. 1508, also im Jahr des ersten Eintreffens von Martin Luther wurde ein neuer Festkalender für die vier Wittenberger Kirchen, Schlosskirche, Franziskanerkirche, Stadtkirche und Augustinerkirche geschaffen. Die Augustinerkirche war außer für das Jahresfest des Schutzpatrons der Universität für die Gottesdienste am Pfingstdienstag und am 10. September zuständig.[44]

Grundstück, das der Kurfürst den Augustinern überließ, befand sich also keineswegs an einer bevorzugten Stelle der Stadt, ein Platz, der einem *Schindanger* glich, und es ist durchaus möglich, dass die Mönche und später die Familie Luther bei Grabungsarbeiten immer wieder auf Knochen gestoßen sind.
Das Visitationsprotokoll von 1528/1533 berichtet über das Ende des Wittenberger Heilig-Geist-Hospitals. Als man mit dem Bau des Augustinerklosters begann, wurde zu dessen wirtschaftlicher Sicherung die Heilig-Geist-Kapelle mit allen zugehörigen Häusern ins Kloster inkorporiert. Die Mönche sollten dafür ein anderes Spital bauen, haben das aber nicht getan, so dass die Stadt das neue Spitalhaus vor dem Elbtor schließlich selbst gebaut hat. Die Augustiner haben dann auf Befehl Kurfürst Friedrichs 150 Gulden zu den Baukosten beigesteuert.[46] Sie übernahmen 1504 nicht nur die Gebäude des alten Hospitals, sondern auch einzelne Ausstattungsstücke wie Kunstwerke und Öfen. Bei Ausgrabungen fand man diverse auch farbig gestaltete spätgotische Ofenkacheln, die offenbar mehrere Stuben wohlig gewärmt haben.[47]

So ein Kloster musste natürlich finanziell richtig ausgestattet werden. Der Kurfürst stiftete ihm unter anderem die Dörfer Dabrun und Kleinzerbst. Laut Amtsrechnung von 1503 bis 1505 gehörten zum Vorwerk Dabrun 451 Schafe, etwa 100 Stück Rindvieh, 25 Schweine, 90 Hühner, 8 Gänse und Vorräte an Getreide und Erbsen. Alles ging nun an das neue Kloster, dass damit auch Grund- und Gerichtsherr für die Dörfer wurde.[48]

Zwischen 1509 und 1519 kamen pro Semester durchschnittlich vier auswärtige Augustinermönche zum Generalstudium in den Wittenberger Konvent. Studenten blieben meist zwei bis vier Jahre an einem Studienort. Darum geht man davon aus, dass neben den konventsangehörigen Mönchen stets 15 bis 20 auswärtige Brüder im Hause lebten. Zum Unterhalt der fremden studierenden Mönche hatten ihre Heimatklöster acht Gulden zu bezahlen, ein Beitrag, der bei Bedarf erhöht werden konnte. Insgesamt kann man heute etwa 160 Augustinermönche nachweisen, die im Kloster lebten, an der Universität immatrikuliert waren und studierten oder unterrichteten. Die meisten kamen aus Reformklöstern, viele erwarben hier akademische Grade.

Martin Luther wurde auf Betreiben von Johann Staupitz und gegen seinen Wunsch im Spätsommer 1508 vom Erfurter Kloster beurlaubt und nach Wittenberg gesandt. Während dieses Aufenthaltes war Melchior Mierisch der Prior des Klosters und Johannes Sartorius Subprior. Die Universität wurde im Wintersemester 1508/1509 von Rektor Dietrich Block geleitet.[49] Der Bau des Nordflügels der Universität an der Collegienstraße begann. Kurfürst Friedrich weilte in diesem Jahr immerhin 78 Tage lang in Wittenberg und feierte hier, wie erwähnt, gemeinsam mit seinem Bruder Johann und 94 Begleitern das Osterfest.[50] Landvogt Hans Hundt starb am 12. Juli 1509 und wurde als Erster in der Schlosskirche beigesetzt.

Luther erwähnte nichts von alledem. Er setzte seine theologischen Studien fort und übernahm Ostermairs Vorlesungen an der philosophischen Fakultät. Am 17. März 1509 schrieb er seinem alten Freunde Johann Braun:

Wenn ich ohne ein Wort von Euch gegangen bin, so dürft Ihr Euch nicht darüber wundern. Ich bin so plötzlich abgereist, daß fast meine Hausgenossen nichts davon erfahren hätten. Es war mir auch nicht möglich, Euch zu schreiben, da mir die nötige Zeit und Muße fehlte. Nur Schmerz konnte ich darüber empfinden, daß ich gezwungen wurde, so plötzlich ohne

Abschied von Euch fortzugehen. So bin ich denn jetzt auf Befehl des Herrn oder doch mit seinem Willen in Wittenberg. Wenn Ihr Nachricht von mir haben wollt, so befinde ich mich, dem Herrn sei Dank, wohl; aber mein Lehramt ist mir aufgenötigt worden, besonders das Fach der Philosophie, das ich von vornherein gern mit der Theologie, die den Kern der Nuß, das Innere des Weizenkorns, das Mark der Knochen ergründet getauscht hätte.[51]

Er spreche vier Mal pro Woche eine Stunde lang über die Nikomachische Ethik des Aristoteles, fungiere an drei Abenden pro Woche als Vorsitzender bei den an der Universität neu belebten Disputationen und studiere unter Erledigung aller Kolleg- und Disputationspflichten Theologie. Dass er seine Gebets- und Dienstpflichten nicht vernachlässigte, war für ihn selbstverständlich. Der Hörsaal der Fakultät befand sich im Südflügel der Universität (*Altes Kolleg*). Hier wird Luther also seine ersten Vorlesungen in Wittenberg gehalten haben, zumal der Bau des Nordflügels der Universität (*Neues Kolleg* oder *Friederizianum*) an der Collegienstrasse erst 1509 begann. Staupitz war im Wintersemester 1508/09 Dekan der theologischen Fakultät und hielt Bibelvorlesungen. Am 9. März 1509 erlangte Luther unter seinem Dekanat den Grad des *Baccalaureus ad biblia* und hielt dann seine ersten Bibelvorlesungen an der Theologischen Fakultät.
Schon damals ist er immer wieder zwischen dem Kloster und dem nahe gelegenen Universitätsgebäude hin und her gegangen. Neben dieser Hauptstraße, die man wegen der Universitätsgebäude als *Collegienstrasse* bezeichnete, lief der *Faule Bach*. Er war noch nicht überbaut. Wo sich heute Gebäude und die Mittelstraße befinden, war damals die erwähnte große Kuhweide. Auf dem Wege zur Universität sah Luther

die Türme der Stadtkirche und konnte an der Kirchturmuhr ablesen, ob er rechtzeitig ins Kolleg gelangte oder eilen musste. Von den oberen Fenstern des Klosters und der Universität aus konnte er über die Stadtbefestigung hinweg die Elbe mit ihrem geschäftigen Verkehr und in der Ferne die Elbaue und die sich darüber erhebende Dübener Heide sehen. Von August bis in den Herbst 1509 herrschte in Deutschland große Trockenheit und dann setzte die Kälte sehr früh ein und hielt lange an.[52] Hat der Mönch während dieses Aufenthaltes etwas wahrgenommen, das über seine beiden Fixpunkte Kloster und Universität hinausging? Er verschwendete in seiner Mönchszeit kaum einen Gedanken an so etwas Profanes wie seine Kutte, sein Bett, sein Essen oder gar seine außerhalb liegende Umwelt.

Er kehrte im Oktober 1509 in sein Erfurter Kloster zurück und geriet so in das *tolle Jahr*. Der Erfurter Rat war zahlungsunfähig. Nachdem man die Messe nach Leipzig verlegt hatte, war die Stadt in immer größere wirtschaftliche Schwierigkeiten geraten. Im Juli 1509 hatte die *Schwarze Rotte* aus verarmten Zunfthandwerkern eine grundlegende Veränderung der innerstädtischen Machtverhältnisse gefordert. Nach dem Zerschlagen der *Rotte* nahmen die Auseinandersetzungen noch zu und die Stadt geriet endgültig in den Machtkampf zwischen dem Kurfürstentum Sachsen und dem Erzbistum Mainz, musste sogar an deren Heerfahrten teilnehmen. Im Dezember gelang es reichen Zunfthandwerkern mithilfe des Erzbischofs den alten Rat abzusetzen. Einige sehr angesehene Ratsherren wurden gefangen genommen, gefoltert und öffentlich hingerichtet. Beim Kirchweihfest im August 1510 gerieten die reichen Studenten Erfurts mit Landsknechten aneinander und man richtete Kanonen auf das *Collegium Maius*, stürmte das Universitätsgebäude, demolierte seine

Einrichtung und plünderte das Inventar. Luther war in der Stadt, als das bedeutende Universitätsgebäude in der Nachbarschaft seines Klosters zerstört wurde, weil die Obrigkeit nicht mehr in der Lage war, die Entfesselten in ihre Schranken zu weisen. Der Vorgang hat bei ihm einen tiefen Eindruck hinterlassen.
Doch damit nicht genug. Nun begannen die Stürme auch in seinem Kloster. Der in Rom residierende Augustiner-Ordensgeneral Aegidius von Viterbo ernannte im Juni 1510 Johann von Staupitz zum Ordensprovinzial von Saxonia. Nun wurde eine Union der deutschen Kongregationen unter Einschluss der zwanzig nichtreformierten Klöster Staupitz' Ziel. Doch damit waren nicht alle Klöster einverstanden. Es ging darum, ob man den Brüdern eine Lockerung der Ordensregeln erlauben dürfe, so dass sie zum Beispiel in Fastenzeiten Fleisch essen dürften. Luthers Kloster war strikt dagegen. Man traf sich in Nürnberg und beschloss, zwei Brüder zum Ordensgeneral zu senden und ihn um Entscheidung zu bitten. Einer dieser beiden Mönche war Martin Luther.

Im November 1510 wanderten die beiden Brüder von Nürnberg aus nach Rom. Luther beabsichtigte, den Romaufenthalt für eine weitere Generalbeichte zu nutzen. Er meinte zu diesem Zeitpunkt noch, die Tilgung der Sünden werde seine inneren Kämpfe beenden und ihm Ruhe vor allen Gewissensqualen bringen. Mönche unternahmen keine Ausflüge. Ihre oftmals langen Wanderungen mussten der Ordensregel entsprechend schweigend verlaufen. Übernachtung und Verpflegung fanden sie meist in den Häusern des eigenen Ordens. Auf dem Wege nach Rom überquerten Luther und sein Ordensbruder auf einem damals viel begangenen schmalen Pfad die Schweizer Alpen. In Rom hat Luther, wie die meisten Pilger, die *Große Wallfahrt* absolviert und besuchte zu Fuß auf dem vorgeschriebenen Weg an einem Tage die sieben Pilgerstationen. Der Ordensgeneral verließ Rom Ende November 1509 und reiste in die Toskana.[53] So mussten die beiden Mönche nach vier Wochen in Rom unverrichteter Dinge ihren Heimweg antreten.

Im Juli 1511 sah sich Generalvikar Johann Staupitz auf dem Konvent in Jena mit seinen Plänen gescheitert. Das Wittenberger Kloster, in dem Staupitz lebte, war gezwungen, sich seinen Plänen zu unterwerfen. Als Luther und sein Freund Johann Lang sich in ihrem Kloster in Erfurt für Staupitz' Reformen einsetzten, wurden sie dafür *exilirt*. Beide gingen mit Einverständnis des Generalvikars im Spätsommer 1511 nach Wittenberg.[54]

LUTHERS KLOSTERKARRIERE

In Wittenberg boten sich dem wissensdurstigen jungen Mönch in Kloster und Universität äußerst günstige Arbeitsbedingungen. Seine Vorgesetzten mischten sich wenig in seine Arbeit ein, die Vorlesungen wurden viel besucht. Das humanistische Gedankengut hatte Einzug gehalten und mit ihm das Unbehagen an der Scholastik. Man wandte sich den Fächern zu, die die Grundlage der jungen Universität bildeten: Philologie, Rhetorik, Poetik und natürlich – Theologie. Alles war in Bewegung, nichts in ein fertiges Korsett gefügt und Luther entwickelte sich schnell zum anerkannten Theoretiker im universitären Betrieb. Luthers Verbindungen zum Kurfürsten Friedrich liefen bald über Georg Spalatin. Spalatin vermittelte in allen Universitätsangelegenheiten. Er beschaffte die Bücher für den Kurfürsten und für dessen Universität und ging dabei auch sofort auf Wünsche Luthers ein. Für die Universität günstig war die kirchenhierarchische Struktur. Die Stiftskirche Allerheiligen unterstand der Kurie in Rom. Doch die Kurie war weit weg. Darum konnte der Landesherr sie als seine Schlosskirche behandeln. Die Stadtkirche wiederum unterstand seit 1400 dem Patronat des Allerheiligenstifts und war so der Aufsicht durch den Bischof von Brandenburg entzogen.[55] Kurfürst Friedrich war in seinen Entscheidungen bezüglich Wittenbergs ungewöhnlich frei.

Nun wurde die Stadt von einem der schlimmsten Kriminalfälle erschüttert, der hier je stattgefunden hat. Der auf mehrere Jahre von der Universität relegierte Student Balthasar Fabri erschlug auf offener Straße den amtierenden Universitätsrektor Ulrich Erbar. Fabris Verfolgung und die Enthauptung auf dem Marktplatz durch den städtischen Scharfrichter am 21. Oktober 1511 erregten unter der Studentenschaft Aufruhr, da Fabri nach Meinung der Studenten nicht städtischer Gerichtsbarkeit unterlag. Der ermordete Universitätsrektor wurde in der Stadtkirche beigesetzt und erhielt dort eine Grabplatte.[56]

Am 23. Dezember 1511 trafen die Universitätsleitung und der Rat der Stadt Wittenberg auf Befehl Kurfürst Friedrichs ein Abkommen, um Gewalttaten zwischen Studenten auf der einen und Bürgern und ihrem Gesinde auf der anderen Seite zuvorzukommen. Es wurden Strafen dafür festgesetzt, wenn sich jemand, besonders bei Nacht ohne Licht, mit Waffen zeigte und die städtischen Wachen ermächtigt, im Notfall Universitätsangehörige in Gewahrsam zu nehmen.[57] Man musste dringend handeln, denn der Kurprinz Johann Friedrich, ein Neffe des Kurfürsten Friedrich, sollte 1512 unter Spalatins Leitung an der Wittenberger Universität studieren. Gemeinsam mit ihm studierte dann auch sein Cousin und Jugendfreund Herzog Ernst von Lüneburg in Wittenberg.[58] Man hatte ein erhöhtes Sicherheitsbedürfnis vonseiten des Landesherrn. Die engere Zusammenarbeit im Sicherheitsbereich wurde zwischen beiden Korporationen wohl auch möglich, weil man zu Jahresanfang den Ordinarius der Juristischen Fakultät Dr. Wolfgang Stähelin zum Bürgermeister gewählt hatte.

Noch 1512 erließ Kurfürst Friedrich eine neue Landfriedensordnung und schrieb darum im Dezember an den Amtmann Anton Niemegk, er möge sich die Durchsetzung der Ordnung besonders zu Herzen nehmen. *Grafen, Herrn, Ritterschafft, unsere Amtleute und andere, desgleichen die Städte, jeder in seinem Gebiet* wurden angewiesen, öfters Wege und Straßen zu besichtigen, Vagabunden aufzugreifen und Flüchtlinge zu verfolgen. Dabei dürfe jedoch niemand *überritten oder beschwert* werden. *Wer eine Übeltat sehen oder bemerken wird, die mit Mord, Raub, Brand oder dergleichen Übeltaten in unsren Ländern verübt werden, der oder die selbigen sollen keinen Auftrag oder Befehl abwarten, sondern*

Trotz dieser Maßnahmen verübte 1512 der Student Glorius Swan, offenbar ein studierender Mönch, einen Totschlag und richtete *viel Unfug* an. Der Rat ließ ihn ins Stadtgefängnis bringen, aus dem er ins Franziskanerkloster floh. Unter Führung des kurfürstlichen Schossers holte ihn eine bewaffnete Truppe mit Gewalt aus dem Kloster. Dadurch kam es zwischen dem Rat der Stadt Wittenberg und dem Bischof von Brandenburg zu einem Rechtsstreit.[59] Das Franziskanerkloster behauptete gegen den Bischof die folgenden drei Jahre hindurch gemeinsam mit dem Rat der Stadt sein Recht zur Einsetzung eines Priesters und verärgerte damit den Bischof weiter.[60]

1513 forderte Kurfürst Friedrich im Reuchlin-Streit ein Gutachten über den Wert jüdischer Schriften. Mit der Erstellung des Gutachtens wurde Georg Spalatin beauftragt, der bei der Universität deren Meinung anfragen ließ. Im Februar 1514 antwortete Luther in seinem ersten nachweisbaren Brief an Spalatin ausführlich im Auftrag der Universität und führte auf Grundlage der Forderung nach humanistischer Wissenschaftsfreiheit aus, dass universitäre Gutachten und Meinungen, wie die des Hebräisten Reuchlin *von Gefahr frei* sein müssen: *Denn wenn solche Erklärungen und bloße Meinungsäußerungen nicht unverdächtigt bleiben sollen, so können wir darauf gefaßt sein, daß jene Inquisitoren fortan nach ihrem höchsteigenen Belieben Kamele verschlucken und Mücken feigen und die Rechtgläubigen trotz aller ihrer Bekenntnisse für Häretiker erklären.*[62] In der *causa lutheri* wurde später genau dieses Prinzip ungehinderter Forschung und Wissenschaften auch in Glaubensdingen vonseiten des Kurfürsten Friedrich angewendet.[63]

unverzüglich und nach bestem Vermögen den Tätern nachtrachten. Dem folgt der Zusatz *so auch die Täter auf Schlössern sitzen oder an andere Enden entweichen* – der Kurfürst erwartete also auch die Stellung adeliger Täter. Güter der Gewalttäter sollen eingezogen und die Geschädigten entschädigt werden.[61]

Martin Luther wurde am 5. Mai 1512 auf Betreiben von Staupitz auf dem Augustinerkapitel in Köln zu seinem Nachfolger als Inhaber der *lectura in biblia* bestimmt. Man erhob ihn zum Subprior und Prediger des Wittenberger Klosters. Da zu den Aufgaben des Subpriors die Leitung des Generalstudiums der Augustiner gehörte, wurde er angewiesen, schnellstmöglich den Doktorgrad der Theologie zu erwerben. Prior des Wittenberger Klosters war Luthers Freund Wenzeslaus Link. Universität und Augustinerkloster waren also gut bestellt, als Staupitz die Stadt im Herbst 1512 verließ. Die Kosten der Doktorpromotion Luthers übernahm die kurfürstliche Hofkasse. Er wanderte im Oktober nach Leipzig und erhielt dort 50 Gulden, obwohl die Promotionsgebühren nur 26 Gulden betrugen. Zur Promotion gehörte ein anschließender Doktorschmaus, der oftmals hohe Ko-

Luther zwischen Rathaus und Stadtkirche, (Bauzustand im September 2012)

sten verursachte. Der junge Doktor wurde am 22. Oktober 1512 feierlich in den Senat der Theologischen Fakultät aufgenommen und begann am 25. Oktober seine Psalmenvorlesungen und am 16. Juli 1513 die Psaltervorlesung.[64] Außerdem übernahm er wiederholt den Vorsitz bei Disputationen.
Seit dem 15. Jahrhundert gab es in der Stadtkirche eine Predikantenstelle, deren Besetzung durch den Wittenberger Rat erfolgte. Auf diese Stelle berief man Luther, der so zum ersten evangelischen Prediger an der Stadtkirche wurde. Die

Am 26. Oktober 1516 schrieb er aus Wittenberg an seinen Freund, den Augustiner Johann Lang im Erfurter Kloster: *Ich bin ein Klosterprediger, Lehrer bei Tisch, täglich werde ich abgefordert als Pfarrprediger, bin Rektor der Studienanstalt des Ordens, bin Vikar, das ist elfmal Prior, muß in Leitzkau die Einnahme der Fischpacht besorgen, bin Sachwalter der Herzberger Mönche in Torgau, lese über Paulus und über die Psalmen, und außerdem, wie schon gesagt, nimmt mir die meiste Zeit das Geschäft des Briefeschreibens*, und berichtete weiter über die in der Stadt grassierende Pest: *Sie reißt höchstens zwei oder drei, doch nicht täglich, bei uns hinweg; beim Schmied uns gegenüber war ein Sohn gestern noch gesund, heut ist er tot, und der andere liegt angesteckt danieder. Ja, sie ist da, und schreitet fort, grimmig und schnell, zumal unter der Jugend.*[66]

Wittenberger Stadtkirche war zeitlebens Luthers wichtigste Predigtstätte.

Luthers wachsende Ablehnung der römischen Hierarchie lag im Interesse des Rates, der das Kirchenregiment in der Stadtkirche an sich ziehen wollte. Neben seinem Predigtauftrag in der Stadtkirche behielt er jenen in der Kirche des Augustinerklosters, der ehemaligen Heilig-Geist-Kapelle.[65] In der Stadtkirche begann Luther zu Weihnachten 1514 seinen ersten nachweisbaren Predigtzyklus und war von Anfang an viel und gerne gehört. Die Bürger hatten von nun an die Möglichkeit, ihn auf der Kanzel zu erleben und seine Lehre von ihm selbst gepredigt zu hören.

Im Sommersemester 1515 war Luther Dekan der Theologischen Fakultät und Leiter des Generalstudiums der Augustiner. Er begann im April seine Vorlesungen über den Römerbrief, nahm Ende April/Anfang Mai am Ordenskapitel in Gotha teil und fand im Juni Zeit für eine Reise in den neugegründeten Augustinerkonvent in Eisleben. Auf dem Jubilatekapitel 1515 der Augustinereremiten in Gotha wurde Luther zum Distriktsvikar von Sachsen und Thüringen berufen. Staupitz hatte die Gliederung in Distrikte und deren Leitung durch Distriktvikare, die die ihnen unterstehenden Klöster regelmäßig besuchen und visitieren sollen, durchgesetzt. Zu Luthers Distrikt gehörten zehn Konvente.

KAPITEL 3
DAS REFORMATORISCHE WITTENBERG

THESEN GEGEN DEN ABLASSHANDEL TETZELS

Der seit langem kränkelnde Kurfürst Friedrich der Weise hat 1517 in seinem Testament die Wittenberger Schlosskirche als seine Grabstätte bestimmt. Die Wettiner ließen sich üblicherweise in ihrer Fürstenkapelle im Meißener Dom bestatten. Durch die Leipziger Teilung am 28. August 1485 zwischen Friedrichs Vater, dem Kurfürsten Ernst, und dessen Bruder, Herzog Albert, hatte sich die Familie in eine ernestinische und eine albertinische Linie geteilt. Meißen befand sich im Bereich der albertinischen Linie im von Friedrichs Cousin Herzog Georg regierten Herzogtum Sachsen. Das Kurfürstentum Sachsen hatte also keine eigene Grablege der Familie. Kurfürst Friedrich und sein Bruder Herzog Johann unterzeichneten am Martinstag 1506 einen Stiftungsbrief für den Kleinen Chor der Wittenberger Schlosskirche als Memorialstiftung zu ewigem Gedächtnis der kurfürstlichen Ahnen, zukünftiger Familienmitglieder und vor allem aus Sorge um das Seelenheil des Kurfürsten. Man holte den Baumeister der neuen Fuggerkapelle in Augsburg, die als erster Sakralbau der Renaissance in

Deutschland gilt, nach Wittenberg. Meister Burkhard Engelberg entwarf hier den Plan zum Bau des Kleinen Chores, der auch als *Marienchor* bezeichnet wurde. Der Bau wurde 1510/11 von einheimischen Handwerkern ausgeführt, die Tag und Nacht arbeiten mussten, um die Kapelle, in der Seelmessen zum Gedächtnis der kurfürstlichen Ahnen abgehalten werden sollten, besonders schnell zu errichten und kostbar auszustatten.

1516 stellte Herzog Johann Bedenken über eine neue kurfürstliche Grabstätte in der Schlosskirche an, die dann 1517 im Testament des Kurfürsten gipfelten. 1515/1520 bis 1523 wurde die Reliquiensammlung ins Schloss verlagert und eine neue Grabstätte der beiden Stifter im Ostchor der Schlosskirche geschaffen. Man begründete dies mit der langen historischen Tradition des Fürstenhauses, seiner Ahnengalerie, die bis auf Sachsenherzog Widukind zurückgeführt wurde. Zudem lässt der Zeitpunkt der Aufstellung der kostbaren Stifterfiguren einen Zusammenhang mit der auf einen Höhepunkt zutreibenden *causa lutheri* vermuten. Die Fürsten präsentierten sich als Vertreter einer der ältesten und vornehmsten deutschen Fürstenfamilien, an deren Integrität nicht zu zweifeln war.

Am 31. März 1516 gab Papst Leo X. allen Pilgern, die die Schlosskirche besuchten, 100 Tage Ablass für alle Sünden und gestattete dem Allerheiligenstift, für Diebstähle bis 500 Dukaten Ablass zu geben.[67] Bei der Heiltumszeigung 1516 wurden von den für Spenden herumgereichten *Bitttafeln* fast 11 Gulden und vom *Opfer* 22 Gulden eingenommen. Diese Einnahmen schienen ausbaufähig und so wiesen auf Veranlassung von Kurfürst Friedrich Erzbischof Albrecht von Magdeburg und Johann Bischof von Meißen ihre Geistlichen an, an Sonn- und Feiertagen von der Kanzel herab die Gläu-

bigen zum Besuch der Wittenberger Heiltumszeigung aufzufordern.[68]
Luther hatte mit dem Allerheiligenstift und der erneuerten Schlosskirche *ein ganz extremes Beispiel der spätmittelalterlichen Steigerung des Reliquien-, Ablass- und Gedächtnismessenkultes unmittelbar vor Augen.*[69]
Am 24. Februar 1517 beendete Luther seinen Predigtzyklus über die Zehn Gebote, den er seit dem Sommer des Vorjahres unter großem Zulauf in der Stadtkirche gehalten hatte. Auf Grundlage seiner Studien veröffentlichte er Mitte des Jahres seine radikale Aristoteleskritik in seinen Thesen *contra scholasticam theologiam* und stellte damit die Grundlagen der scholastischen Universitätsbildung endgültig infrage. Die 1517/1518 unter führender Beteiligung Luthers und Spalatins und mit Zustimmung des Kurfürsten durchgeführte Universitätsreform und die Anstellungen Melanchthons und Aurogallus als Professoren trugen entscheidend zum Aufbau einer modernen Universität bei.
Inzwischen hatte Albrecht von Brandenburg, der Erzbischof von Mainz und Magdeburg sowie Bischof von Halberstadt war und für diese Ämterhäufung enorme Summen nach Rom zahlen

Schon 1516 hatte Bischof Johann von Meißen Tetzel zum Subkommissar beim Ablasshandel für den Bau des Petersdomes in Rom berufen. In dieser Funktion ist ein bisher kaum beachteter Zusammenhang mit Wittenberg nachweisbar. Im Städtchen Schmiedeberg, das damals zum sächsischen Kurkreise gehörte und kirchlich dem Meißener Bischof unterstand, hatte sich 1516 ein übler Vorfall ereignet. Während einer Reise des Pastors nach Wittenberg ist die geweihte Hostie aus dem Sakramentshäuschen in der Schmiedeberger Kirche entwendet worden. Alle Versicherungen des Kaplans Jacob Rynau und des Küsters Severinus Weise, alle Türen korrekt verschlossen zu haben, nützten ihnen nichts. Man verhängte über sie den Bann. In ihrer Not gingen die beiden nach Wurzen. Dort wandten sie sich jedoch nicht an den in seiner Wurzener Residenz weilenden Bischof, sondern an Tetzel und kauften sich bei ihm frei. Tetzel aber war eine weitere Möglichkeit gegeben, *einen Eingriff in ein fremdes Amt zu tun*[70] und Gelder aus dem Bistum zu ziehen.

musste, den Dominikanermönch Johann Tetzel mit dem Eintreiben von Ablassgeldern beauftragt. Der eröffnete im März 1517 in der Martinskapelle in Halle seinen Ablasshandel und zog über Jüterbog nach Berlin weiter.
Üblicherweise haben die Herren Professoren der Universität ihre in lateinischer Sprache verfassten Thesen für Disputationen, Festtage oder Promotionen nicht eigenhändig angeschlagen. Damit beauftragte der Dekan ihrer Fakultät einen Universitätspedell, der sie an den Türen der Schlosskirche, der Stadtkirche, der Franziskanerkirche, des Augustinerklosters und der Antoniterkapelle anbrachte.[71] Da dieser Vorgang üblich war, ist es unwahrscheinlich, dass der Anschlag der Thesen Luthers Aufsehen und Zulauf verursacht hat. Wer interessierte sich schon für lateinische Disputationsthesen eines Professors, selbst wenn der inzwischen ein von der Bevölkerung gerne gehörter Prediger in der Stadtkirche und im Kloster war? Luther schrieb am Abend dieses Tages an den für ihn zuständigen Brandenburger Bischof und an Erzbischof Albrecht und sandte ihnen jeweils ein Exemplar seiner Thesen. Im Brief an Albrecht schrieb er über seine Beweggründe:

Es wird im Land umhergeführt der päpstliche Ablaß unter Ew. Kurf. Gnaden Namen und Titel zum Bau von Sankt Peter in Rom. Ich klage nicht so sehr der Ablaßprediger großes Geschrei an, das ich nicht gehört habe, sondern beklage die falsche Anschauung, die das arme, einfältige, grobe Volk daraus schöpft und die allenthalben hoch gerühmt wird. Denn die unglücklichen Seelen lassen sich bereden und glauben, wenn sie Ablaßbriefe lösen, so sind sie auch gewiß und sicher ihrer Seligkeit; so fahren die Seelen ohne Verzug aus dem Fegfeuer, wenn man für sie in den Kasten legt; sie glauben weiter, diese Ablaßgnade sei so kräftig, daß keine Sünde so groß sein kann – die erlassen und vergeben werden könnte; und endlich, daß der Mensch durch diesen Ablaß frei und los werde von aller Pein und Schuld. Er fürchtete, jemand könne eine böse Streitschrift gegen den Erzbischof veröffentlichen. Im Nachsatz zu seinem Schreiben wies er auf die von ihm verfassten und beiliegenden Thesen hin: *So es Ew. Hochwürden gefällig ist, können Sie meine beiliegenden Streitsätze ansehen und daraus vernehmen, wie die Ansicht vom Ablaß gar ungewiß ist, obwohl die Ablaßprediger sich einbilden, sie wäre ganz gewiß.*[72]

Luther war durch seine vielfältige Tätigkeit als Distriktsvikar, Universitätsprofessor und Prediger sowohl im akademischen Bereich als auch in der Stadt gut vernetzt. Es ist schwer vorstellbar, dass er an einer anderen Universität vergleichbar gute Bedingungen für die Entwicklung seiner Theologie und der theologischen wie organisatorischen Grundlagen des protestantischen Kirchenwesens gefunden hätte wie in Wittenberg. Eine *Symbiose von welthistorischer Bedeutung* entstand.[73] Der Kurfürst sah wohl mit einigem Vergnügen auf Tetzels Wirken, zog es doch vor allem den bischöflich-meißnischen und brandenburgischen Nachbarn das Geld aus der Tasche. Der Machtzuwachs Albrecht von Brandenburgs durch die Häufung seiner vielen Ämter brachte die Markgrafenfamilie in finanzielle Turbulenzen und schwächte deren politischen Einfluss. Immerhin war ein hoher Kredit bei den Fuggern zu tilgen. So ließ der Kurfürst Luther auch in dessen Kampf gegen den Ablass gewähren, zumal die *Thesen* anfangs selbst unter hohen Kirchenfürsten Sympathisanten fanden. Mit seinen *Thesen* wäre Luther gewiss bei Kurfürst Friedrich in größte Ungnade gefallen, hätte er sich gegen den Kult in der Schlosskirche gewandt. Der Vorwand, gegen Tetzel vorgehen zu müssen, bot die Möglichkeit, das gute Verhältnis zum Landesvater aufrechtzuhalten. Außerdem stand eine Königswahl ins Haus, denn Kaiser Maximilians baldiges Ableben war absehbar. Als Kurfürst hatte Friedrich da ein entscheidendes Wörtchen mitzureden. Da er sich vorläufig nicht für einen bestimmten Kandidaten entschied, wurde er von allen Seiten umworben. Die Kurie ließ in der Folge sogar den Ketzerprozess gegen Luther ruhen und gab ihm so Zeit, seine Ideen zu verbreiten und in die Tat umzusetzen.

ALS HÄTTEN DIE ENGEL ...

Die Erstausgabe von Luthers Thesen wurde wahrscheinlich nur für den Anschlag und für Einladungen zur beabsichtigten Disputation vom damals einzigen in Wittenberg ansässigen Buchdrucker Johann Rhau-Grunenberg in kleinster Auflage gedruckt. Er hatte seine Werkstatt wahrscheinlich beim Augustinerkloster und hat in den folgenden Jahren alle Lutherschriften erstmals in Druck gehen lassen. Im Dezember 1517 erschien in der Werkstadt des Leipziger Buchdruckers Jakob Thanner eine weitere Auflage. Ein Exemplar des Thanner-Drucks kam in Luthers Hände und er hat darauf notiert: *Anno 1517 ultimo Octobris, vigilie Omnium sanctorum, indulgentie primum inpugnate*, zu deutsch: Im Jahre 1517, am 31. Oktober, am Vorabend von Allerheiligen, wurden die Ablässe zum ersten Male bekämpft.[74] Luthers Notiz auf diesem Plakat ist der einzige wirkliche Beweis dafür, dass die Reformation am 31. Oktober 1517 begann. In Nürnberg wurde eine weitere Ausgabe gedruckt. Luther schrieb Scheurl, der Druck der Thesen sei für ihn überraschend gekommen und ihm gefalle die Verbreitung der für den Universitätsbetrieb in lateinischer Sprache verfassten Thesen überhaupt nicht. Da sich für die angestrebte Disputation keine Teilnehmer fanden, musste er seine Disputationsabsicht aufgeben und verfasste die Schrift *Sermon von Ablass und Gnade*, in der er in deutscher Sprache den Inhalt der Thesen auf nur vier Seiten erläuterte. Der Erstdruck erschien im März 1518 wieder bei Rhau-Grunenberg und wurde noch 1518 von den verschiedensten Druckereien vor allem in Mittel- und Süddeutschland zwanzigmal nachgedruckt! Der Sermon gilt als erste massenwirksame Schrift Luthers und fand auch die Zustimmung des für ihn zuständigen Brandenburger Bischofs Johann Scultetus. Im niederländischen Antwerpen konnte man sie schon seit April 1518 kaufen.[75] Die Verbreitung geschah außerordentlich schnell und Luthers Ziel, die *Thesen* vom Markt zu verdrängen, wurde erreicht.

Buchdrucker bei der Arbeit,
Detail einer Holzschnitt-Titel-Einfassung
aus der Cranach-Werkstatt

»ICH WEISS NUR, DASS DIE GEFAHR FÜR MICH WÄCHST«

Inzwischen eröffneten Luthers Gegner mit Erzbischof Albrecht an der Spitze das Gegenfeuer und in Wittenberg kam es zu ersten Exzessen.

Am 21. März 1518 berichtete Luther, als die Studenten *hörten, daß ein Mann aus Halle von Tetzel eingetroffen war, ... suchten sie ihn auf und machten ihm angst und bange, daß er solches Zeug nach Wittenberg zu bringen wagte; manche kauften ihm Exemplare ab, andere nahmen ihm einfach welche weg; dann ließen sie die öffentliche Aufforderung ergehen, »wer der Verbrennung und Bestattung der Tetzelschen Thesen beiwohnen wolle, möge sich um zwei Uhr auf dem Markte einfinden«, und daselbst verbrannten sie fast den gesamten Rest von etwa achthundert Exemplaren, ohne Vorwissen des Kurfürsten, des Rats, des Rektors und überhaupt von uns allen. Ich, und wir alle, mißbilligen bei Gott das schwere Unrecht, daß unsere Jugend dem Manne zugefügt hat. Ich bin ohne Schuld, fürchte aber, man wird mir alles zuschreiben ... ; ich weiß nur, daß die Gefahr für mich wächst.*[76]

Generalvikar Johann Staupitz rief für das Frühjahr zum turnusmäßigen Generalkapitel der deutschen Augustiner-Eremiten nach Heidelberg. Als Distriktsvikar hatte Luther Teilnahmepflicht und machte sich, der Ordensregel entsprechend, wieder zu Fuß auf den Weg, nur in Begleitung eines Klosterbruders. Am 15. April schrieb er in einem Brief von der Coburg, er müsse *gestehen, daß es ein Fehler ... war, die Reise zu*

Fuß zu machen. ... Ich bin sehr müde und finde doch nirgends einen freien Platz im Wagen und er bereue seinen Entschluss sehr. Zudem fiel es ihm schon damals schwer, auf der Reise unerkannt zu bleiben. Man regelte auf dem Generalkapitel Ordensangelegenheiten, doch bestand der Auftrag, Luther, notfalls mit Gewalt, nach Rom zu bringen. Nun griff der Pfalzgraf ein und unter seinem Schutz fand am 26. April 1518 eine von Luther geleitete Disputation statt, bei der sein Klosterbruder Leonhard Beyer im Hörsaal der Artistischen Fakultät der Heidelberger Universität von Luther verfasste Thesen zu verteidigen hatte. Luther wurde damit nur wenige Monate nach Bekanntwerden der *Thesen* ein großes universitäres Forum gegeben, ein Forum, wie er es sich beim Niederschreiben der *Thesen* wohl gewünscht hatte. In den von ihm aufgestellten *Thesen zur Heidelberger Disputation* vermittelte Luther den Grundgedanken seiner Theologie, nämlich die völlige Abhängigkeit des Menschen von der Gnade Gottes. Nicht durch seine Werke erlange der Mensch Gottes Gnade, sondern allein durch seinen Glauben. Man bezeichnet diesen Kern der lutherischen Theologie heute als seine *Rechtfertigungslehre*. Unter den anwesenden Theologieprofessoren fanden seine Thesen jedoch keinen Anklang, dafür aber unter den anwesenden Studenten und Magistern der Artistenfakultät, darunter Martin Butzer und Johann Brenz. Sie vergrößerten in der Folge Luthers Beziehungsnetz und verbreiteten die reformatorischen Ideen vor allem im süddeutschen Raum.

Und zu Wagen bin ich eingefahren, der ich zu Fuß ausgezogen war, jubelte Luther bei seiner Rückkehr nach Wittenberg am 18. Mai 1518 und machte Bilanz über seine Anhänger in Wittenberg: Karlstadt, Amsdorf, die Juristen Dr. Hieronymus Schurff und Dr. Wolfgang Staehelin, beide Feldkirchen und der Stiftsherr Dr. Petrus Lupinus, *und sie stehen alle unentwegt auf meiner Seite; ja eigentlich die ganze Universität, bis auf den Lizentiaten Sebastianus, und auch der Fürst und unser ordentlicher Bischof. Sodann erklären auch viele andre Prälaten und alle verständigen Bürger einstimmig, vorher weder Christus noch das Evangelium gekannt oder gehört zu haben.*[77]

»... DER SCHAUDER VOR DER WEISHEIT IST GEWISSERMASSEN DURCH DIE HEITERKEIT DES KENNTNISREICHEN UNTERRICHTS VERTRIEBEN WORDEN«[78]

Philipp Melanchthon, Kupferstich von Albrecht Dürer, 1526

Im Sommer 1518 kam ein kleiner und auf den ersten Blick unscheinbar wirkender junger Mann in Wittenberg an, der hier eine Professur erhalten hatte: Philipp Melanchthon. Schon seine Antrittsrede am 18. August 1518[79] zeigte, was in ihm steckte, wie er auf dem Katheder aufblühte, lehrte und welch Genie da dachte. Luther wurde sofort in seinen Bann gezogen. Die Rede wurde zum Triumpf des jungen Professors, weil er in ihr ein Reformprogramm für das Universitätsstudium entwickelte, das dem der Wittenberger entsprach. Melanchthons Ziel war keinesfalls die

Erneuerung der Wissenschaften zum Selbstzweck, sondern ihre Renovation als Grundlage eines erneuerten Christentums. Die Kenntnis der beiden biblischen Ursprachen Griechisch und Hebräisch, der Mathematik und der Geschichte erschienen ihm unabdingbar.

Joachim Camearius beschrieb die enge freundschaftliche Beziehung und gegenseitigen Respekt vor den Fähigkeiten dieser so ungleichen Partner: *Philipp Melanchthon, der sehr wohl bemerkte, dass Martin Luther über natürliche Güte, ausgezeichnete Geisteskraft und größere Weisheit und Tüchtigkeit, als er sie bei irgendeinem anderen gesehen hatte, verfügte, verehrte ihn sehr und schätzte ihn mehr als alle anderen. Luther seinerseits sah bei Philipp die Rechtschaffenheit, Gelehrsamkeit, Bildung, Treue, Aufrichtigkeit, einen Geist, der bereit war, auch Mühen in Angriff zu nehmen und zu ertragen, den sehr großen Eifer und die Sorgfalt, nach der Weisheit zu suchen und sie zu erkennen, den einzigartigen Fleiß beim Unterrichten und schließlich die Befähigung zu Wissenschaft und Beredsamkeit, welche die übliche Art und das Maß seiner Altersstufe und unseres Menschenschlages bei weitem übertraf. Martin Luther, der all diese Dinge bei Philipp wahrnahm, liebte diesen nicht nur ebenso, sondern er zögerte und scheute sich auch nicht, obwohl er selbst älter war und auch größeres Ansehen besaß, den Umgang mit ihm zu pflegen und ihn in seinen Freundeskreis aufzunehmen: ja, er hatte ihn sogar zum besten und vertrautesten Freund, besprach mit ihm seine eigenen Ideen und studierte seinerseits dessen Gedanken und Ansichten, forschte ihn gerne aus und lockte ihn durch Fragen heraus, um selbst gelehrter zu werden. Deshalb aber entstand und wuchs unter den beiden eine solche Nähe und ein solch freundschaftlicher Umgang, wie man ihn wohl echter und enger kaum finden könnte.*[80]

NOCH ZU FRÜH FÜR EINE REFORMATION

Kaiser Maximilian berief zur Klärung seiner Nachfolge für den Sommer 1518 einen Reichstag nach Augsburg. Dort erschien der päpstliche Legat, Kardinal Cajetan, um eine neue Türkensteuer zu fordern (1517 hatte das 2. Laterankonzil den Türkenkrieg beschlossen) und Albrecht von Brandenburg die Kardinalswürde zu bringen. Zudem sollte er die *Lutherische Ketzerei* beenden. Papst Leo fürchtete bei einer Nachfolge durch Maximilians Enkel Karl einen Machtzuwachs für die Habsburger, der dem Kirchenstaat schädlich sein könnte und beförderte so eine Kandidatur des französischen Königs. Leo X. benötigte dabei die Unterstützung durch die Kurfürsten und versuchte, Kurfürst Friedrich für sich zu gewinnen. Man hatte noch Zeit, denn Maximilian starb erst im Januar 1519. Doch dann flossen ungeheure Bestechungssummen an die Kurfürsten. Der Reichstag 1518 lehnte die geforderte Türkensteuer ab, weil die Reichsstände meinten, man habe schon genug bezahlt und wisse sowieso nicht recht, was mit dem Gelde geschehe, und sie verwiesen dann sogar noch auf die Luthersache, den *Bundschuh* und die beginnende Unruhe in Deutschland. Damit war das wichtigste Ziel Kardinal Cajetans, die Durchsetzung der Türkensteuer, gescheitert. Nun versuchte er, wenigstens die Wahl Karl V. zu verhindern und bemühte sich um Zustimmung Kurfürst Friedrichs zur Wahl des Franzosen. Dafür lenkte er in der Luthersache etwas ein.
Ziele Kurfürst Friedrichs waren der Schutz seiner Universität in Wittenberg und die Erhaltung der Ruhe im Lande. Am Rande des Reichstages verhandelte er mit Kardinal Albrecht von Brandenburg. Der junge Kardinal bemühte sich, sich und

seine Familie, die ebenso eine Kurstimme besaß, so wenig wie möglich mit der Luthersache in Zusammenhang zu bringen und fand darin die Zustimmung Friedrichs. Beide Kurfürsten konzentrierten sich ebenso wie die Kurie in den Verhandlungen über den Ablassstreit lieber auf Tetzel als auf Luther und versuchten so, die Aufmerksamkeit von sich abzulenken. Friedrich ließ Luther zur Achtung seiner Politik bewegen. Das Ansehen des Kardinals wurde also in Augsburg nicht untergraben, und Friedrich gewann Zeit.

Da Kardinal Cajetan auch mit dem Auftrag nach Deutschland gereist war, die Luthersache zu beenden, kam es im Oktober 1518 im Fugger-Palast in Augsburg zu einem weiteren Verhör des vermeintlichen Ketzers. Luther musste fliehen und sah sich in Lebensgefahr, als der Kardinal von Kurfürst Friedrich die Auslieferung des Mönches forderte. Im November spitzte sich die Lage für Luther derart zu, dass er sich von seinen Wittenberger Freunden verabschiedete und am 1. Dezember zu einem Abschiedsessen ins Kloster einlud. Doch dann rief ihn sein Freund Spalatin nach Prettin, dem Sitz der Antoniter. Hier erfuhr er, der Kurfürst werde ihn nicht ausliefern. Er dürfe und solle in Wittenberg bleiben.Nach Hause zurückgekehrt, widmete er sich sofort wieder der laufenden Universitätsreform.

Man erwartet immer, nach dem legendären Thesenanschlag hätten sofort große Umwälzungen in Wittenberg eingesetzt. Dem war aber nicht so, im Gegenteil, auf den ersten Blick lief alles weiter wie vordem.

1518/19 wurden im Augustinerkloster bei umfangreichen Bauarbeiten die Heizungs- und Sanitäranlage aus dem Westen des Hauses in den Osten verlegt und im Süden ein eingeschossiges Küchenhaus mit zwei Kaminen angebaut. Allein im Jahre 1519 bestellten die Mönche laut Stadtrechnungen 278 Wagen Kalk. In dieser Phase entstand ein Küchenbau und 1519 wurden

die Toiletten- und Heizungsanlagen samt Dormitorium, einem Wärmeraum der Mönche, vom Westturm auf die Ostseite des Klosters verlegt. Später wurde erwähnt, dass man Luther auf diese Weise auch den unteren Turmraum überlassen wollte. Doch das entsprach wohl nicht den Tatsachen. Der damalige Prior des Klosters, Konrad Helt, wurde kein Freund der lutherischen Gedanken und plante offensichtlich den Bau eines repräsentativen Prioriatsgebäudes, das mit dem *Dormitorium* der Mönche verbunden wurde.[81] In der 2. Etage des Turmes befand sich, sicherlich erst später, Luthers Studierstube. Westlich vom Turm stand das Brauhaus und nördlich am Brauhaus waren die Stallungen untergebracht.
Gebaut wurde auch im Franziskanerkloster. 1518/1519 wurde neben dem Beichthaus, in dem sich seit 1502 das Lectorium der Artistischen Universität befand, eine Bibliothek gebaut, zu deren Kreuzgewölben man mit Einverständnis des Kurfürsten Steine vom alten askanischen Schloss verwendet hat.[82] Diese Aktivitäten der Mönche lassen darauf schließen, dass sie 1518 und 1519 keineswegs davon ausgingen, dass sie demnächst ihre Klöster verlassen würden.
Auch die Dorfbewohner im Amt setzten ihre testamentarischen Stiftungen zugunsten ihrer Dorfkirchen fort[83], als wäre nichts geschehen.
Im Februar 1519 kamen Phachus als Universitätsrektor und die Professoren Luther, Karlstadt, Burckhardt und Amsdorf auf den Vorschlag vom Dezember 1518 bezüglich der Abschaffung scholastischer Vorlesungen zurück und schlugen eine Aufstockung der Bezüge Melanchthons aus den ausgesetzten Vorlesungen vor. Dabei stießen sie natürlich auf Widerstand derer, die in scholastischen Traditionen verhaftet geblieben sind. Für das Sommersemester wurde am 22. Mai 1519 der Franziskaner Peter Zedlitz, genannt Fontinus, zum Dekan

der Theologischen Fakultät gewählt. Bei einer Disputation am 4. Oktober 1519 auf dem Wittenberger Provinzialkapitel der Franziskaner zeigte sich, dass Fontinus noch ein Gegner des lutherischen Prinzips der Schriftauslegung war. Luther erkannte im Mai, dass es noch zu früh für eine Reformation »seiner« Fakultät sei.

In der Schlosskirche wurden jährlich etwa 7856 gelesene und 1138 gesungene Messen abgehalten. Das sind etwa 25 Messen pro Tag, für die täglich 112 Kerzen benötigt wurden, eine große Menge, die es auf dem Markt zu beschaffen galt. Die Stiftsherren hatten neben ihrer Tätigkeit an der Universität auch mit den Messen in der Kirche ein gewaltiges Pensum zu leisten. Für diesen Zweck wurde 1519 unter anderem das *Jenaer Chorbuch* beschafft, eine Sammlung liturgischer Gesänge niederländischer und flämischer Komponisten. Zudem gründete Kurfürst Friedrich eine Hofkapelle aus Sängern und Musikern. Beide Kapellen begleiteten den Kurfürsten auf seinen Reisen und wurden allerorten viel gerühmt.[84]

Auf Rat seines Beichtvaters, des Franziskanermönchs Jacob Vogt, errichtete Kurfürst Friedrich 1519 die *Stiftung der Betrachtung des heilsamen Leidens unseres lieben Herrn und Seligmachers.* Jeden Donnerstag, Freitag und Sonnabend sollten zwei Priester und acht Chorsänger in der Schlosskirche eine ähnliche Feier wie zu Ostern üblich abhalten. Dafür setzte er den Priestern je ein Jahresgehalt von 12 und den Chorsängern von je 10 Gulden aus. Zusätzlich gab es noch vier Messknaben. Die Dekane des Großen und des Kleinen Chores der Schlosskirche und der Wittenberger Amtmann wurden damit beauftragt, bis zum 14. September 1519, dem *Tag der Kreuzabnahme*, geeignete Priester und Sänger zu finden und fanden sie in der noch nicht völlig zu Luther übergegangenen Studentenschaft.[85]

»DES RATS UND GEMEINER STADT PREDIGER«

1519 erhielt Luther ein Geldgeschenk vom Rat der Stadt, weil *er des rats und gemeiner stadt prediger gewesen.*[86] Er konnte seine Predigttätigkeit, die er nun schon etwa fünf Jahre lang ausübte, im ausdrücklichen Auftrage und Sinne des Rates der Stadt fortsetzen. 1519 hatte man erstmals den Maler Lukas Cranach in den Rat gewählt und ihm die einflussreiche Position des Kämmerers gegeben.[87] Ihre Freundschaft war 1520 schon so innig, dass der Mönch Doktor Martinus Luther die Patenschaft für das Kind übernahm, als Cranachs Töchterchen Anna im Taufbecken der Stadtkirche getauft wurde. 1520 wurde die Gemeinde von dem altgläubig bleibenden Pfarrer und Stiftsherrn Simon Heyns aus Brück, zwei Kaplänen und Luther als Prediger versorgt.[88] Die Beziehungen zwischen den Wittenberger Stadtvätern und dem Reformator festigten sich weiter, obwohl in diesen Jahren nicht nur Luther, sondern auch die Stadt in Gefahr geriet, mit Acht und Bann belegt zu werden.

Ende 1518 starb der Kemberger Propst. Da die Universität, deren Rektor zu dieser Zeit Bartholomäus Bernhardi war, das Besetzungsrecht innehatte, konnte dieser alte Schulfreund und Klosterbruder Luthers die freie Stelle in der Elbaue erhalten. Luthers Freund Franz Günther aus Nordhausen erhielt eine Predigerstelle in Jüterbog. Günther wurde wenig später Hofprediger in Lochau und sogar Beichtvater Kurfürst Friedrichs! In Schmiedeberg war 1519 die Pfarrstelle an der Stadtkirche neu zu besetzen. Pfarrer wurde mit Nicasius Heynack ein begeisterter Anhänger Luthers, der trotz bischöflicher Intervention das Abendmahl in beiderlei Gestalt austeilte und heiratete. Über ihn heißt es, er sei ein *wohlgelehrter Herr von Herzberg, der freien Künste Magister und der heiligen Schrift Baccalaureus, guter Lehre und dem Volke und der Kirche nützlich*[89] gewesen.

Als Luther im Juni 1519 zur Leipziger Disputation aufbrach, war er nicht nur in Begleitung seiner Freunde, wie Nikolaus von Amsdorf, Andreas Karlstadt, des Ehrenrektors der Universität Herzog Barnim von Pommern, Melanchthons und Johann Langs, sondern angeblich auch unter dem Schutz von zweihundert mitziehenden bewaffneten Studenten.

Luther hatte den jungen Freund 1520 zur Begründung eines Hausstandes gedrängt, weil er beobachtete, wie der über allen Studien und allem Schreiben vergaß, etwas zu essen. Ein Professorenhaushalt war aufwändig zu führen, besonders wenn er so viele Gäste und Schüler aufnahm, wie der Haushalt Melanchthons, Bugenhagens und später auch Luthers. Es bedurfte einer tatkräftigen Hausfrau und die wurde für Melanchthon in einer der alten Ratsfamilien gefunden. Dem Bräutigam erschien die Verehelichung offensichtlich besonders erstaunlich. Er kündigte nur eine kurze Pause in seiner Vorlesungstätigkeit an. Diese Ehe, geschlossen zwischen einer tatkräftigen Bürgerstochter und einem Mann, dessen Denken zuerst seiner Wissenschaft und seiner Universität galt – und wohl dann erst ihr und den gemeinsamen Kindern – wurde am Ende eine glückliche. Melanchthons Ehe mit Katharina Krappe brachte ihm eine für einen Universitätsprofessor damals ungewöhnliche Vernetzung mit der Bürgerschaft und dem Rat ein, die später sogar so weit ging, dass er mit der Bau-

Nach seiner Rückkehr von der Leipziger Disputation wurde Melanchthon *mit einem sehr tugendhaften Mädchen aus einer alten und führenden Familie der Stadt verlobt, welche er dann im Alter von 24 Jahren heiratete und mit der er später in sehr frommer Ehe 37 Jahre zusammenlebte.*[90]

kommission des Rates die Entwässerung von Grundstücken begutachtete.

Luther war im Kloster noch gut versorgt. Auch er setzte seine Vorlesungen an der Universität und Predigten in der Stadtkirche fort. Unablässig predigte er den Wittenbergern über die Zehn Gebote, die er keinesfalls fallen lassen wollte. Luthers Gedanke, nicht das Tun guter Werke, wie Stiftungen, Beten, Spenden, sondern allein der Glaube an den Gekreuzigten mache vor Gott gerecht, dieser Gedanke stellte alles auf den Kopf. Wozu brauchte man noch Ablass, Reliquienkult, Stiftungen, Messelesen? Alles lästige und überflüssige Pflichten für einen Bürger, Bauern oder gar Adeligen! Auf allen Gassen, an den Brunnen und Bächen, in Wirtshäusern, Herbergen, Meisterstuben, Adelsburgen, Universitäten, Stiftern, Klöstern und Kirchen, überall diskutierte man inzwischen darüber, dass es in der Kirche nicht mehr recht zugehe. *Ich verderbe allzu viele Zeit, mit dem zu Gaste gehen bei der Bürgerschaft*, schrieb Luther am 5. Mai 1520 an Spalatin. Luther musste an den Schreibtisch und schrieb und schrieb und in den Druckerstuben des Johann Rhau-Grunenberg und des 1520 von seinem Vater aus Leipzig nach Wittenberg entsandten jungen Buchdruckers Melchior Lotter wurde unablässig gearbeitet, um seine Schriften den nach ihnen lechzenden Menschen zugänglich zu machen.

Luthers Theologie gewann gesellschaftliche Bedeutung und das besonders im vierten Gebot: *Du sollst Vater und Mutter ehren*. Luther erweiterte es in seinen Predigten, *genau so sollst du die Obrigkeit ehren*. Die Obrigkeit kann nicht über den Glauben der Menschen gebieten, doch sonst ist ihr in jeder Weise zu gehorchen. Du sollst Eltern und Obrigkeit fürchten, sie achten und ehren. Die Kirche ist die geistige Mutter der Menschen. Wir sollen ihr gehorchen, aber jetzt stellt sie sich gegen die Gläubigen, wie eine Mutter, die ihre Kinder verlässt. Er forderte Könige, Fürsten und Adel auf, gegen Rom, das die evangelische Predigt behinderte, vorzugehen. Als von Gott eingesetzte Obrigkeit hätten sie die Pflicht, für ihre Untertanen zu sorgen. Da die geistige Obrigkeit versage, müsse nun die weltliche Obrigkeit im Angesicht dieser Notlage einspringen und in der Kirche für Ordnung sorgen. Als Professor an einer landesherrlichen Universität war es seine Aufgabe, Beamte auszubilden, die die Obrigkeit in ihrer Regierung unterstützten. Könige, Fürsten und Adel waren die Regenten und gaben die Ziele vor, ihre Bediensteten besorgten die Ausführung – in diesem Sinne war er an der Universität tätig. Dieser Gedanke war vertraut. Luther wollte die Gesellschaft nicht umgestalten. Er wollte die Freiheit der evangelischen Predigt, die durch das Papsttum gefährdet schien und vor den weltlichen Obrigkeiten geschützt werden musste.

»KEINE WEHRE TRAGEN«

Auch in Wittenberg wuchs die Unruhe. Im Februar 1520 eskalierten Streitigkeiten zwischen adeligen Studenten und Malschülern Cranachs. Beide Seiten meinten, das Recht zu haben, Waffen auch in der Stadt zu tragen. Diese Frage wurde in der weiterhin ständisch geprägten Gesellschaft neu gestellt. Luthers Gleichheitsgedanken setzten unter den Bürgern ein neues Denken in Gang. Wieder mussten Kurfürst Friedrich, der Rat und die Universität *Artikel* zur Erhaltung von Ruhe und Ordnung verabschieden. Darin heißt es: *Wir wollen, das*

Am 24. Februar 1520 schrieb Luther an Spalatin: *Über die Studenten und die Maler weiß ich nicht, was ich sagen soll. Ich fürchte, daß die Sache so groß nicht ist, wie sie einige Windmacher darstellen, die diese aufblasen. Ich habe in der Predigt davon gehandelt, aber nicht allen habe ich genügt. Es gab einige, die sagten, ich würde die Studenten zu sehr begünstigen, andere sagen das Gegenteil. So schwer ist das Werk des Teufels zu bändigen. Besser wäre es gewesen, wenn es sich von selbst abgekühlt hätte, als daß man begonnen hat, es mit so großer Unruhe und so großem Geräusch zu besänftigen. Wenige sind es, die dieses Trauerspiel treiben, und die sind nicht wert, daß die ganze Stadt und die gesamte Universität ihretwegen in Bewegung gerät.*

kein Student, auch kein Bürger und Einwohner oder andere Waffen tragen und auch die Handwerksgesellen und die Diener der Bürger in der Stadt keine Wehre tragen, die man zur Beleidigung oder Beschädigung des Leibes eines anderen ziehen könnte. Geschworene Ratsherrn und ihre geschworenen Diener, die Pedelle der Universität, also Männer, die zur Erhaltung von Ruhe und Ordnung bestellt waren, durften bewehrt auf die Straße gehen.[91] Schankhäuser sollten im Winter um 21 Uhr und im Sommer um 22 Uhr schließen. Wer nachts grundlos auf der Gasse angetroffen würde, sollte von den Stadtwachen verhaftet und am Morgen befragt werden, auch Adelige, auch Geistliche, auch Studenten!

Dabei darf man nicht übersehen, dass langsam die Vorbereitungen zur jährlichen Heiltumszeigung anliefen. Man konnte viele Pilger erwarten und musste sich auch auf eventuelle weitere Ausschreitungen vorbereiten.

1520 erreichte die Wittenberger Universität mit 579 Immatrikulationen neuer Studenten einen Höhepunkt. Die Stadt war völlig überfüllt, und die Preise für Lebenshaltungskosten und Miete stiegen weiter an. Im Juni 1520 wurden auf Befehl Kurfürst Friedrichs alle Häuser besichtigt, um Unterkünfte für die vielen neuen Studenten zu gewinnen. Am 19. Juni 1520 erstellten Amtsschösser Gregor Burger und Amtmann Anton

Niemegk eine nach Stadtvierteln geordnete Liste von Namen der Bürger, die an Studenten vermieten könnten. Die Universität mit ihren Professoren und Studenten stellte inzwischen einen bedeutenden Wirtschaftsfaktor in der Stadt dar, von dem die Bürger, die städtischen Handwerker, Händler und Gastwirte profitierten.[92]

Wittenberger Student um 1510, colorierter Kupferstich 1803

»DIE ZEIT DES SCHWEIGENS IST VERGANGEN UND DIE ZEIT ZU REDEN GEKOMMEN«

Natürlich hätte Luther angesichts der Bedrohung durch den Bann aufgeben können, doch: *Ich bin villeicht meinem got und der welt noch eine torheit schuldig …*

Am Johannistag 1520 beendete er seine berühmte Schrift *An den christlichen Adel deutscher Nation von des christlichen Standes Besserung,* und gerade passend zur Veröffentlichung der Bannandrohungsbulle hatte Melchior Lotter im August mehr als 4000 Exemplare fertig gedruckt und verkaufte sie in kürzester Zeit. 4000 Exemplare in kürzester Zeit verkauft! Was wollten die Bürger da auf 48 Druckseiten mit eigenen Augen lesen?

1. Vor Gott ist jede der Gemeinschaft dienende Arbeit gleich viel wert: *Dan alle Christen sein warhafftig geystlichs stands, unnd ist unter yhn kein unterscheyd, denn des ampts halben allein (...), doch ein yglich glid sein eygen werck hat, damit es den andern dienet, das machts allis, das wir eine tauff, ein Evangelium, eynen glauben haben, unnd sein gleyche Christen, den die tauff, Evangelium und glauben, die machen allein geistlich und Christen volck. ... Ein schuster, ein schmid, ein bawr, ein yglicher seyns hantwercks ampt unnd werck hat, unnd doch alle gleich geweyhet priester und bischoffe, unnd ein yglich sol mit seinem ampt odder werck denn andern nutzlich und dienstlich sein, das alszo viellerley werck alle in eine gemeyn gerichtet sein, ...*

2. Alle Christen sind gleich und nur Gott mehr zu fürchten als die Menschen: *Wirt ein priester erschlagen, szo ligt ein land ym Interdict, warum auch nit, wen ein bawr erschlagen wirt? Wo kumpt her solchs grosz unterscheyd unter den gleychen Christenn? Allein ausz menschen gesetzen und tichten. ... Darumb lasst uns auff wachen, lieben Deutschen, und got mehr den die menschen furchten, ...*

3. Deutschland zahlt heute mehr an Rom, als je zuvor: *die tollen, vollen Deutschen mussens wol leyden. ... Wie kommen wir Deutschen dartzu, das wir solch reuberey, schinderey unserer guter von dem bapst leyden mussen? Hat das kunigreich zu Franckreich sichs erweret, warumb lassenn wir Deutschen uns also narren und essenn? ... Ich acht, das deutsch landt itzt weit mehr gen Rom gibt dem Bapst, da vor zeytenn den keysern. ... O edeln fursten und hern, wie lanng wolt yhr ewr land und leut solchen reyssenden wolffen offen und frey lassen?*

4. Bürgergemeinden können sich selbst einen Pfarrer wählen: *das einn ygliche stat ausz der gemeynn eynen gereten*

frumen burger erwellet, dem selbenn das pfar ampt befilhe, und yhn vonn der gemeyn erneret, yhm frey willkoer liesz, ehelich zu werdenn odder nit, der nebenn yhm mehr priester odder Dyaconn hette, auch ehelich odder wie sie wollten, die den hauffen und gemeyn hulffen regieren mit predigen und sacramenten

5. Nur der Sonntag soll arbeitsfrei sein: *das man alle fest arbethet und allein den Sontag behielt ...*

6. Gemeinden sollen und können für die Bedürftigen sorgen: *Es ist wol der grosten not eyne, das alle betteley abthan wurden in der Christenheit. ...Es kund yhe ein yglich stadt die yhren erneren, unnd ob sie zu gering were, das man auff den umligenden dorffen auch das volck vormanet datzu geben, mussen sie doch sonst soviel landlauffer und boser bussen unter des bettelns namen erneren, szo kund man auch wissen, wilche warhafftig arm weren odder nit.*

Luther predigte: *Du wirst ja immer schon in einem Stand sein, du bist immer schon Ehemann oder Ehefrau, Sohn oder Tochter, Knecht oder Magd. Nimm den geringsten Stand für dich: Bist du ein Ehemann, meinst du, du habest nicht genug zu schaffen in diesem Stand? So Ehefrau, Kind, Gesinde und Güter zu regieren, daß alles im Gehorsam gegen Gott geschehe und du niemandem Unrecht tust? ... Ebenso wenn du ein Sohn oder eine Tochter bist, meinst du, du habest nicht genug zu tun, daß du züchtig, keusch und Maß haltend deine Jugend hältst, deinen Eltern gehorsam bist und niemandem mit Worten und Werken zu nahe trittst? Weil man es verlernt hat, solche Befehle und Berufe zu achten, geht man statt dessen hin und betet Rosenkränze und tut dergleichen, was nicht dem Beruf dient, und keiner denkt daran, daß er seinen Stand wahrnehme,*[93] hielt er seinen Zeitgenossen vor.

Wie sollten das alles die Menschen so plötzlich begreifen, griff es doch massiv in ihr alltägliches Leben ein? Luther erkannte selbst, dass viele Zeit und Geduld brauchen würden und man sie ihnen lassen müsse. Langsam und behutsam müsse man bei dieser großen anstehenden Umgestaltung der Gesellschaft vorgehen.

»DIE TÖRICHTEN MENSCHEN WÜTEN GEGEN MICH ...«

Vom 12. Juni 1520 bis 30. Juli 1520 fanden zwischen Studenten und den Gesellen Lucas Cranachs erneut heftige Auseinandersetzungen um das Tragen von Waffen statt. Der Konflikt griff nun auf die Bürgerschaft und den Rat auf der einen Seite und die Universität auf der anderen Seite über. Am 13. Juli kam es zu Unruhen, Schlägereien und Verhaftungen. Die bewaffneten Studenten erschienen auch vor dem Schloss und der gegenüberliegenden Propstei, nachdem sie vorher die Häuser der Stadtknechte gestürmt und das des Stadtrichters massiv bedroht hatten. Zeitweise sollen sich achthundert und mehr Studenten beteiligt haben! Im Universitätskonzil griff nun ein Professor einen anderen derart heftig an, dass Luther das Konzil empört verließ. Spalatin teilte er mit, der Satan habe den Vorsitz geführt und bat ihn, er möge den Kurfürsten beeinflussen, dass der den Universitätsrektor Peter Burchard für seine Parteinahme für die Studenten zurechtweise. Am nächsten Tag schrieben adelige Studenten gemeinsam an den Kurfürsten und baten ihn ausdrücklich, Lukas Cranach und andere Bürger keine Wehren mehr tragen zu lassen, die die Bürger über sie, die sie doch von Stand seien, erhöben. Nach dem 15. Juni 1520 sagte Ratsbaumeister Hans Feuerlein über Drohungen aus Studentenkreisen aus, die sich besonders gegen Luther richteten. Ein Student soll geäußert haben, er wolle einen Stein nehmen und den Mönch in der Kirche auf den Kopf oder die Platte schlagen, wenn er weiter so predigen würde. Ein anderer hätte gesagt, würde er dieses Predigen nicht einstellen, so wollten sie mit ihm bald ein Ende machen. Ein *Aufschlagzettel*, dessen Urheber nicht zu ermitteln sei, agitierte wider *die Schurganten, Maler oder Bürger.* In einem Weinkeller hätte ein Student gemeint, man müsse alle *Filze* aus der Stadt jagen und diese dann anzünden. Bei einem Studenten von Wangenheim, der bei der Blasius Henikyn wohnte, hätten sich zehn Studenten verschworen, ein großes Feuer zu legen.[94]

Luthers Leben war um diese Zeit, unabhängig vom drohenden Bann, in Wittenberg und in seiner Predigtkirche gefährdet. *Die törichten Menschen wüten gegen mich, sie trachten nach meinem Leben, aber Christus lebt und regiert*, schrieb Luther, die Gefahr erkennend. Trotz der Bedrohung sprach er am 15. Juli in seiner Sonntagspredigt mit sehr harten Worten über das Übel des Aufruhrs und forderte die Studenten vergebens dazu auf, Ruhe zu geben. In der folgenden Nacht rückte Hofmarschall Hans von Dolzig auf Befehl des Kurfürsten mit Fußvolk in Wittenberg ein und besetzte alle Ein- und Ausgänge. Nach Verhören wurden zwölf Mitglieder des Studentenausschusses der Stadt und Universität verwiesen. Rektor Burchard sollte erneut alle Universitätsangehörigen versammeln und ihnen die kurfürstliche Ordnung vorhalten. Wer meinte, sich dem Rat und seinen

Dienern nicht unterwerfen zu können, sollte die Stadt verlassen.

Ende August 1520 tagte im neuen Augustinerkloster in Eisleben das Kapitel der Augustinereremiten der sächsischen Provinz. Dieses Mal nahm Luther nicht daran teil und war also nicht anwesend, als der von ihm geliebte Doktorvater Johann Staupitz zurücktrat und sein Amt des Generalvikars in die Hände von Luthers Freund Wenzeslaus Link legte. Beide, Staupitz und Link, reisten anschließend zu Luther nach Wittenberg und versuchten hier vergeblich, Luther dazu zu bewegen, zu erklären, er habe den Papst niemals persönlich angreifen wollen. Luther stimmte dem anfangs zu, zog seine Zustimmung aber zurück, nachdem er erfahren hatte, dass Johann Eck die Bannandrohungsbulle in Leipzig angeschlagen hatte. In seinem vom Kurfürsten geforderten *Erbieten* an den Kaiser bat er darum, man solle ihn aus der Bibel heraus widerlegen. Die christliche Wahrheit sei schon manches Mal von einem Einzelnen allein verkündet worden. Man möge keinen Hass oder Unmut gegen ihn hegen, *denn mein Mut ist zu fröhlich und zu groß dazu, daß ich jemand möchte herzlich feind sein.*[95] Es mag zu den menschlich schmerzlichsten Verlusten Luthers gehört haben – er hat seinen Lehrer und Gönner damals zum letzten Male gesehen. Staupitz konnte seinem Schüler nicht mehr folgen und zog sich nach Salzburg ins Kloster zurück.

»UNGEFÄHRLICH UND DILATORISCH ZU BEHANDELN«

Am 15. Juni 1520 wurde die Bannandrohungsbulle *Exsurge domini* veröffentlicht. Sie verurteilte 42 Sätze Luthers als *häretisch, Ärgernis erregend, irrig, als für fromme Ohren anstößig, für einfache Gemüter verführerisch und der katholischen Lehre widersprechend.* Die Bannandrohungsbulle setzte dem vom Bann Bedrohten eine Frist von sechzig Tagen innerhalb derer er seine Lehren widerrufen sollte. Auf Befehl des Papstes sollte die Bulle in den Kirchen verlesen und an den Domen von Brandenburg, Meißen und Merseburg angeschlagen werden. Um sie zu verbreiten, wurden mindestens vier Druckausgaben veröffentlicht. In Wittenberg sollte der eben noch von Luther wegen seiner Parteinahme für die aufrührerischen Studenten bedrohte Universitätsrektor Peter Burchard den Universitätsangehörigen die Bannandrohungsbulle bekannt machen, doch er schrieb Herzog Johann und teilte ihm mit, er wolle erst den in Köln weilenden Kurfürsten Friedrich informieren und dessen Bescheid abwarten. Burchard versuchte Zeit zu gewinnen.

Man befürchtete Schlimmes für die Universität, beobachtete argwöhnisch das Verhalten etlicher Studenten und Geistlicher, von denen etwa 150 die Stadt verließen, einige gleich wiederkamen und wo sich überhaupt immer mehr Studenten einschrieben. Man gäbe sich kämpferischer, als man wohl fühle, schrieb Spalatin Anfang Dezember 1520 dem Kurfürsten, und Luther wolle vermeiden, dass es nun heiße, er hätte die Stadt aus Furcht vor dem Bann verlassen und blieb deshalb.

Ins Kloster zurückgekehrt teilte Luther Spalatin frohlockend mit: *Am 10. Dezember 1520, um 9 Uhr, sind zu Wittenberg am Osttor bei der Kapelle zum Hl. Kreuz alle Bücher des Papstes verbrannt worden: das Dekret, die Dekretalen, der Sextus, die Klementinen, die Extravaganten und die jüngste Bulle Leos X., ebenso die Summa Angelica, der Chrysopassus und andere Schriften Ecks sowie Emsers und alles, was durch andere herbeigetragen worden ist, damit die papistischen Brandstifter sehen, daß es nicht von großer Wirkung ist, Bücher zu verbrennen, die sie nicht widerlegen können.* Wenige Tage später erschien seine Schrift *Warum des Papsts und seiner Jünger Bücher von Doctor Martino Luther verbrannt sein.*

In Wirklichkeit plante er die nächste publikumswirksame Aktion: Nachdem Luther im Juli 1520 erfahren hatte, dass die Bannandrohungsbulle gegen ihn unterwegs sei, löste er sich innerlich vom Papsttum und legte keinen Wert mehr auf Aussöhnung mit Rom. Verbannte man ihn, so wollte er das althergebrachte Kirchenrecht als Grundlage der Häresie verbrennen. Demut als Gebot für einen Mönch? Vorbei! Am 10. Dezember 1520, genau zum Zeitpunkt des Ablaufs jener sechzig Tage nach Eintreffen der Bulle in Wittenberg, die man ihm zum Widerruf zugestanden hatte, wollte er zur Tat schreiten und der studentischen Jugend ein frommes Schauspiel bieten. Melanchthon lud durch Anschlag an der Stadtkirche alle ein, denen es um die evangelische Wahrheit ginge, sich um 9 Uhr an der im Osten vor der Stadt gelegenen Heiliggeistkapelle zu treffen, *dort, wo sich der Schindanger befand.* An der von Johann Agricola organisierten Verbrennung nahmen nur Universitätsmitglieder teil. Er mühte sich noch am Morgen, von den Theologieprofessoren Exemplare zur Vernichtung zu erhalten. Doch die wollten sich von ihren kostbaren Büchern nicht trennen. So unterblieb die Verbrennung der scholastischen Theologie.

Es war nicht die Verbrennung der Bannandrohungsbulle, die nun neue Wellen schlug, sondern die Verbrennung des Ka-

nonischen Rechts, mit der die Rechtsgrundlage der damaligen Gesellschaft in Frage gestellt wurde. Die Professoren kehrten nach der nur kurze Zeit dauernden Bücherverbrennung sofort in die Stadt zurück. Erst dann veranstalteten die Studenten eine *Leichenfeier für das päpstliche Recht* mit weiteren Verbrennungen und sie begleitenden *Trauergesängen*.
Kaum wurde die Bücherverbrennung in Wittenberg bekannt, begann die Legendenbildung. Jeder bauschte es noch etwas auf, so dass das Feuer bald riesig erscheinen musste. Der Brandenburger Bischof Hieronymus Scultetus berichtete, die Studenten in Wittenberg hätten am 10. Dezember die päpstlichen Rechtsbücher verbrannt und dabei eine Papstgestalt umher geführt. Kurfürst Friedrich habe Luther anschließend ehrenvoll in die Stadt zurückgeleiten lassen. Der berühmte Juraprofessor Henning Goede fragte entsetzt: *Was beginnt dieser räudige Mönch*? Und auch der mit Luther befreundete Hieronymus Schurff reagierte ablehnend – die Aussetzung des Unterrichts im Kanonischen Recht schuf bis zur Gründung der evangelischen Konsistorien für etwa zwanzig Jahre große Unsicherheiten, zum Beispiel im Eherecht. Luthers Aktion hatte also selbst für das Familienleben der Bürger große Bedeutung.
Kurfürst Friedrich scheint doch etwas besorgt auf das Treiben in Wittenberg gesehen haben, so besorgt, dass Spalatin sich genötigt sah, ihm geschönte Zuhörerzahlen mitzuteilen. Danach würden etwa 400 Studenten Luthers Vorlesungen hören und 600 die von Melanchthon.[96] Die alte Ordnung geriet langsam aus den Fugen. Da man nach Luther vor Gott keine Gerechtigkeit erlangen konnte, wenn man zum Beispiel den Klöstern gab, was ihnen zustand, gingen nun selbst Obrigkeiten daran, das nicht mehr zu tun und das noch bestehende alte Kirchenrecht zu ihren Gunsten zu brechen. Der

Wittenberger Rat eignete sich ungefragt das Wolfsluch des Dominikanerinnenklosters im benachbarten Coswig an und die von Lattorff zu Quast und sogar die Löser zu Pretzsch zahlten dem Kloster die ihm zustehenden Zinsen nicht mehr. 1521 wurden sie alle wegen dieser Rechtsbrüche verklagt.[97]
Luther veröffentlichte im Oktober 1520 seine Schrift *Von der Freiheit eines Christenmenschen,* widmete sie Papst Leo und forderte zur Klärung der strittigen Fragen die Abhaltung eines Konzils auf deutschem Boden. Schon der Titel war programmatisch. Wütend fragte er, *muß das verfluchte Geld in seiner Heiligkeit Augen so einen großen Unterschied machen unter den Christen, die alle dieselbe Taufe, dasselbe Wort, denselben Glauben, denselben Christus, Gott und alle Dinge haben?* In der Schrift legte er auf glänzende Weise sein Frömmigkeitsideal dar und forderte auf: *Ich rate dir aber, wenn du etwas stiften, beten, fasten willst, tue es nicht in der Absicht, daß du dir etwas Gutes tun willst, sondern gib es frei dahin, damit andere Leute es genießen können, und tue es ihnen zugute, so bist du ein rechter Christ.*

ALLEIN DURCH DAS WORT

1520/1521 geschah etwas Einmaliges in der geistigen Landschaft Deutschlands. Luther wurde zum meistgelesenen, vielleicht zum beinahe einzig gelesenen Autor dieser Jahre! Buchdrucker und Verleger wiesen alle anderen Autoren meist ab, denn die Menschen wollten seine Schriften lesen, in denen er 1520 sein reformatorisches Programm beschrieben

Von der Freyheyt eyniß Christen menschen.

Martinus Luther.

Vuittembergae. Anno Domini 1520.

Luthers Schrift mit einer Holzschnitt-Titel-Einfassung aus der Cranach-Werkstatt und Darstellung Wittenbergs als Hauptstadt des Herzogtums Sachsen und dem Kurwappen, Erstausgabe; Druck von Johann Rhau-Grunenberg, 1520

hatte. Wittenberg wurde nun zu einem der bedeutendsten Zentren des Buchdrucks, des Buchverlags und der Buchbinderei der damaligen Zeit. Die Stadt gewann aus dem Wirken des Reformators mit dem Druck seiner Schriften und dann besonders seiner Bibelübersetzung ein starkes Exportgewerbe, das vielen Menschen Lohn und Brot gab. Er selbst hat für seine Schriften nie Autorengehalt bezogen, aber, ebenso wie die Universität, immer stärker Einfluss darauf genommen, was und wie gedruckt wurde. Allen voran die Theologische Fakultät und in ihr Luthers vertrauter Freund Johannes Bugen-

hagen haben die Zensur ausgeübt, die freilich anfangs vor allem zum Schutz der Buchdrucker gedacht war, deren Ausgaben in anderen Städten so schnell nachgedruckt wurden, dass sie selbst wirtschaftliche Nachteile erlitten. In Wittenberg erfand man den Schnelldruck, denn man erlebte, dass während des Druckes plötzlich die Nachfrage anschwoll und die geplante Auflage zu klein war. So erhöhte man die Zahl der noch zu bedruckenden Bögen und druckte die schon fertigen Bögen in entsprechender Zahl nach. Man erfand eine besonders gut lesbare Schrift, die sogenannte *Wittenberger Type*, druckte mit einem besonders gut wirkenden Schwarz, druckte kleine preiswerte Bücher, schmückte alles mit ansprechenden Illustrationen. Luther erfand das Taschenbuch. Luthers Wort wurde über die Predigt, gesungen und gedruckt in die Welt getragen.
Über all dem ging damals die bis heute bestehende Exkommunikation Luthers durch die Bannbulle *Decet Romanum Pontificem* vom 3. Januar 1521 fast unter.

»WÄHREND DIESER BACCHANALISCHEN TAGE«

Die Zahl der Neugierigen nahm auch unter den Fürsten zu. Am 16. Januar 1521 berichtete Luther Spalatin vom Besuch Joachims I. in Wittenberg: *Heute wurde ich von dem Markgrafen zu Brandenburg und den ihn begleitenden Fürsten zu einem Gespräch gerufen. Sie wollten nämlich den Mann sehen.* Er konnte den Markgrafen nicht überzeugen. Bei der Eröffnung des nach Worms verlegten ersten Reichtages Karls V., am 27. Januar 1521, forderten etliche deutsche Reichsstände, Luther erst dann in die Acht zu geben, wenn man ihn gehört habe. Sie wollten den Einfluss Roms in Deutschland zurückdrängen und hofften, selbst die Verfügung über Kircheneigentum in ihren Territorien zu erlangen. Kardinal Albrecht unterstützte Karl V. während des Reichstages in der Luthersache, wich aber vor jeder exponierten Aussage oder Handlung zurück. Die Ächtung Luthers wurde im Kurfürstenkolleg mit 4:2 (für ihn waren Kursachsen und Kurpfalz) entschieden. Am 28. Januar schrieb der in Sachsen gebliebene Herzog Johann seinem Bruder, Kurfürst Friedrich, nach Worms, er hoffe auf Unterstützung redlicher Leute für Luther, der nun so sehr verfolgt werde.

In Wittenberg frühstückte Luther im Februar 1521 nach seiner Predigt mit Herzog Bogislaw von Pommern. Er galt als *kluger und witziger Tischgenosse* und wurde immer gerne eingeladen. Am 17. Februar 1521 schrieb Luther vergnügt an Georg Spalatin über die vergangenen Fastnachtstage: *Unsere Jugend hat während dieser bacchanalischen Tage sehr zur Kurzweil den Papst in voller Größe, maskiert und prächtig herausgeputzt, herumgetragen. Schließlich haben sie ihn, in der Hitze des Treibens, als ob sie den Flüchtling hinauswerfen wollten, mit seinen Kardinälen, Bischöfen und Bediensteten in die verschiedenen Stadtteile zerstreut und ihn in einem sehr witzigen und geistreichen Spiel verfolgt. Der Feind Christi nämlich, der die größten Könige, ja Christus selbst verhöhnt, ist dieser Verspottung würdig.*[98]

Damals erschien in der Werkstatt des Johann Rhau-Grunenberg die Erstausgabe des *Passional Christi und Antichristi*, eine in hussitischer Tradition gegen den Papst gerichtete

Streitschrift gegen das Papsttum mit Texten von Philipp Melanchthon und Johann Schwertfeger und Holzschnitten aus der Cranach-Werkstatt.

Passional Christi und

Antichristi.

Christus.

Jr solt nicht haben golt nach silber/nicht gelt an ewrm gorteln keyne taschen ouch nit tzwen röck nach schuch nach eyn wanderstab. Math.10.

Sanct Peter sagt/ Jch habe wyder golt nach silber act. 3.

Vbi ist dan Patrimonium Petri?

Antichristus.

Keyn Bischoff sall uff eyn gering und kleyne stadt geweyet werden/ ßondern tzu eynem erlichen titell gesatzt und hoch geehret seyn. 80. dist. c. Episcopi.

Wir ordnen das keyne weyhung ane gnugliche vorsorgung krefftig sey. 70. dist. sanctorum.

C iij

Doppelseite aus dem Passional Christi und Antichristi mit Holzschnitten von Cranach und seiner Werkstatt, Druck von Johann Rhau-Grunenberg, Wittenberg 1521

»ICH KANN NICHT ANDERS, HIER STEHE ICH, GOTT HELF MIR, AMEN«

Wenig später traf Reichsherold Kaspar Sturm in Wittenberg ein. Er hatte die Zitation Luthers und den kaiserlichen Geleitbrief zum Reichstag nach Worms in der Tasche.

Kaiser Maximilians Enkel Karl war mit Unterstützung der finanzkräftigen Fugger am 18. Juni 1519 in Abwesenheit zum deutschen König gewählt worden und hatte im Oktober 1520 erstmals deutschen Boden betreten. Für seine Wahl hatte er in der Wahlkapitulation unterschreiben müssen, dass in seiner Abwesenheit das Reichsregiment regieren und er keine fremden Truppen ins Reich bringen würde. Deutsche dürfen nicht unverhört verurteilt und nicht vor fremde Gerichte gezogen werden.

Man reiste am 2. April 1521 ab. Luther wurde nicht nur vom Reichsherold begleitet, sondern auch von Nikolaus von Amsdorf, von dem in Wittenberg studierenden Edelmann Peter Suaven aus Pommern und von seinem Ordensbruder Johann Petzensteiner. Der mit Luther befreundete Ratsherr und Goldschmied Christian Döring stellte ihnen einen Reisewagen zur Verfügung, den offenbar der Rat bezahlt hat und die Universität spendete 20 Gulden Reisegeld. Unterwegs schloss sich unter anderen Justus Jonas an.

Die Reise wurde für Luther zum Triumphzug. Man forderte ihn immer wieder zum Predigen auf. Andererseits formierten sich seine Gegner. *Ich bin hindurch, ich bin hindurch*, soll er bei seinem Eintreffen in seiner Herberge gejubelt haben, nachdem er den Reichstag verlassen hatte. Seine in Latein gehaltene Rede vor Karl V., der sich seit seiner Krönung mit Zustimmung von Papst Leo X. als *Kaiser* bezeichnete, erschien Anfang Mai in Wittenberg in teilweise deutscher Übersetzung. Darin heißt es, Luther habe abschließend erklärt: *dass mein Gewissen in Gottes Wort gefangen sei, so kann und will ich nichts widerrufen, weil weder sicher noch geraten ist, etwas wider das Gewissen zu tun. Ich kann nicht anders, hier stehe ich, Gott helf mir, Amen.*[99] Diese Schlussformel sucht man allerdings vergeblich in den Reichstagsakten. War sie eine Wittenberger Erfindung, oder wurde sie von Luthers Gegnern verschwiegen? Die vielen in Worms gedruckten Berichte über Luthers Auftreten vor Kaiser und den Reichsständen wurden den fliegenden Händlern geradezu aus den Händen gerissen. Die Fürsten verhandelten mit ihm weiter. Sie fürchteten um die öffentliche Ordnung im Lande. Doch Luther beharrte auf seinem Glauben und blieb dadurch unwiderlegbar und unbeirrbar.

Kurfürst Friedrich ließ ihm bedeuten, er werde auf kurze Zeit der Öffentlichkeit entzogen und an einem geheimen Ort gebracht. Um die Freunde in Wittenberg nicht zu beunruhigen, teilte er ihnen das am 28. April 1521 in einem Brief an Lukas Cranach, mit, bestellte auch noch Grüße für dessen Frau und den Goldschmied Christian Döring und für den Wittenberger Rat. Bei seiner »Entführung« im Thüringer Wald bei Altenstein und seinem Transport auf die Wartburg war er also völlig unbesorgt.

»SIE ZUPFEN UND SPOTTEN«

Während Luther auf der Wartburg sicher war, verkündete sein Schüler, der Prediger des Schwarzen Klosters, Gabriel Didymus Zwilling im Herbst 1521, kein Klosterinsasse halte Gottes Gebote, kein Mönch werde so selig und rief die Zuhörer auf, sie sollten die Mönche, wenn sie sie auf der Straße träfen *zupfen und spotten*. Man solle die Mönche so zum Klosteraustritt bewegen und, wenn sie es nicht täten, sie mit Gewalt aus den Klöstern treiben und die Klostergebäude zerstören. Am 8. Oktober 1521 schrieb Kanzler Gregor Brück an Kurfürst Friedrich und berichtete von Gewalttätigkeiten von Studenten gegen Boten der Antonitermönche und über die Predigt des Augustiners Gabriel Zwilling gegen die Messe.[100]
Bei Zwillings Predigten im Herbst 1521 scharten sich Mönche, Professoren und Studenten und auch Bürger zu seinen Füßen. Seine Predigt am 6. Oktober 1521 gegen die Privatmessen war offenbar besonders eindrucksvoll. Jedenfalls forderten seine Klosterbrüder vom Prior Konrad Helt wenigstens die teilweise Abschaffung der täglich von ihnen gehaltenen Privatmessen. Als der Prior ihren Forderungen nicht nachkam, weigerten sie sich, überhaupt noch derartige Privatmessen zu halten und erregten so großes Aufsehen. Der Rat bezahlte einen Boten, der dem Kurfürsten mitteilte, sie hätten die Messen am 12. Oktober fallen lassen. Prior Georg Helt reagierte völlig überfordert und konnte im Wittenberger Augustinerkloster nur noch wenige Ordensbrüder um sich scharen. Ende des Jahres gehörten nur noch 30 Mönche zu seinem Konvent.[101]
Es herrschte Aufruhr. Kurfürst Friedrich sandte nun seinen Kanzler Gregor Brück nach Wittenberg. Er sollte dafür sorgen,

dass nichts geschähe, *daraus Beschwerung erfolgen möchte*. Theologieprofessoren und das Kapitel der Schlosskirche verhandelten mit den Mönchen und verlangten, keine Veränderungen einzuführen, denen nicht zuvor Generalvikar Wenzeslaus Link zugestimmt hätte. Zudem sollte die Problematik wenigstens vorher an der Universität disputiert worden sein. Der Aufruhr zeigt die Brisanz der Forderungen. Die Abschaffung der Privatmessen hatte eine vollkommene Veränderung des Kultus zur Folge und vor allem: Die Geistlichen empfingen einen Großteil ihrer Einnahmen aus den frommen Stiftungen der Privatmessen. Link schwieg zu allem und ließ den Prior in seiner Not alleine. Helt verbot nun alle Messen in seiner Kirche.

Luther widmete seinen Wittenberger Ordensbrüdern seine Schrift *Vom Mißbrauch der Messe* und beglückwünschte sie als *die ersten, die in ihrer Sammlung den Mißbrauch der Messe abzuthun angefangen hätten*. Er freue sich über ihr Vorgehen, *daran ich spüre, daß das Wort Christi in euch wirket und ihr es nicht umsonst empfangen habt*.

Am 20. Oktober 1521 berichtete der Ausschuss der Wittenberger Theologieprofessoren und Stiftsherren Kurfürst Friedrich, es sei ein großer Missbrauch, dass man aus dem Abendmahl ein gutes Werk und Opfer gemacht habe. Daraus seien viele Messstiftungen erfolgt, wie die Memorialstiftungen, die nicht mehr geduldet werden dürften. Der Kurfürst solle als *geistlicher Fürst* den rechten Gebrauch nach den Geboten Christi durchsetzen, nämlich Predigt vor der Gemeinde und daran anschließende Abendmahlsfeier unter beiderlei Gestalt für alle, die danach begehrten. Darin hätten die Augustinermönche mit ihren Forderungen Recht. Doch solle man *den Schwachen im Glauben* noch eine Zeit lang die alten Praktiken lassen. Kurfürst Friedrich möge im gesamten Kurfürstentum den Missbrauch der Messe abschaffen und dabei nicht fürchten, er werde etwa als Hussit oder überhaupt als Ketzer angeklagt. Kanzler Christian Beyer kam im Auftrage des Landesherrn nach Wittenberg und unterrichtete den Ausschuss über die Absichten Friedrichs. Der Kurfürst lehnte die ihm hier zugedachte Rolle des kirchlichen Reformators vorsichtig ab. Immerhin sei diese grundlegende Veränderung Sache der gesamten Christenheit. Man dürfe dabei nichts überstürzen und müsse gemeinsam und geordnet vorgehen.[102]

Die vermittelnde Haltung des Kurfürsten beeindruckt noch mehr, wenn man daran denkt, dass er seit 1506 dabei war, für sich und seine Nachfolger eine Memorialstiftung in der Wittenberger Schlosskirche einzurichten. Sein Hofmaler Cranach leitete im Rechnungsjahr 1520/21 den Einbau der beiden mannsgroßen Marmorskulpturen des Kurfürsten und seines Bruders Johann in Pfeiler der Kirche. In diesem Zusammenhang wurden auch zwei Steinmetze, Zimmerleute, Tagelöhner und Schmiede bezahlt.[103]

Standbild Kurfürst Friedrichs des Weisen in der Schlosskirche

JUNKER JÖRG

Anfang Dezember 1521 kamen Studenten aus Erfurt nach Wittenberg. Erprobt beim dortigen *Pfaffenstürmen* im April und August trieben sie auch hier die Entwicklung voran. Am frühen Morgen des 3. Dezember 1521 wurden die Priester, die *Gezeiten unserer lieben Frauen* singen wollten, durch Steinwürfe vertrieben. Als die Priester dann in der Stadtkirche, wie üblich, die Messe lesen wollten, drang eine Gruppe von Bürgern und Studenten, unter ihnen auch die Studenten aus Erfurt, ein und vertrieben die Geistlichen von den Altären. Am 4. Dezember 1521 wurden Drohzettel an das Ecktor des Franziskanerklosters angeschlagen und ein Altar in der Klosterkirche eingerissen. Studenten rotteten sich vor dem Kloster zusammen, verlachten und verspotteten die Mönche, die sich nur noch eine Messe in der Klosterkirche zu lesen getrauten. Nachdem ihnen zu Ohren gekommen war, dass man plante, das Kloster in der Nacht zu stürmen, wendeten sich die verängstigten Mönche an den Rat der Stadt und baten um Schutz. Darauf legte der Rat am 4. Dezember eine Stadtwache ins Kloster und der angekündigte Klostersturm unterblieb. Dafür wurden in den nächsten Tagen Fenster der Stiftsgeistlichen eingeschlagen. Der Rat der Stadt und der kurfürstliche Rat Dr. jur. Christian Beyer berichteten dem Kurfürsten sofort über die Vorkommnisse und ihre eigene Besorgnis. Der Kurfürst befahl daraufhin ein entschiedenes Vorgehen gegen die Aufrührer. Im Franziskanerkonvent bestand keine Abwehrhaltung gegen die Neuerungen. Schon Anfang November hatten Wittenberger auf der Gasse einen aus dem Kloster entlaufenen Franziskaner in weltlicher Kleidung gesehen. Die an der Universität promovierten Mönche Brießmann, Fuhrer, Vunschlat und Zedlitz gingen ebenfalls bald zur Reformation über, Svenichen sympathisierte wenigstens mit den Lutheranern. Noch im Dezember veränderten die Franziskaner ihren Gottesdienst und lasen täglich nur noch eine Messe. Dr. Jakob Fuhrer wurde als Nachfolger Georg Hoppes Guardian des Klosters und predigte schon im Januar 1522 öffentlich gegen die Messe. Augustinerprior Helt schrieb dem Kurfürsten, er traue sich nicht mehr auf die Straße, denn die *lose Rotte* mit den *losen*

Martin Luther als Junker Jörg, Holzschnitt von Lukas Cranach, 1520/21

Purschen, Studenten und Bürgern machten ihm Angst. Er fürchtete für seine Person und um sein Kloster. Allerdings waren seine Befürchtungen übertrieben. Anfang Oktober 1521 gab es den von Kanzler Brück erwähnten Vorfall: Ein Antonitermönch war aus Lichtenburg zum Terminieren nach Wittenberg gekommen und von Studenten verspottet, tätlich angegriffen und zum Einstellen seines Bettelganges genötigt worden. Luther hatte davon durch Spalatin erfahren und in dem Vorfall nur einen dummen Jungenstreich gesehen. Er blieb unbesorgt und bedauerte so sehr, das alles nicht miterleben zu können, dass er verkleidet als Junker Jörg am 30. November nach Wittenberg reiste und hier just am 4. Dezember eintraf. Beim Stiftsherrn Nikolaus Amsdorf, in dessen Hause auch Melanchthon wohnte, kam er unter und blieb drei Tage in der Stadt, ohne sich den Leuten zu zeigen. Offenbar saßen die Freunde trotz der äußeren Zuspitzung der Zustände in der Stadt fröhlich zusammen. In ihrer Runde kamen sie auf die Idee, es wäre gut, wenn nicht nur sie die Schrift, die die Grundlage des evangelischen Glaubens war, lesen könnten. Man müsste sie in die deutsche Sprache übersetzen und drucken lassen, um sie auch dem ungebildeten Volk, das kein Latein konnte oder die holprigen deutschen Bibelübersetzungen nicht lesen mochte, zugänglich zu machen. Während dieser von Luther nach den einsamen Monaten auf der Wartburg genossenen *süßen Zärtlichkeiten der Freunde* ging Cranach daran, den durch Bart und ohne Tonsur äußerlich völlig veränderten Freund als *Junker Jörg* zu porträtieren.

»WOHIN SONST SOLLTE ICH MICH WENDEN IN DIESER GROSSEN SCHWIERIGKEIT?«

Am 25. Dezember 1521 hielt Karlstadt in der Stadtkirche vor angeblich 2000 Menschen den ersten evangelischen Gottesdienst in weltlicher Kleidung und ohne die bisher üblichen Zeremonien. Er kündigte an, am Neujahrstag wolle er das Abendmahl in beiderlei Gestalt reichen. Ähnliche Gottesdienste wie in der Wittenberger Stadtkirche fanden auch in der Eilenburger Schlosskirche in Schmiedeberg, in Jessen, Herzberg und sogar in Lochau statt. Pfarrer Franz Günther hielt dort eine deutsche Messe und das Volk *nahm* sich das Abendmahl beiderlei Gestalt *vom Altar*. Natürlich wurde sofort berichtet, Karlstadt seien Partikel der Hostie zu Boden gefallen und er habe sich nicht darum geschert.

Gabriel Zwilling handelte in der Eilenburger Schlosskirche, *er hat einem jeglichen Menschen das heilige Sakrament in seine Hand gegeben, der es selbst hat mögen in den Mund stecken. Man sagt, etliche haben es in die Taschen geschoben und mit sich hinweg getragen. Es hat auch eine Frau gleich von einer Oblate davon gebissen, daß fragmenta davon auf die Erde gefallen sind, deß niemand geachtet hat. Es hat auch ein jeglicher den Kelch selbst genommen und gute, starke Trünke daraus gethan. Die Leute sind auch alle ungebeichtet zum Sakrament gegangen. Gabriel hat auch öffentlich gesagt, welchem die Zähne zu lang würden, der solle heimgehen, eine Suppe essen und darnach wiederkommen, wollte er ihn eben wohl kommunizieren (also auch wenn er nicht mehr nüchtern wäre). Er hat auch selber am Christabend Fleisch gegessen und läßt sich hören, solcher sein Glaube müsse noch in Kürze und aller Herren von Sachssen Lande mit Lieb und Leid angenommen werden.*[104]

Diese Berichte ähneln sich derart, dass man wohl davon ausgehen darf, dass sie vor allem der Verunglimpfung dienen sollten.

Doch damit nicht genug, am 27. Dezember 1521 trafen die *Zwickauer Propheten* in Wittenberg ein, der Tuchweber Nikolaus Storch mit einem Handwerksgenossen und ein ehemaliger Wittenberger Student namens Markus Thomä (Schliebener), der sogar bei Melanchthon studiert hatte. Melanchthon hörte sie sich an und befürchtete kommende schlimme Zuspitzungen. In seiner Not schrieb er Spalatin: *wenn hier nicht Luther ins Mittel tritt, dann weiß ich nicht, was daraus werden soll. Ich weiß gar wohl, wie ungelegen meine Bitte dem Kurfürsten kommt, daß er selbst Luther kommen lassen möge; aber wohin sonst sollte ich mich wenden in dieser großen Schwierigkeit?* – Ähnlich besorgt wie Melanchthon schrieb auch Amsdorf an Spalatin.[105]

Nach Erhalt der Briefe von Melanchthon und Amsdorf forderte Kurfürst Friedrich beide auf, am 1. Januar 1522 in Prettin vor seinen Räten Einsiedel und Spalatin zu erscheinen und ihre Gutachten schriftlich abzufassen. Ihre Gutachten wurden am folgenden Tag mit dem Bescheid beantwortet, der Kurfürst halte nichts von Disputationen, mit denen man bisher wenig gute Erfahrungen habe machen können. Außerdem stehe Wittenberg auch so schon *im Geruch der Ketzerei*. Zudem könne er Luthers Rückkehr nicht zustimmen. *Sollte denn Dr. Martinus gen Wittenberg kommen, und ihm etwas Beschwerliches darob widerfahren, das wäre S.K.Gn. nicht lieb.* Gut wäre es, die Leute einfach kalt zu stellen und sie zum

Weggang zu bewegen. Darauf versprach Melanchthon, sie wollten *allen Fleiß haben, der Leute müßig zu stehen und ledig zu werden, künftigen Unrat und Empörung zu verhüten.*[106] Am 19. Januar erschien in Wittenberg Luthers Schrift *Eine treue Vermahnung an alle Christen, sich zu hüten vor Aufruhr und Empörung.* Inzwischen war zumindest in Universitätskreisen bekannt, dass Luther sich auf der Wartburg aufhielt. Am 24. Januar 1522 schrieb ihm ein Student, viele Studenten verließen Stadt und Universität und reagierten damit auf Karlsstadts Kampf gegen die gelehrte Bildung. Selbst Melanchthon, so würde erzählt, beabsichtige, Ostern 1522 Wittenberg zu verlassen, *er sage, er wolle nicht länger die Mitverantwortlichkeit für Frevel tragen, die unter den Namen des Evangeliums hier geschähen.*[107]

Und wirklich, Herzog Georg von Sachsen wurde im Dezember 1521 Vertreter der weltlichen Fürsten im Reichsregiment. Er machte sofort auf die Entwicklungen in Wittenberg aufmerksam und drängte auf Maßnahmen zur Erhaltung von Ruhe und Frieden im Reich. Auf sein Betreiben hin wurde am 20. Januar 1522 ein Mandat des Reichsregiments erlassen, in dem die geistlichen und weltlichen Reichsstände aufgefordert wurden, in ihrem Machtbereich das Umsichgreifen kirchlicher Neuerungen zu verbieten und diese Neuerungen, die schon in Wittenberg und Umgebung und in Eilenburg stattfanden, aufzählte, darunter Eheschließungen von Klosterleuten und deren Aufnahme gewerblicher Arbeit. Noch war man der irrigen Meinung, es handele sich um jähe Neuerungen, die sich noch nicht ausgebreitet hätten und leicht abgetan und verhindert werden könnten. Dieses Mandat erhielten auch Kurfürst Friedrich, Kurfürst Joachim I. von Brandenburg und die Bischöfe Adolf von Merseburg und Johann von Meißen. Beide Bischöfe hatten ihre Sitze und Hauptsprengel im Herzogtum Georg von Sachsens und waren die einzigen Kirchenfürsten, die das Mandat in ihren Diözesen, soweit sie im Machtbereich Georgs lagen, ausführten. Sowohl Erzbischof Albrecht von Magdeburg als auch Bischof Johann Scultetus von Brandenburg verzichteten darauf; der Bischof wohl, weil er sich dann um das Ketzernest Wittenberg hätte kümmern müssen.[108]

Beinahe gleichzeitig tagte im Augustinerkloster das Epiphaniaskapitel. Den Brüdern wurde auf Luthers Betreiben hin freigestellt, ob sie gehen oder bleiben wollten. Verbleibende Brüder sollten weiter die Kutte tragen und entsprechend der Ordensgesetze leben. Sie sollten die Besten unter sich zur Wortpredigt aussuchen, die übrigen sollten ihren Lebensunterhalt durch Arbeit verdienen. Die Kapitelteilnehmer verließen das Kloster am 9. Januar 1522. Einen Tag später veranstaltete Gabriel Zwilling gemeinsam mit einigen schon früher ausgetretenen Mönchen in der Klosterkirche einen Bildersturm, dem Altäre, Bilder, Heiligenfiguren und andere Gegenstände des katholischen Kultus zum Opfer fielen:

Und als sie von Wittenberg gezogen, hat er ... mit etzlichen monchen ein feuer ins Augustiner closterhof gemacht, ist in die kirche mit inen gangen, hat die holtzern altaria zu grund abgebrochen, dieselbigen mit iren und sonst allen anderen tafeln, gemalten und geschnitzten bildern, cruzifixen, fanen, kerzen, leuchtern etc. allezumal dem feuer zugetragen, dorein geworfen und vorbrandt, der steinen Christi, Marie und andern bilden die haupter helfen abschlagen und al gemel in der kirchen helfen vorwusten.[109]

Prior Helt verließ nun das Kloster. Luther hat nicht alle seine Klosterbrüder für sich gewinnen können. Einige von ihnen

Bildersturm, Holzschnitt um 1530

erlangten später bedeutende Ordensfunktionen in Dresden, Nordhausen, Heidelberg, Münnerstadt, München, in den Niederlanden, Münster, Osnabrück und Eschwege. Reformatorisch wirkende Augustinermönche aus dem Wittenberger Kloster gingen nach Zerbst, ins Kloster Lüne, nach Guben, Zwickau, Cottbus, Altenburg, Zeitz, Zerbst, Herford, Einbeck, Köln, Lippstadt, Detmold, Geseke, Erfurt, Nürnberg, Stuttgart, Magdeburg, Röcknitz, Rosswein, Schlesien, Antwerpen, Bremen, Ostpreußen, Kahla, Lobeda, Alsfeld, Kreuzburg, Arnstadt, Wüllersleben, Nordhausen, Lippstadt, Münster, Hofgaismar, Dithmarschen, Eilenburg und Torgau.[110]
Der Stiftsherr und Universitätsprofessor Karlstadt berichtete 1522 in seiner Schrift *Sendtbrif ... meldende seinner wirtschaat. Nuwe gschicht von pfaffen vnd munche zu Wittenberg* über die aus den Wittenberger Klöstern ausgetretenen Mönche, die ihren Lebensunterhalt als Handwerker verdienten: ein Franziskaner sei Schuster geworden und habe eine Bürgerstochter geheiratet, ein anderer Franziskaner wurde Bäcker und heiratete und ein Augustiner sei Schreiner geworden und

habe ebenfalls geheiratet. Sie legten weltliche Kleider an und ließen ihre Tonsuren zuwachsen. Er selbst kündigte seine bevorstehende Eheschließung am 6. Januar 1522 dem Kurfürsten an. Mönche, wie die Franziskaner Johann Eberlin von Günzburg und Francois Lambert von Avignon, die jetzt zum Studium nach Wittenberg kamen, fanden im Konvent keine Unterkunft mehr, hatten aber gute Kontakte zu den noch verbliebenen gleichgesinnten Mönchen, wie Johannes Brießmann und Johannes Schwan, der später ihre Schriften gedruckt hat.[111]

»MAN SOLLE AUCH KEINEN GELEHRTEN MANN ZU PREDIGERN ... ANNEHMEN«

Vom April 1521 bis März 1522 war Luther nicht in Wittenberg und stand damit der Universität nicht zur Verfügung. Der Wert eines Wittenberger Studienabschlusses sank nach der Bannung Luthers. Wo sollte man mit diesem Zeugnis eine Anstellung finden? 1523 verzichtete Karlstadt aus biblischen Gründen auf seine akademischen Ämter und beschloss, als einfacher Bauer auf dem Lande zu leben. Nach ihm weigerten sich immer mehr an Graduierungen und Promotionen teilzuhaben. Das ging so weit, dass das Promotionssystem an der Leucorea bis 1530 zum Erliegen kam. Die Universität geriet in eine schwere Krise, die erst durch die umfassende Neuorganisation des gesamten Lebens in den reformierten

Gebieten überwunden werden konnte. Studenten eröffneten sich mit dem Aufbau evangelischer Landeskirchen als Pastoren und Schulmeister an den aufblühenden städtischen Lateinschulen neue Einsatzgebiete und eine anerkannte Stellung in der Gesellschaft. Die Berufung Melanchthons 1518 war ja schon im Zusammenhang mit der von Luther beeinflussten laufenden Universitätsreform geschehen. Diese erhielt dann durch die Bildungsziele, die Melanchthon anstrebte, eine entscheidende Prägung. Neben der Theologie blühten nun auch die Naturwissenschaften auf. Ihm gelang es, die bildungsfeindlichen Strömungen im Gefolge der Reformation in Theorie und Praxis nicht nur zu widerstehen, sondern sie zu überwinden und die Leucorea in enger Zusammenarbeit mit Luther seit 1530 zu einem beispiellosen Erfolg in der deutschen und europäischen Bildungsgeschichte zu führen.[112]

Karlstadt, Zwilling und der Schulmeister Georg Mohr wandten sich gegen die schulische und universitäre Bildung, weil es nur einen Magister/Meister gäbe – Jesus. Mohr forderte die Bürger auf, ihre Söhne aus der Schule zu nehmen. Die Knabenschule löste sich auf und im Schulhause entstand ein Brotladen. Sebastian Fröschel, der wenig später nach Wittenberg kam, erzählte, die Wittenberger Bürger hätten ihm vom Auftreten der drei berichtet, *darauf denn das arme, gemeine, ungelehrte Volk von Bürgern und Bürgerinnen so verstürzt waren, daß sie nicht wußten, was sie thun sollten. Die drei gaben vor, man solle auch keinen gelehrten Mann zu Predigern, zu Priestern in der Kirche annehmen noch leiden, sondern eitel Laien und Handwerksleute, die nur allein lesen könnten, als ich auch derselben etliche wohl gekannt habe, die sich dazu wollten vocieren und berufen. Solches haben mir die Bürger vom Dr. Carlstadt selber gesagt, die er gefraget hat, wie man die Propheten solle verstehen.*[113]

Der Wittenberger Rat distanzierte sich schon im Januar 1522 von den bildungsfeindlichen Bestrebungen mancher Reformatoren wie Karlstadt. Er forderte in seiner neuen Stadtordnung[114], man solle darauf achten, dass die Kinder der armen Leute, die Knaben, die für Schule und Studium geeignet waren, doch dafür kein Geld hatten, unterstützt würden. Man erkannte die Notwendigkeit, immer gelehrte Leute zu haben, die das Evangelium verkünden und die Schrift predigen können und wusste, auch für das weltliche Regiment würden immer genügend ausgebildete Männer zur Verfügung stehen müssen, die zudem dankbar dafür wären, für ihre Förderer arbeiten zu dürfen.
Damals setzte das Stipendiatswesen evangelischer Stände ein, das bis ins 19. Jahrhundert hinein typisch für die Wittenberger Universität gewesen ist. Förderungsbedürftige und fähige Bürgersöhne erhielten von ihren Stadträten, verarmte Adelssprosse meist von ihren Landesfürsten finanzielle Unterstützung. Viele sollten ausdrücklich in Wittenberg studieren, manche Pfarrers- und Lehrerssöhne offenbar über Generationen.

»DENN DIE FREIHEIT ETLICHER DROHTE HIER ZUR WILLKÜR AUSZUARTEN«

Gerade jetzt stand die jährliche Ratswahl an. Man benötigte eine sehr angesehene Person, die als Bürgermeister das stark ins Schaukeln gekommene Schifflein Wittenberg übernehmen und in ruhigere Gewässer führen konnte und fand sie in dem Juristen Dr. Christian Beyer, der Mitglied der Juristischen Fakultät war, seit 1513 sowohl juristischer Berater Kurfürst Friedrichs als auch Ratsmitglied gewesen ist und schon wiederholt das Bürgermeisteramt ausgeübt hatte. Beyers prächtiges Haus am Marktplatz zählt noch heute zu den beliebten und viel besuchten Sehenswürdigkeiten der Stadt. Ratsmitglieder wurden der Amtmann Anton Niemegk, Matthes Globig, der Hofmaler Lukas Cranach, Hans Moddow, der Goldschmied und Besitzer des Gasthofs Schwarzer Bär, Christian Döring, der Bäcker Paul Baytz, der sich als Bauherr um den Bau des Neuen Rathauses am Markt (heute das Alte Rathaus) kümmerte, Georg Hankow und Bartholomäus Schadewald. Im Rat saßen damit enge Freunde und Sympathisanten Luthers sowie Vertreter der landesherrlichen Gewalt. Hinzu kamen beste Beziehungen zur Universität, wie sie Bürgermeister Beyer mitbrachte. Die Entwicklungen, für die gerade der Bürgermeister stand, trafen längst nicht auf die Zustimmung aller Bürger und Stadtbewohner. Immer wieder gerne wird darum auf den Fall des Baders Valten verwiesen, der Luther und den Bürgermeister Beyer in einem Zuge beschimpft und sogar geäußert hat, *Doctor Martinus vnd Christian Baier Doctor. Burgermeister an ir ere gescholden, vnd weren wert, das man sie auß der stat*

Jagen sollte.[115] Im März 1522 wurde der Bader dafür vom Stadtgericht mit einem Bußgeld belegt.
Inzwischen stand wieder eine Heiltumszeigung an. Doch war das angesichts der *leuft* der Zeit überhaupt noch angebracht? Friedrich der Weise entschied, ja, aber ohne den Handel mit Ablässen und wies die Stiftsherren an, dass ihr *aber nichts dester weniger das heiligtum heraus setzet und jemands von priestern dazu verordnet.*[116]
Das absehbare Ende der Wallfahrts- und Ablasskirchen in Kursachsen bedeutete auch das Ende der Vorstellung von einer Gemeinschaft der Toten und Lebenden, die gemeinsam für das Seelenheil der Christen sorgten. Die Lebenden konnten nicht mehr bestimmte verstorbene Heilige um Fürsprache und Schutz in der Not bitten und die vermeintlich im Fegefeuer schmorenden Toten verloren den immerwährenden Beistand der Lebenden. Das Verhältnis zum Tod änderte sich. Natürlich ließ nun das Wallfahren und Pilgern im Lande erheblich nach. In Wittenberg sanken die Zahlen so stark, dass die hiesigen Branntweinbrenner sich über den zusammenbrechenden Absatz beim Kurfürsten beschwerten. Doch auch die anderen Gewerbe waren betroffen: Gastwirte, Lebensmittelproduzenten und Verkäufer, Kerzenzieher, Inhaber der Garküchen, Krüger und so weiter. Man bestellte keine gemalten Heiligenbilder mehr. Der Absatz von kleinen gedruckten Bildchen schwand dahin. Bernstein für Rosenkränze war kaum noch gefragt. Handwerker sahen ihr Einkommen gefährdet und manche Handwerke starben fast aus. Durch Luthers Haltung zum Fasten, das er ebenfalls als Menschen- und nicht als Gottesgebot verstand, veränderten sich selbst die Speisegewohnheiten. Man war in vielerlei Weise existenziell betroffen, Arbeitsplätze waren vernichtet. Wer hatte Schuld an der Misere?

Klage der Geistlichen und Handwerker über Luther, Holzschnitt, Nürnberg um 1524

Der Rat musste eingreifen, um die Ruhe in der Stadt zu erhalten. Immer hatte er um Unabhängigkeit in der Pfarrerwahl der Stadtkirche vom Allerheiligenstift gefochten. Nun war es so weit. Der Rat erließ am 24. Januar 1522 eine neue Kirchenordnung. Luther hatte als Universitätslehrer und lang gedienter Prediger gelernt, dass die Gemeinschaft der Christen mit Gott im Hören auf das Wort begründet und erhalten wird, nicht aber durch eine kirchliche Organisation oder gar Zwang. Nun musste er fürchten, in seiner Stadt Wittenberg würde der Zwang Roms durch die Gewalt des Stadtrates ersetzt. Dadurch, so seine Befürchtung, könnten die Menschen nicht frei zum Glauben finden. Er musste nach Hause! Kurfürst Friedrich ließ es geschehen. Dies tat er auch, um sich und sein Land der geistlichen Gewalt Roms und benachbarter Bischöfe zu entziehen. Ähnlich dem Wittenberger Rat, allerdings im Stillen, strebte er nach einer Lösung dieser Fesseln. Nun drohte von Bischof Johann Gefahr. Der hatte sich doch auf den Weg gemacht, um seine Schäfchen, die im Kurfürstentum lebten, zu visitieren. Friedrich schrieb seinem Bruder Johann, *man sagt mir seltsam Ding, was man vielleicht gegen mich vornehmen will als einen, der in des Kaisers Acht sein soll, darum, dass Doctor Martinus zu Wittenberg ist ...*[117]

Der Kurfürst beobachtete vor allem seinen Vetter Herzog Georg genau, der überall Material zu einem möglichen Vorgehen des Reichsregiments gegen den Kurfürsten zusammentragen ließ und selbst in Wittenberg Spione hatte. Um das Kurfürstentum in seine Hände zu bekommen, würde Georg sicherlich so weit gehen, dass man selbst ihn, den Kurfürsten, als Förderer der Ketzerei anklagte und der Ächtung unterwarf. Doch es zeigte sich, dass die Verhöre der Pfarrer von Lochau, Torgau und Schmiedeberg und sein Einsatz beim Predigen dem visitierenden Bischof keinen Erfolg brachten. Selbst prächtige Auftritte und all seine Autorität genügten nicht mehr, dem Luthertum in der Bevölkerung zu wehren. An vereintes militärisches Auftreten, um die kaiserliche Acht durchzusetzen, war zu diesem Zeitpunkt nicht zu denken.

Der Rat war nun für Luthers Predigten, die sich ursprünglich gegen das eigenmächtige Eingreifen des Rates selbst und dessen Folgen gerichtet hatten, sehr dankbar. Er schenkte dem auf der Wartburg wahrscheinlich etwas dicker gewordenen Mönch, der noch immer als Junker Jörg verkleidet zu Pferde zurückgekommen war, Tuch für einen neuen Umhang und dazu noch acht Kannen Wein. Überbracht hat die Gaben sehr wahrscheinlich der amtierende Ratskämmerer und Freund Lukas Cranach. *Wir haben ihn aus seiner Einöde zurückgerufen aus gewichtigen Ursachen, denn die Freiheit etlicher drohte hier zur Willkür auszuarten*, schrieb Melanchthon nach Luthers lang ersehnter Rückkehr von der Wartburg.

Luther stellte in Wittenberg die lateinische Sprache im Gottesdienst wieder her und hielt sogar selbst noch drei Jahre lang weiter die lateinische Messe ab. Noch fast zwanzig Jahre lang wurde in Wittenberg auf Luthers Betreiben hin der katholische Brauch der Elevation (das Heben und Zeigen) der gesegneten Abendmahlselemente fortgesetzt, wurden Messgewänder weiter getragen, alles selbst dann noch, als anderswo viele alte Traditionen verschwunden waren. Jeder, der wollte, konnte nun mit oder ohne vorherige Beichte das Abendmahl in beiderlei Gestalt nehmen. Luther blieb dabei, man müsse Rücksicht auf die Schwachen nehmen und man dürfe das Gewissen der Gläubigen nicht durch Gesetze knechten. Doch das hätten die Wittenberger versucht! Er hielt ihnen in der Predigt vor, es sei gut, dass Einzelne begonnen hätten, die Kommunion in beiderlei Gestalt zu nehmen, doch dürfe daraus kein Zwang entstehen. Neben der abstoßenden Wirkung auf andere, hätten einige gemeint, ihren rechten Glauben nun beweisen zu müssen, indem sie den Kelch in die Hände nähmen. Hinterher gingen sie und soffen sich mit Branntwein voll! Sie haben äußerliche Dinge betrieben, Schwache damit vor den Kopf gestoßen. Unnötiges Gaukelwerk haben sie betrieben und das Wichtigste, die Herzen zu gewinnen und dem Nächsten gegenüber Liebe zu üben, ganz vergessen. *Ich kann keinen mit Knütteln zum Himmel schlagen.* Nach

Fragmente von Luthers Predigtkanzel aus der Stadtkirche, heute im Lutherhaus

Abschluss der Invokavitpredigten und der Predigtreihe über die Zehn Gebote endete Luthers Predigttätigkeit vor der Wittenberger Gemeinde in der Stadtkirche nicht.
Im Gegenteil, er hielt noch im Herbst 1522 jeden Sonn- und Feiertag frühmorgens im Chor der Augustinerkirche eine kürzere Ansprache für die mit ihm im Kloster verbliebenen Brüder. Anschließend reichte ihnen der Prior, seit Juni 1522 Eberhard Brisger, die Kommunion. Dann ging Luther in die Stadtkirche, wo er wie in alten Zeiten Messe hielt – nur der Sängerchor existierte nicht mehr, da man die Knabenschule aufgelöst hatte. Nach dem Singen des Credo betrat Luther die Kanzel und hielt die Hauptpredigt, die mit dem Reichen der Kommunion an die Gemeinde schloss. Nachmittags um 12 Uhr stand er erneut auf der Kanzel der Stadtkirche und predigte nochmals. In der Fastenzeit hielt er die tägliche Fastenpredigt und legte darin der Gemeinde den Katechismus aus. Luthers immense Predigttätigkeit verbreitete in der Stadtkirchengemeinde den Glauben an das Evangelium und machte die Entwicklung in seinem Sinne unumkehrbar.[118]
Unter den Gemeindemitgliedern befand sich auch Gabriel Zwilling. Er bekannte öffentlich, er habe geirrt und sei zu weit gegangen. Karlstadt dagegen beharrte auf der Richtigkeit seines Vorgehens. Schon im April erging darum an seinen Buchdrucker Nickel Schirlentz die Weisung, nichts ausgehen zu lassen, das vorher nicht durch den Rektor und die Dekane der vier Fakultäten zum Druck freigegeben wurde. Luthers Gegner Johannes Cochleus berichtete noch Anfang 1529, Luther habe in Wittenberg und Umgebung nicht nur Freunde:
Es hat mir auch erst heut ein geborner Wittenberger gesagt, ... das yetz vil leute sind zu Wittenberg, die heimlich wollten, Luther were ein wolff vnd tieff zu holtz, Ya das yhm die Bawern vnnd Wittenberg offt fluchen seiner vnbestendigkeit halben.[119]

KAPITEL 4
EVANGELISCH LEBEN

FREUNDE AUF DEN WICHTIGSTEN POSITIONEN

DER PROPST DES ALLERHEILIGENSTIFTES JUSTUS JONAS

Der aus einer sehr angesehenen Familie in Nordhausen stammende Justus Jonas studierte seit dem Sommer 1506 in Erfurt und fand dort rasch Anschluss an die Humanisten Konrad Mutian, Eobanus Hessus und Johann Lang. Während der Erfurter Unruhen kam Magister Jonas erstmals an die Wittenberger Universität. Er studierte bei Henning Goede Kirchenrecht, lernte Spalatin kennen und besuchte theologische Vorlesungen von Luthers Freund und Ordensbruder Wenzeslaus Linck. Am 8. Januar 1513 erwarb der äußerst begabte junge Mann an der Juristischen Fakultät den ersten juristischen Grad. 1516 wurde er in Erfurt zum Priester geweiht, erhielt ein Kanonikat an der Erfurter Severikirche und erlangte dort Henning Goedes Lektoratspfründe und dessen Kirchen-

Justus Jonas, Holzschnitt von Lukas Cranach d. J.

rechtsprofessur. Nach einem längeren Aufenthalt bei Erasmus in den Niederlanden bestärkte der 1519 den schon berühmten jungen Humanisten darin, nun Theologie zu studieren. In seiner Abwesenheit hatte man ihn für das Wintersemester 1519/1520 zum Rektor der Erfurter Universität gewählt.

Anschließend ging er erneut nach Wittenberg und wurde hier freudig begrüßt. Er studierte eifrig Theologie und baute seine Freundschaft zu den Reformatoren aus. Am 21. Januar 1521 starb der Stiftspropst und Professor für Kirchenrecht Henning Goede nach kurzer Krankheit. Damit wurde die Propstei frei und gelangte über Jonas' Kontakte zu Spalatin, Luther und Melanchthon ebenso in Jonas' Hände wie vordem Goedes Lektoratspfründe und Kirchenrechtsprofessur in Erfurt. Jonas war inzwischen in der Gelehrtenwelt so berühmt, dass er sich so kurz nach der Bücherverbrennung in Wittenberg ausbedingen konnte, nicht mehr Kirchenrecht lesen zu müssen. Er verpflichtete sich zwar, dafür einen Stellvertreter zu bezahlen, unterließ es aber und störte sich nicht daran, dass die Juristische Fakultät inzwischen kaum noch Vorlesungen anbot.

Man führte ihn am 6. Juni 1521 feierlich in sein hohes Amt als Propst des Allerheiligenstiftes ein. Damit stand er den übrigen teilweise lang gedienten Stiftsherren vor, zu denen Nikolaus Amsdorf, Otto Beckmann, Matthäus Beskau, Andreas

Bodenstein von Karlstadt, Ulrich von Dienstedt, Johann Dölsch, Simon Heyns, Johann Reuber und Lorenz Schlamau gehörten. Die Haltung der Stiftsherren ihm gegenüber dürfte schon darum nicht immer wohlwollend gewesen sein. Das Allerheiligenstift gilt als die kirchliche Institution in Wittenberg, die sich am längsten und intensivsten den Wünschen Luthers widersetzt hat. Immerhin gehörten neben dem jungen Propst Jonas auch Amsdorf, Karlstadt und Dölsch zu den Freunden und Mitstreitern Luthers. Am 14. Oktober 1521 promovierte Propst Jonas zum Doktor der Theologie und wurde im Zusammenhang mit den Feierlichkeiten zum 18. Gründungstag der Universität in die Theologische Fakultät aufgenommen. Am 31. Oktober 1521, dem 4. Jahrestag des Beginns der Reformation, predigte Jonas in seiner Funktion als Propst in der Schlosskirche gegen den Ablass und am 1. November auch noch gegen die Seelenämter. Damit muss er den Kurfürsten geradezu ins Herz getroffen haben, dessen Reliquiensammlung und der damit verbundene Ablass legendär waren und der seit 1506 für sich und seine Nachkommen eine Memorialstiftung in seiner Schlosskirche eingerichtet hat. Jonas entwickelte sich nebenher zum Übersetzer der Schriften, die Luther in lateinischer Sprache verfasst hatte. Er gab sie in deutscher Sprache heraus.

Der Propst gehörte zu den ersten Freunden Luthers, die, obwohl zum geistlichen Amt geweiht, eine Ehe eingingen. Er vermählte sich am 9. Mai 1522 mit Katharina Falck, einer Tochter des Ritters Erich Falck aus Bleddin im Amte Wittenberg. Katharina Jonas, geb. Falk, wurde später eine der engsten Freundinnen der Lutherin. Ihre Kinder sollen gemeinsam gespielt haben, obwohl ihre Elternhäuser am jeweils entgegengesetzten Ende der Stadt standen.

Luthers Freunde lösten sich aus den alten kirchlichen Banden

In seiner Schrift *Vom Ehelichen Leben*, die 1522 erstmals in Wittenberg gedruckt und verkauft wurde, hielt Luther den Frauen ihre göttliche Bestimmung vor: *So soll auch das Weib in ihren Werken denken, wenn sie das Kind säuget, wieget, badet und andere Werke mit ihm tut ... Es sind alles lauter goldene, edle Werke. So soll man auch ein Weib trösten und stärken in Kindesnöten ... Gedenke, liebe Greta, dass du ein Weib bist und dieses Werk Gott an dir gefällt. Vertraue getrost auf seinen Willen und lass ihm sein Recht an dir. Gib das Kind her und tu dazu mit aller Macht! Stirbst du drüber, so fahr hin! Wohl dir, denn du stirbst bestimmt im kostbaren Werk Gottes und im Gehorsam gegen ihn. Ja, wenn du nicht ein Weib wärest, wo solltest du jetzt allein um dieses Werkes willen wünschen, dass du ein Weib wärest und so kostbar, in Gottes Werk und Willen Not zu leiden und zu sterben. Denn hier ist Gottes Wort, das dich so geschaffen und diese Not in dich gepflanzt hat.*

und fanden neue Aufgabengebiete in Universität und Kirche. Ihren eigenen Haushalt zu versorgen – Wäsche waschen, Essen kochen, Wohnung reinigen und anderes mehr – lag diesen humanistisch gebildeten Männern, die meist in Männergemeinschaften gelebt hatten, fern. Man darf wohl sagen, auf diesem Gebiet waren sie geradezu lebensunfähig. Luther begann spätestens jetzt in seinen Predigten immer wieder darauf hinzuweisen, dass die Frauen eine besondere Fähigkeit für die Haushaltsführung hätten. Diese These und die These von der Ehe als Grundlage der Gesellschaft eröffnete nicht nur den Geistlichen eine neue Lebensperspektive. Die Arbeitsteilung zwischen Mann und Frau wurde von Luther theologisch neu durchdacht und begründet: Die Männer erwerben den Lebensunterhalt der Familie, die Frauen kümmern sich um die drei K, Kinder, Küche und Kirche, denn fromm hatten die Auserwählten natürlich zu sein.

Nun räumte der Wittenberger Rat auch moralisch auf. Das Stadtgericht bestrafte immer mehr Fälle sittlicher Vergehen, wie Ehebruch, und diese immer härter. Der Rat erließ im Januar 1522 eine neue Kirchenordnung.[120] Danach sollten nicht nur Bettler ausgewiesen werden, sondern auch *unehrliche* Personen, wie Huren, die sich nicht verheirateten. Aufnehmende Wirte sollten *hochlich gestrafft werden*. Diese Praxis war durchaus nicht unüblich, hatten doch schon viel größere und reichere Städte, wie zum Beispiel das in hoher wirtschaftlicher Blüte stehende Nürnberg, immer wieder die fremden Bettler ausgewiesen.[121] Allerdings ist es müßig zu meinen, es wäre je gelungen, die Prostitution gänzlich zu vertreiben.

Wegen steigender Kosten für Brennholz und aus Furcht vor der um sich greifenden Syphilis, *Franzosen* genannt, die Kunden wegbleiben ließen, schlossen im 16. Jahrhundert öffentliche Bade- und Frauenhäuser. Reichere Familien ließen sich private Bäder in ihren Häusern einbauen. Auch die Prostitution wurde stärker im privaten Rahmen betrieben oder die Huren, die bisher in Diensten der Obrigkeit gestanden hatten und als Mitbürger die Duldung der Gesellschaft erfuhren, wurden als Wanderhuren auf die unsicheren Straßen gedrängt. Ihr sozialer Status und ihre Lebensbedingungen haben sich dadurch weiter verschlechtert. Anfang Februar 1522 hieß es in Wittenberg, alle Huren seien vertrieben worden. Das von einer *ehrbaren Wirtin* unter Aufsicht des Marktmeisters seit mindestens 100 Jahren[122] betriebene städtische Frauenhaus stellte seine Tätigkeit ein.

Den Bemühungen des Rates um Durchsetzung der Moral mithilfe des städtischen Gerichts fiel wohl als erster der sehr angesehene Bürger Urban Kranepuhl zum Opfer. Er wurde Anfang 1522 mit einer Buße von einem Schock belegt, weil er *ein junckfraw meydlin* in seinem Hause litt, *das sein ere verruckt.*[123] Der Marktmeister, der eben noch für das städtische Frauenhaus zuständig war, wurde im April 1522 vom städtischen Scharfrichter und dessen Henkersknechten öffentlich auf dem Marktplatz, gemeinsam mit *sein beyweyp zu staupen,* geschlagen und dann ins Gefängnis geworfen.[124] Was mögen wohl die Marktfrauen und Handwerker gedacht haben, als sie zusahen, wie der Mann, der ihnen Bußen auferlegt hatte, nun so gestraft wurde?

Das Prostitutionsproblem erledigte sich natürlich nicht. Im Rechnungsjahr 1534/1535 verzeichnete das Amt eine Einnahme von 105 Groschen (1 Schock 45 Groschen), die der Fleischer Anthonius Riemer zahlen musste, weil er eine Frau, wahrscheinlich eine Hure, geschwängert hatte. Die Frau wurde damals hingerichtet, denn sie hatte ihr Baby getötet und die kleine Leiche in den Stadtgraben geworfen.[125]

Anfang Mai 1543 freuten sich Studenten, Gesellen und andere Männer, denn vor der Stadt erschien eine größere Gruppe von Wanderhuren. Luther bat die Sexhungrigen von der Kanzel, *ihr wollet ja gewißlich gläuben, daß der böse Geist solche Huren hieher sendet, die da gnätzig, schäbig, garstig stinkend und französicht sind, wie sichs leider täglich in der Erfahrung befindet. Daß doch ein gut Gesell den andern warne, dann ein solche französichte Hure 10, 20, 30, 100 guter Leute Kinder verderben kann, und ist derhalben zu rechnen als eine Mörderin, viel ärger denn eine Vergifterin. Helfe doch in solchem giftigen Geschmeiß einer dem andern mit treuem Rat und Warnen, wie du wolltest dir getan haben.* Er drohte, dass der Fürst notfalls *einen ganzen Speck* (gemeint ist das Wäldchen in der Specke) *und Fischerey, dazu die gantze Stadt wohl wird wissen zu reinigen, ... Darumb rat ich euch Speckstudenten, daß ihr bey Zeit euch trollet, ehe es der Landesfürst erfahre, was ihr mit den Huren treibt. ... Wer nicht ohn Huren leben will, der mag heimziehen und wo er hin will; hie ist ein christlich Kirch und Schule, da man soll lernen Gottes Wort, Tugend und Zucht. ... Wenn ich Richter wäre, so wollt ich eine solche französichte giftig Hure rädern und ädern lassen; denn es ist nicht auszurechnen, was Schaden ein solche unflätige Hure tut bey dem jungen Blut, das sie an ihr so jämmerlich verderbet, ehe er ein rechter Mensch ist worden, und in der Blüte sich verderbt.*[126]

Bei diesem Ausbruch des Reformators darf man nicht vergessen, dass das Mittelalter die Lepra besiegt hat, indem man jahrhundertelang die Erkrankten aus der Gemeinschaft ausschloss. Die erst seit 1494 in Europa verbreitete Lustseuche Syphilis trat einen rasanten Siegeszug durch alle Länder und alle Stände an. Ohne Penicillin hatte man kaum eine andere Gegenwehr als Meidung der möglichen Ansteckung. Im Gegensatz zu Luther, der seine Universität und das Wohl und Wehe der Studenten im Auge hatte, denken wir heute natürlich vor allem an die armen Frauen, die ihr Leben unter schrecklichen Bedingungen auf der Straße fristen mussten.

STADTKIRCHENPFARRER JOHANNES BUGENHAGEN

Johannes Bugenhagen[127] hatte in seinem Kloster Belbuck in Pommern Luthers Schrift *Von der Babylonischen Gefangenschaft der Kirche* gelesen, die nach Luthers Bekunden am 6. Oktober 1520 *endlich* ausgeliefert worden ist. Er war nach Wittenberg geeilt und hatte sich in den Wittenberger Universitätskreisen schon im Frühjahr 1521 großes Ansehen erworben. 1522 gehörte er zu jenen Freunden, mit denen Luther von seinem Versteck auf der Wartburg brieflichen Kontakt hielt. Mönche und Nonnen werden von ihren Klöstern in allen ihren Bedürfnissen wie Essen, Schlafen und Kleidung versorgt. Doch Bugenhagen hatte, wie so viele Mönche und Nonnen in jenen Jahren, sein Kloster verlassen. Er musste sich nun selbst um

Also sah der junge Pommer sich im Spätsommer 1521 nach einer geeigneten Braut um und meinte wohl, sie gefunden zu haben. Doch Bugenhagen hatte Pech. Er hatte sich zwar *mit einer redlichen Maid recht verlobt und danach, da die Maid der Kauf gereuet, denn sie wollt kein Pfaffenweib sein*, wurde die Verlobung durch die Braut wieder gelöst. Nun musste er erneut auf Brautschau gehen und fand seine Walpurga, über deren Herkunft und Familie bisher noch nichts bekannt geworden ist. Wahrscheinlich stammte sie aus Wittenberg.

seine Einkünfte und seinen Haushalt kümmern. Da kam es ihm recht, dass die junge Universität Bedarf an Vorlesungen hatte. Bugenhagen hatte jedoch noch keine ordentliche Professur und musste von den Hörern seiner sehr beliebten Psaltervorlesungen eine Gebühr verlangen. Ein ungewöhnlicher Zustand, sorgte doch die großzügige Stiftung des Kurfürsten sonst für kostenlose Vorlesungen. Unter den Studenten machte sich Unmut breit. Auch Bugenhagen konnte das nicht gefallen, zumal er noch das andere Problem, seinen Haushalt, zu lösen hatte.

Luther entdeckte offenbar gerade seine später so häufig erprobte Fähigkeit, von den Fürsten Zuschüsse zu Hochzeitsessen für bedürftige Freunde und Familienangehörige zu erbitten. Er schaltete für die Hochzeitsfeier seines Freundes Bugenhagen den Humanisten und Theologen Spalatin als Vermittler ein und argumentierte bezüglich einer Gabe an Wildbret, *denn einmal ist er es wert, und zum andern auch unseretwegen, die wir seine Gäste sein werden. Und ob wir würdig sind, das magst du alleine beurteilen.* Am Hochzeitstage berichtete Luther, der Kurfürst habe durch seine Gabe eine frohe Feier ermöglicht. Der Braten hat offenbar gut gemundet. Außerdem wurde dem finanziell angeschlagenen Bräutigam ein vom Kurfürsten gespendetes Goldstück überreicht, das angeblich ein Geschenk Spalatins war. Luther versicherte in seinem Dankschreiben, es werde auch Bugenhagen gegenüber geheim gehalten werden, wer der wirkliche Geber gewesen sei. Hochzeitsgeschenke an einen geweihten Priester, diese Kunde hätte Kurfürst Friedrichs Ansehen im Reich beschädigen können und musste unbedingt geheim bleiben.

Die Braut Walpurga erhielt von ihrem Bräutigam, wie wir von Luther wissen, alle Schlüssel. Hausfrauen trugen die Schlüssel zu Kisten und Kasten an ihren Gürteln. Doch teilte Johann seiner Braut gleichzeitig mit, *aber ich behalte mir das Schwert vor.*

Frauen waren nicht rechtsfähig, unterstanden erst ihren Vätern, dann ihren Ehemännern und als Witwen Vormündern. Als Walpurga und Johann Bugenhagen die Ehe schlossen, war noch längst nicht geregelt, was aus dem Erbe eines ehemals geweihten Priesters werden würde. Damals hätte es noch passieren können, dass ihr und ihren Kindern das Gut ihres verstorbenen Mannes vorenthalten worden wäre. 1522 stand die reformatorische Bewegung auch vor dem Problem, dass das herrschende Recht den neuen Bedingungen angepasst werden musste.

Im Sommer 1523 starb der Pfarrer der Stadtkirche, Stiftsherr Simon Heyns. Da die reformatorischen Neuerungen schon zu seinen Lebzeiten zur Minderung der Einkünfte des Stadtpfarrers geführt hatten, hatte sich das Stift gezwungen gesehen, ihm einen Nachlass bei den an das Stift zu zahlenden jährlichen Pensionszahlungen zu gewähren. Nach seinem Tode wollte man das Amt, auf Vorschlag Luthers, vorläufig an Luthers Freund, den Stiftsherrn Nikolaus von Amsdorf, übertragen. Das Stift erklärte, er solle nur so viel Pension zahlen, wie ihm wirtschaftlich möglich sei. Doch Amsdorf zog sich zurück und Luther stellte dem Stift

Johannes Bugenhagen, Holzschnitt von Lukas Cranach d. J.

Bugenhagen-Haus mit Bugenhagen-Denkmal an der Stadtkirche

eine kurze Frist, innerhalb derer die Stelle neu zu besetzen sei. Andernfalls würden Rat und Gemeinde selbst einen Pfarrer wählen, der dann keine Pension mehr zahlen würde. Das Stift bat erstmals darum, ihm einen Anwärter zu präsentieren. Dennoch wählte der Rat gegen das bestehende Recht und hinter dem Rücken des Stifts im Oktober 1524 Johann Bugenhagen zum Stadtpfarrer und Luther verkündete die Wahl Bugenhagens von der Kanzel herab der Gemeinde. Rechtsnachfolger des 1525 aufgelösten Stiftes war die Universität. Im Jahr 1528 wurde das Recht, den Stadtpfarrer zu wählen, dem Stadtrat und der Kirchengemeinde auf der einen und der Universität auf der anderen Seite übertragen.[128]

KATHARINA MELANCHTHON – »AUS EINER ALTEN UND FÜHRENDEN FAMILIE DER STADT«

Im Wintersemester 1523/24 wurde Melanchthon zum Rektor der Universität gewählt. Mit der Wahl dieses außergewöhnlich begabten Gelehrten überging man erstmals die vom Papst genehmigte Universitätsordnung, die verlangte, Rektoren sollten unverheiratet sein.

Nach seiner Rückkehr von der Leipziger Disputation wurde Melanchthon *mit einem sehr tugendhaften Mädchen aus einer alten und führenden Familie der Stadt verlobt, welche er dann im Alter von 24 Jahren heiratete und mit der er später in sehr frommer Ehe 37 Jahre zusammenlebte, wobei er von ihr in den ersten 12 Jahren ihres Zusammenlebens vier Kinder beiderlei Geschlechts, zwei Söhne und zwei Töchter, bekam. Diese Frau war äußerst fromm, liebte ihren Mann sehr, war eine besonders fleißige und sorgfältige Hausherrin, gütig und wohltätig gegenüber allen. Um die Armen war sie so besorgt, dass sie durch ihr unermüdliches Geben ohne Unterschied, durch Fürbitten und dadurch, dass sie jeden denkbaren Vorteil für jene verschaffte, nicht nur ihren eigenen Besitz und ihre eigenen Möglichkeiten zu wenig beachtete, sondern zu deren Gunsten auch andere – bisweilen zu ungünstigen Zeitpunkten – störte und ihnen Vorwürfe machte. Indessen schenkte sie, persönlich von höchster Reinheit der Lebensführung und des Charakters geprägt und in beständiger Sorge um religiöse Pflichterfüllung und Ehrenhaftigkeit, dem täglichen Leben und der häuslichen Einrichtung weniger Aufmerksamkeit, ...*[129]

Katharinas Bruder Hieronymus Krappe und der mit ihm befreundete Buchdrucker Hans Lufft stellten 1523 im Vogelherd des Kurfürsten Friedrich Schlingen aus – man aß damals gerne Singvögel. Die Fallen der diebischen Freunde wurden vom Forsthüter entdeckt und samt der schon gefangenen Vögel weggenommen, ohne ihre Missetat beim Kurfürsten anzuzeigen. Doch die beiden Schlingensteller beschwerten sich über ihren Verlust. Der Kurfürst entschied, Lufft und Krappe dürften sehr wohl Vögel fangen, doch nicht im kurfürstlichen Vogelherd.

Katharina war eine Tochter des verstorbenen Gewandschneiders und Bürgermeisters Hans Krappe. Ihre Schwestern heirateten Melanchthons und Luthers Freunde, den Medizinprofessor Augustin Schurff und den Juristen Sebald Münsterer. Bürgerstöchter vermählten sich damals immer wieder mit Studenten und sogar Professoren der Universität, die ihnen so ebenso wie ihren studierten Brüdern, den sozialen Aufstieg ermöglichten. Die Stadt galt geradezu als Heiratsmarkt, über den Universitätsangehörige einerseits gute Beziehungen knüpfen und festigen konnten und andererseits zu Häusern und anderem bürgerlichen Wohlstand gelangen konnten.

Ihr Bruder, der Gewandschneider Hieronymus Krappe, wurde sehr schnell in den Freundeskreis der Reformatoren aufgenommen – schon im April 1523 wurde er zur Hochzeit von Wenzeslaus Link in Altenburg eingeladen. Luther musste ihn jedoch wegen einer dringenden Geschäftsreise entschuldigen. 1520 hatte die Kommission des Kurfürsten festgestellt, auch Krappe könne noch Studenten zur Miete in sein großes Haus am Markt aufnehmen. Hieronymus gehörte 1528 zu den wohlhabendsten und angesehensten Bürgern in der Stadt. 1530 gelangte er in den Rat und wurde bald Bürgermeister. Gemeinsam mit seinem alten Freunde Lufft, der 1542 ebenfalls in den Rat gewählt wurde, hat Krappe Luther auch in persönlichen Dingen immer wieder unterstützt, so als dem Reformator 1543 ein Acker wiederrechtlich bebaut und das Brauen verboten wurde.[130]

Bei Beschreibungen der Reformatorenfrauen durch die Freunde ihrer Ehemänner fällt die eingeschränkte Perspektive der Schreiber auf. Diese Männer mochten die Frauen oftmals nicht, wohl weil sie ihnen wegen ihres weiblichen Geschlechts als unbedeutend erschienen, so unbedeutend, dass auch Katharina Luther in den vielen aufgeschriebenen Tischreden ihres Gatten kaum zu Worte kommt. Camearius übersah, das das junge Paar zu Anfang im Hause des befreundeten Stiftsherrn Nikolaus Amsdorf gelebt haben muss. Der junge Professor soll dort gewohnt haben, als Luther als Junker Jörg verkleidet in Wittenberg erschien. Später bezog das Paar eine *Bude*. Katharina Melanchthon konnte angeblich nicht kochen – doch überlieferte man das in Momenten, in denen sie hochschwanger war. Da sie während der Schwangerschaften immer stark mitgenommen war und sich vor allem nach der Geburt der Söhne nur langsam erholte, wird sie des Öfteren wirklich nicht haben kochen können. Wie andere Bürgerstöchter auch konnte Katharina lesen und schreiben. Von ihr ist ein Brief überliefert, in dem sie Kurfürst Johann Friedrich erfolgreich bat, ihre Ziegen behalten zu dürfen, obwohl das eigentlich aus Umweltgründen ver-

Seit 1519 lebte der Bakkalaureus Johannes Koch in Melanchthons Haus. Er wurde vom Hausherrn wegen seiner *Treue, Rechtschaffenheit und großer Anhänglichkeit zu seinem Herrn* sehr geschätzt. *Johannes also sorgte im Haus für alles, indem er einkaufte, die Waren aufbewahrte, bewachte, sie wieder ans Tageslicht holte und sich schließlich mit allen häuslichen Gütern und Überlegungen befasste. Durch seine Wachsamkeit, Fleiß, Umsicht, Sorgfalt und auch beträchtliche Klugheit wurden viele Nachteile von Melanchthons Familie abgewendet. Gleichzeitig aber trug er so viel an Hilfe, wie er eben konnte, zu deren Unterstützung bei, und zwar nicht nur, damit die täglichen Kosten bestritten werden konnten, sondern auch, um einen kleinen Vorrat für die Zukunft zu sichern. Johannes wurde bei Philipp alt und starb auch in dessen Haus* am 3. April 1553. Johannes Koch gehörte zu jenen Studenten, die sich, aus armem Elternhaus stammend, das Geld für ein Studium selbst verdienen oder von einem Stipendium leben mussten. Das Bakkalaureat – der Hochschulabschluss – wurde ihm *gratis* erteilt.[131]

boten war. Katharina Melanchthon hielt ebenso wie Walpurga Bugenhagen und Katharina Luther zum Unterhalt der Familie Vieh und etwas Gartenland beim Hause. Lebensmittel verteuerten sich damals und so war es gut, die Familie wenigstens teilweise selbst versorgen zu können.

Die innerfamiliären Beziehungen Melanchthons reichten über seine Schwager Hieronymus Krappe, Augustin Schurff und Sebald Münsterer weit ins Wittenberger Establishment. Man hielt eng zusammen. Das ging so weit, dass Kurfürst Johann Friedrich am 6. Juni 1535 von Weimar aus Krappe und Schurff als Bauherrn für das zu errichtende Melanchthonhaus bestellte. Landvogt Hans Metzsch wurde gleichzeitig angewiesen, 100 Gulden Baukosten aus dem Amt beizutragen. Offenbar tat man das nicht, weil Melanchthon seinem Hausbau als Bauherr nicht gewachsen gewesen wäre, sondern weil er auf Reisen und mit anderen Angelegenheiten betraut war. 1538 zog man den Professor im Marktviertel neben Krappe, Bürgermeister Lic. Philipp Reichenbach, Cranach und anderen zur Schlichtung des Nachbarschaftsstreites zwischen Nickel Reissenberger und Hans Palm wegen eines Torwegs zu![132] Der Gelehrte erscheint dann noch häufiger in den Bauakten des Rates. Er kümmerte sich nicht nur um das Wohlergehen von Universität und Studenten, sondern auch um Trauf- und Baurechte der Mitbürger.

Luther hatte keine familiären Beziehungen zu Stadtbewohnern. Das bedeutet aber keineswegs, dass er die Menschen

Luther sagte einmal zu Melanchthon, den man oft als *Leisetreter* bezeichnete: *Bei den inneren Kämpfen bin ich verzagter, du mutiger; dagegen in den öffentlichen Kämpfen tauschen wir die Rollen. Denn du fragst wenig nach deiner Person, aber für die gemeine Sache fürchtest du; ich dagegen bin der gemeinen Sache wegen guten und getrosten Mutes; denn ich weiß, dass sie recht und wahr ist, ja, noch mehr, Christi und Gottes selber, welche nicht also erblasst ihrer Sünden halben, wie ich kleiner Heiliger erblassen und zittern muss bei meinen inneren Kämpfen.*[133]

um sich herum ignoriert und an ihrem Schicksal nicht teilgenommen hätte. Im Gegenteil, er setzte sich nicht nur für seine Studenten ein und vermittelte ihnen gute Arbeitsstellen, sondern half auch sonst, wo er konnte. So schrieb er schon am 19. Dezember 1519 an Spalatin von der Witwe Walpurga Landmann, deren Haus er *selbst besichtigt und gesehen habe*. Die Frau ist offenbar von den Stiftsherren bedrängt worden. Luther meinte, es sei gerecht, was die Witwe erhoffe.[134] Er und seine Freunde setzten sich immer wieder für ihre Nachbarn in der Stadt ein, haben aber auch

Am 19. Februar 1538 notierte Anton Lauterbach in seinem Tagebuch: *Doktor Martinus Luther war gestern auf Hans Luffts Tochter Hochzeit. Vor dem Essen führte er die Braut zum Brautbett und sprach zum Bräutigam Andreas Aurifaber: Er sollts bey dem gemeinen Lauf und Gebrauch lassen bleiben, und Herr im Hause sein, wenn die Frau nicht daheim ist. (!) Und zum Zeichen zog er ihm einen Schuh aus und legt ihn aufs Himmelbette, daß er die Herrschaft und das Regiment behielte.*[135]

Südgiebel des Melanchthonhauses, Zustand um 2008

gerne mit ihnen gefeiert. Urban Balduin berichtete Stephan Roth am 1. August 1529 überaus erstaunt: *Ey noch mehr, ich hab Melanchthonen mit der prebstin sehen tantzen, es ist mir wunderlich gewesen.*[136] (Gemeint ist Katharina Jonas, die Ehefrau des Propstes Justus Jonas). Berichte über die Teilnahme der Ehefrauen an den Festen sind außerordentlich selten. Hier mag der Anblick des tanzenden Melanchthon, den man sich schon damals als völlig spartanisch und vergeistigt vorstellte, dem Stadtschreiber zur Erwähnung der Frau hingerissen haben. Mangelnde Erwähnung bei Festen, Mahlzeiten und dergleichen hat sicherlich nicht bedeutet, Frauen seien nicht anwesend gewesen. Sie erschienen den Männern nur unwichtig, so unwichtig, dass wir mitunter den Namen der Braut nicht kennen. Der Bräutigam hingegen ging unter anderem als Leibarzt des Herzogs Albrecht von Preußen in die Geschichte ein.

»ES IST WOL DER GROSTEN NOT EYNE, DAS ALLE BETTELEY ABTHAN WURDEN IN DER CHRISTENHEIT«

Armut war eines der großen Themen des Mittelalters und der Anteil der Bedürftigen an der Bevölkerung war stetig gewachsen. Arme sind sozial schwer einzugliedern und noch schwerer zu disziplinieren. So schaute die Obrigkeit schon immer mit Besorgnis und Misstrauen auf die Armen unter ihren Untertanen.

In seiner Adelsschrift hatte Luther 1520 die Abschaffung der Bettelei gefordert und festgestellt, dass es genügend Mittel in den Gemeinden gäbe, um Bedürftige zu unterhalten.
Der Wittenberger Rat hat dieses sicherlich sehr aufmerksam gelesen. Er bemühte sich schon seit langem, die Stadtkirche und damit einen großen Teil der Armenpflege unter seine Hoheit zu bekommen. Der Rat besoldete in der Stadtkirche im Verhältnis zur Zahl der dort beschäftigten Geistlichen eine relativ große Anzahl von Laien,[137] die die Kirche sauber hielten, die Glocken läuteten, Türmerdienste zur Erkennung von sich nähernden Feinden und ausbrechendem Feuer verrichteten, Botendienste erledigten, Blasebälge der Orgel traten und andere einfache Hilfsdienste übernahmen. Seit dem 15. Jahrhundert war es ihm gelungen, sich die Besetzung einer Predikantenstelle anzueignen. So hatte man 1513 oder spätestens 1514 den Augustinermönch Martin Luther auf die Kanzel der Stadtkirche bringen können.[138] Seit Januar 1514 konnte der Rat die jährliche Rechnungslegung der Schützenbruderschaft überwachen. Es verwundert nicht, dass er weiter alles unterstützte, was ihn seinem Ziele, über die Stadtkirche zu bestimmen, näher brachte.
Als um die Jahreswende 1520/1521 unter Führung von Andreas Karlstadt zur Neuordnung des Armen- und Sozialwesens die Wittenberger *Beutelordnung*

Derartige Geldkästen gehörten zum üblichen Inventar einer mittelalterlichen Kirche. Mehrere Kästen standen damals in der Schlosskirche, darunter ein eiserner, der mit drei Schlössern versehen war. Die Schlüssel hatten die Dekane des oberen und des unteren Chores und der Schösser. Ein anderer Kasten stand an der einzigen Säule in der Schlosskirche. Die Schlüssel hatten der Stiftsdekan und der Kustos Peter Lupinus. Die Kästen wurden immer von mehreren Personen verwaltet, die sie mit ihren Schlüsseln nur gemeinsam öffnen konnten. In den *Gnadenkasten* wurden die am Ablasstag, dem Montag nach Misericordis Domini, und am Allerheiligentag von Ablasssuchenden gespendeten Gelder eingelegt.

entstand, war der Stadtschreiber Urban Balduin beteiligt. Zwei Varianten der Ordnung sind erhalten geblieben, eine enthält handgeschriebene Korrekturen des Stadtschreibers Andreas Meinhardi und von Martin Luther.[139] Am 21. Januar 1521 lieferte ein Tischler den *Gemeinen Kasten* Wittenbergs.

Kästen in der Stadtkirche dienten ursprünglich den Bruderschaften dazu, ihre Altargeräte und Paramente aufzubewahren. Einnahmen aus den Jahren 1507 bis 1510 waren durch den Verkauf von kleinen Lichten, Osterkerzen und Barlichten (Totenbrauch), vom Verkauf auf Jahrmärkten, von Spenden bei Opfergesängen, von Bräuten, aus Totenladen, vom Weinberge, der großen Glocke, Bienenhonig des Gotteshauses und von verliehenen Braupfannen gekommen. Ein kleinerer Kasten stand an der westlichen Kirchentür unter dem Turm. Gelder flossen durch freiwillige Gaben, erbetteltes Geld und Testamente. Die Zahl der Testamente wuchs in den folgenden Jahren stetig an.
Der neue durch die *Beutelordnung* 1521 gegründete *Gemeine Kasten* wurde wahrscheinlich in der Kirchenmitte aufgestellt. Als der Rat am 22. Januar 1522 die neue Stadtordnung erließ, die Luther zur Rückkehr von der Wartburg brachte, wurde darin auch die Finanzierung des *Gotteskastens* geregelt: wirtschaftliche Basis sollten nun die aus den Vermögen der Kirchen, Priester und Zünfte fließenden Zinsen sein. Das Geschäftsjahr des Kastens wurde an das Regierungsjahr des Rates gebunden. Mit der Verwaltung der Gelder wurden jeweils zwei Ratsmitglieder, zwei Vertreter der Kirchengemeinde und ein Schreiber beauftragt. Sie sollten aus den Geldern die *arm leüt versehen*. Bettler wurden nicht weiter geduldet und sollten arbeiten oder in der Not versorgt werden. Mönche sollten sich von ihren Zinsen und ihren Händen ernähren.

Lehenzinsen verstorbener Priester fielen nun an den Kasten. Geistliche Häuser wurden der Toten Hand entzogen, sie blieben nicht als unbewegliche Wirtschaftsgüter Eigentum von Kirchen oder Stiftungen, sondern sollten an Bürger verkauft werden und gelangten somit unter die Steuer- und Rechtsgewalt des Rates. Klöster sollten Inventarlisten erstellen und verloren die Verfügbarkeit über ihr Eigentum. Auch das über lange Zeit zusammengebrachte Vermögen der Bruderschaften, oftmals gedacht als Memorialstiftungen, floss in den *Gemeinen Kasten*. So betrug das Einkommen der Stiftungen der Schuhmacher 1847 Groschen und 6 Pfennige (30 Schock 47 Groschen und 6 Pfennige). Nach Auflösung der Altäre floss das Geld in den *Gemeinen Kasten* und wurde zur Besoldung der Pfarrer und für soziale Zwecke verwendet.

Laut Stadtordnung vom Januar 1522, hatte der Zinssatz bisher 5 bis 6 Gulden jährlich betragen. Nun wurden für Darlehen aus dem Gotteskasten 4 Gulden verlangt. Man betrieb somit Wirtschaftsentwicklung. Barbiermeister Peter Beskendorf bürgte im Rechnungsjahr 1524/25 für die *bischoffin*, die ein zinsloses Darlehen von 20 Groschen aus dem Kasten erhielt und dieses in zwei zu Pfingsten und Johannis fälligen Raten zurückzahlen wollte. 1525/26 bürgte der Barbier für Jocuf Cleinschmidt.[140] Am 28. Februar 1524 hat der Kasten *40 Groschen Gardian Hoppin geliehen, da ir man krank gelegen*. Sie wollte das Geld bis zum Gallusmarkt im Herbst zurückzahlen. Dafür bürgte Peter Sattler. Der Kasten unterstützte damit den erkrankten ehemaligen Guardian des Franziskanerordens Georg Hoppe, der nach 1520 zur Reformation übergetreten war, und seine Ehefrau.[141] Ähnliche Hilfen erhielten auch andere bedürftige ehemalige Klosterleute.

Die städtische Schule war aufgelöst, doch der Rat sah 1522 gemeinsam mit der Universitätsleitung weiter:

Auch sol man sonderlich aufsehen haben, so armer leüt kinder, als knaben, die zu der schul und studia geschickt seind und doch armut halben darbey nit künden bleyben, das man den verleg, damit man altzeit gelert leüt hab, die das heilig evangelium und geschrifft predigen, und das auch in weltlichen regimenten an geschickten leüten nit mangel sey, ...

Schon 1523 waren alle geistlichen Güter in Wittenberg im Kasten zusammengeschlagen, unterstanden also der Aufsicht und Verwaltung des Wittenberger Rates, der damit seine wirtschaftlichen Positionen entscheidend ausgebaut hatte. Im September 1524 übergab Ullrich Messerschmidt als Vorsteher des 1330 von Herzog Rudolf I. gegründeten Heilig-Geist-Hospitals das Hospital dem Gemeinen Kasten.
Der Rat beschäftigte sich mit dem Bau des neuen Rathauses und gab dafür 1524 18368 Groschen und einen Pfennig aus. 1524/1525 erhielt Cranach für Malerarbeit an der Decke der Weinstube des Rathauses 42 Groschen und an Treppen und Fenstern des Baues 80 Groschen.[142] Kurfürst Friedrich versprach der Stadt 1524 auf acht Jahre die Zahlung eines Viertels des *zehnten Pfennigs – in Ansehung etlicher Gebäude* (Rathaus und zwei Elbrisse) zu erlassen. Er wollte jedoch wissen, was mit dem Geld aus demselben Recht der Einbehaltung eines Viertels des zehnten Pfennigs in den vergangenen acht Jahren geschehen war. Da der Rat angegeben hatte, das Geld zum Unterhalt der Stadtgebäude verwendet zu haben (*750 gutte Schogk, also 45000 Groschen*!), meinte der Kurfürst nun, der Rat habe davon doch recht wenig gebaut. Tore, Mauer und Türme seien in schlechtem Zustand, am Rathaus wäre in den vergangenen beiden Jahren nicht gearbeitet worden. Er erwarte, der Rat werde sich zukünftig mehr anstrengen und gab nochmals den 4. Pfennig auf drei Jahre.

Das Geld dürfe *zu nichts anders, dan zu gemeine Stad, nottürfftigen gepeuden, wie oben gezaigt, gebrauchet* werden. Er verlange jährlichen Bericht. Liefe es gut, wäre der Kurfürst bereit, wie versprochen, noch drei weitere Jahre zu verlängern.[143]

1524 forderte Luther in seiner Schrift *An die Ratsherrn deutschen Lands, dass sie christliche Schulen aufrichten und halten sollen* und in seiner Schrift *Von Kaufshandlung und Wucher: Nu ist aber billich und recht, ... das seyne kost bezalet, seyne muhe, erbeyt und fahr belonet werde. Mus doch eyn acker knecht futter und lohn von seyner erbeyt haben. Wer kann umb sonst dienen odder erbeytten? So spricht das Euangelion »Èyn erbeytter ist seynes lohns wird« (Lk 10,7)* – und stellte sich den aufwachsenden Sorgen nicht nur der Wittenberger Bürger und ihres Rates. Neben diesen Aufgaben widmete er sich weiter der Bibelübersetzung und der Herausgabe der für die Verbreitung der Reformation so wichtigen Gesangbücher. Er schrieb, komponierte und dichtete, predigte vor der Gemeinde und ihren fürstlichen Gästen und hielt weiterhin Vorlesungen. Über all dem vergaß der vielbeschäftigte Professor die Sorge für sich selbst. Am 9. Oktober 1524 legte er erstmals seine Kutte ab, am 16. predigte er am Morgen ein letztes Mal in der Kutte und abends erstmals nicht mehr. Später erzählte er von seiner letzten Kutte, die er in diesen Monaten noch trug: *Sie war also beschäbet.*– Schurff hat ihm den schwarzen Samt für seine erste Schaube geradezu aufdrängen müssen.[144]

Nun ging es an die letzte verbliebene Bastion des Katholizismus, an Kurfürst Friedrichs geliebtes Allerheiligenstift in dessen Schlosskirche. Am 27. November 1524 gab Luther seine Zurückhaltung gegenüber dem Kurfürsten in Bezug auf das Allerheiligenstift auf und predigte vor dem Rat und der Bürgerschaft Wittenbergs offen. Der Rat der Stadt bedrohte das

Kapitel mit Schutzentziehung und Wirtschaftsboykott! Dekan Beskau wurden die Fenster eingeworfen[145], die Lage wurde für den Kurfürsten misslich. Zum Jahresende 1524 haben Luthers enge Freunde, der Stiftspropst Justus Jonas und der zur Kirchenorganisation hoch begabte Stadtkirchenpfarrer Johannes Bugenhagen, eine neue Gottesdienstordnung für das Stift erarbeitet und gegen den Willen des in Lochau schwer erkrankt liegenden Kurfürsten in der Schlosskirche eingeführt.

Luther wollte das *Schwarze Kloster* verlassen. Doch Kurfürst Friedrich überließ seinem berühmtesten Wittenberger Professor das große Haus. Seine Nachfolger Johann und Johann Friedrich haben den Besitz mit allem Zubehör Luther immer wieder als Eigentum bestätigt und dafür gesorgt, dass auch Bugenhagen und Melanchthon auf ihre Kosten in Wittenberg ihrer Bedeutung angemessene Häuser erhielten, sich so lebenslänglich an die Stadt gebunden fühlten und von niemandem abwerben ließen. Ihre Freundschaft, die Lehrfreiheit und guten Arbeitsbedingen an der Universität, die 1525 Luther und Melanchthon gewährte Freiheit, Vorlesungen und Forschung nach eigenem Gutdünken gestalten zu dürfen, ein gut ausgebautes Informationssystem auch zu weit entfernt wohnenden Gelehrten und Pfarrern – all das machte Wittenberg für die Reformatoren zu einer einzigartigen Wirkungsstätte, die so sonst nirgends zu finden war.

1525 wurde aus dem Schwarzen Kloster der Augustineremiten das Lutherhaus. Die noch fälligen Klosterzinsen wurden dem Kurfürsten übergeben und ein zum Kloster gehörendes Freihaus in der Bürgermeistergasse verkauft. Der ehemalige Prior Eberhard Brisger erhielt ein Grundstück *ßo weyt als das weisse hauß an der gassen und durchauß bis an die Stadtmauer in die länge reychet* erblich übertragen. Darauf hat

Lutherhaus
im Frühjahr 2012

Brisger, der sich im Juli mit einer Wittenbergerin verheiratet hatte, eine Bude errichtet, die er Anfang Dezember 1525 bei seinem Wegzuge nach Altenburg dem Dobiener Pfarrer Bruno Brauer zur Verwaltung übergab. Luther erwarb Brunos Haus 1541[146], das seiner Witwe einmal hätte als Wohnsitz dienen sollen.

»DAN UNSER WILLE SOLL JE NICHT SEIN DAS LOBLICHE WERK UNDERGEHEN ZU LASSEN«

1525 bat der Rat Kurfürst Friedrich um Korn für den gemeinen Beutel, *weyll er dan dye meynung hat, das zuuntherhaltung des gemeinen volcks am Marckt korn Zu kauffen Mangel befunden*. Darauf erhielt der Schösser Anweisung, zu helfen, *Damit die leuth nit Noth ann Kornn leidenn dürfenn.*[147]
Im Amt Wittenberg herrschten relativ gute Lebensbedingungen für die Bauern. Man hatte ihre Vorfahren mit günstigen Bedingungen aus Flandern geworben und im Erbbuch Anton Niemegks 1513 die Abgaben für jedes Dorf genau erfasst und festgeschrieben. Sie konnten nicht, wie außerhalb des Amtes üblich, willkürlich erhöht werden. Das Amt kam den Bauern bei Missernten und Hochwasserschäden entgegen, erließ immer wieder Dienste und Abgaben. In der Stadt half der Gemeine Kasten in großem Umfang in Not geratenen Bürgern aus, wie im Rechnungsjahr dem an Gelbsucht erkrankten Georg Koch, dem 2 Groschen geschenkt wurden und dem armen Fleischergesellen Mathis Klintzsch, der sich ein Bein gebrochen hatte, 2 1/2 Groschen.[148]
Offenbar meinte man in Wittenberg, alle Probleme durch Gespräche zwischen den Betroffenen lösen zu können. Es gab hier jedenfalls kaum ein Aufbegehren. *Daher verfiel Luther dem Irrtum, der Bauernkrieg sei ein Werk Thomas Müntzers. Auf diesem Gebiet hinderte Wittenberg Luther an einer sachgemäßen Beurteilung der sozialen Auseinandersetzungen* und ließ ihn, die Lage der Menschen völlig verkennend, seine Schrift *Wider die räuberischen und mörderischen Rotten der*

Bauern veröffentlichen, erklärte Helmar Junghans 1978 bei einem Vortrag an der Baseler Universität.[149] Dagegen ist zu halten, dass Luther auch schrieb: *wo einmal solches Blutvergießen angeht, wird es schwerlich aufhören, es sei denn alles verderbt. Denn ist der Streit bald angefangen; es steht aber nicht in unserer Macht aufzuhören wann wir wollen.* – Luther riet zum gegenseitigen Nachgeben.[150] Sein Aufruf an die Fürsten, die aufständischen Bauern zu schlagen, wurde ihm schon von Zeitgenossen übel nachgetragen und doch sicherte er »seine« Kirche, indem er sich immer gegen alle wandte, die eine Gefahr für seine Kirche darstellten und die Fürsten dazu bringen könnten, gegen sie vorzugehen. Dabei machte er keine Unterschiede zwischen Juden, Bauern, Widertäufern und allen anderen, die von seiner Linie abwichen. Ein Preis, den er dafür zahlen musste, war, dass er sich von nun an über Jahre auch in Kursachsen und Wittenberg nicht mehr frei bewegen konnte und stets um sein Leben fürchten musste.

Luther war zur Notwehr bereit und erklärte in einer Tischrede, *so mich Jemand in meinem Hause übereilet, und mir und den Meinen Gewalt thun und sie beschädigen wollte, bin ich, als ein Wirth und Hausvater schuldig, mich zu wehren und sie zu verteidigen; viel mehr auf dem Wege und der Landstraße. Ich bin oft von unserm Gnädigsten Herrn erfordert worden, da ich wol auf der Straße wäre zu greifen gewesen. Wenn mich Straßenräuber oder Mörder hätten wollen beschädigen, und mir unrechte Gewalt thun, so wollte ich mich von wegen des Fürstenamts, als sein Unterthan und Diener, ihrer gewehrt und Widerstand gethan haben; denn sie griffen mich nicht an um des Evangelii willen, als einen Prediger und Glied Christi, sondern als des Fürsten und der Obrigkeit Glied; da soll ich dem Fürsten helfen, sein Land rein halten; kann ich ihn erwürgen, soll ich das Messer auf ihn legen, und frei das Sacrament empfahen; soll ich doch in Nöthen einen guten Gesellen retten, viel mehr einem Fürsten sein Land. Würde ich aber angegriffen, um Gottes Worts willen, und als ein Prediger, da soll ich leiden, und die Rache und Strafe Gott befehlen. Denn ein Prediger soll sich nicht wehren; darum nehme ich kein Messer mit auf die Kanzel, sondern allein auf dem Wege, wenn ich wandere und über Feld ziehe.*[151]

Am 14. April 1525 schrieb der inzwischen totkranke Kurfürst Friedrich seinem Bruder Herzog Johann und äußerte seine politische Unsicherheit im Angesicht der im Lande wachsenden Auseinandersetzungen, man habe vielleicht *den armen Leuten zu solchem Aufruhr Ursache gegeben*, und: *So werden die Armen auf vielfältige Weise von weltlichen und geistlichen Obrigkeiten beschwert. ... Gott will es also haben, so wird es also hinausgehen, dass der gemeine Mann regieren soll. Ist es aber sein göttlicher Wille nicht..., so wird es bald anders.* Der Kurfürst erkannte, dass die Fürsten die nun aufstehenden Bergleute, Bürger und Bauern nur noch mit Waffengewalt besiegen konnten[152] und ihre Herrschaft erstmals in der Geschichte bedroht war.
Der Wittenberger Rat wurde aufgefordert, 150 Mann, darunter 31 Büchsenschützen, mit Helmbarten, Spießen und 9 Hakenbüchsen zur Niederschlagung der Bauern zu schicken. Die wehrfähigen Verwandten des Kurfürsten zogen gemeinsam mit den fürstlichen Nachbarn und dem ansässigen Adel gegen die Aufständischen ins Feld.
Kurfürst Friedrich blieb sterbend in seinem Jagdschloss in Lochau zurück. Am 5. Mai 1525 wurde sein Tod den Räten Bernhard von Hirschfeld und Hans von Taubenheim durch einen Boten mitgeteilt. Der Bote brachte auf dem Rückwege

Kurfürst Friedrich der Weise,
nach einem Kupferstich von Albrecht Dürer

nach Lochau acht Ellen schwarzes Tuch für die Jungen mit. Andere Boten brachten die Todesanzeige sofort in alle Amtsschlösser, zu den Edelleuten, Geleitsleuten und dem *Markgrafen von Brandenburg*. Die letzten Briefe und etliche Bücher des Verstorbenen wurden verschlossen. Tischler Anthoni erhielt 6 1/2 Groschen *für den Sarkkasten m. gn. Herrn Seliger*. Der hölzerne Sarg mit dem Toten wurde von einem aus Torgau herbeigeschafften Pferdegespann, das man mit Fackeln und Wachskerzen versehen hatte, nach Wittenberg gebracht und das Lochauer Hoflager sofort aufgelöst.[153]

Am 23. Mai 1525 berichtete Luther Johann Rühel vom Tod Kurfürst Friedrichs: *Mein gnädigster Herr, der Kurfürst, ist des Tages, da ich von Euch scheidet, zwischen funfen und sechsen, fast umb die Zeit, da die Osterhausen verderbst ward, mit sanftem Mut, frischer Vernunft und Verstand verschieden, hat das Sakrament beider Gestalt genommen und keinen Ölunge. Ist auch ohn Messen und Vigilien von uns, und doch fein herrlich bestattet. Man hat etliche Steine in seiner Lungen funden und sonderlich drei in der Gallen (wilchs wunderlich ist), fast wie die Vierlingsgroschen, und so dicke, als ein kleiner Finger dick ist. Er ist auch am Steine gestorben, aber keiner ist in der Blasen funden. ...Vom Aufruhr hat er noch nicht viel gewusst, hat aber seinem Bruder geschrieben, er sollte ja zuvor alle Wege mit der Güte suchen, ehe ers ließe zur Schlacht kommen; ist also christlich und seliglich gestorben. Das Zeichen seines Todes war ein Regenbogen, den wir, Philippus und ich, sahen in der*

Nacht zum nähesten Winter über der Lochau, und ein Kind allhie zu Wittenberg ohn Häupt geborn und noch eines mit umbgekehrten Füßen.

Missgeburten und vor allem Regenbögen zu Unzeiten, wie hier im April, galten seit den Byzantinern als schlechte Vorzeichen und den Reformatoren in dieser Tradition als Himmelszeichen, die Gott gegeben habe, um den Menschen den Tod eines Großen anzukündigen oder den Ausbruch von Krieg.[154]

Den Leichenzug verabschiedeten die Lochauer mit den von Luther verfassten Sterbeliedern *Aus tiefer Not schrei ich zu dir* und *Mit Fried und Freud ich fahr dahin*. Kurfürst Friedrich der Weise wurde, seinem ausdrücklichen Wunsch entsprechend, in der von ihm und seinem Bruder Johann in der Schloßkirche eingerichteten Begräbnisstätte beigesetzt. Auf seinen Wunsch hin hat man dabei *alle zeitlichen Gepränge, so viel sich geziemen will, gemieden*. Luther und Melanchthon organisierten die Feierlichkeiten und berücksichtigten dabei die hohe Würde des Verstorbenen. Die Beerdigung sollte anderen hohen Standespersonen als Vorbild für ein evangelisches Begräbnis dienen. Als männliche Vertreter der Familie waren Friedrichs unehelicher Sohn Sebastian und der sich zum Studium in Wittenberg aufhaltende vierzehnjährige Herzog Franz von Lüneburg bei den Feierlichkeiten zugegen. Melanchthon hielt eine lateinische Rede und Luther predigte an beiden für die Begräbnisfeierlichkeiten vorgesehenen Tagen.[155]

Am 12. Mai 1525 berichteten die kurfürstlichen Räte Hans Edler von der Planitz, Hans von Minkwitz und Hans von Dolzig und der Sekretär des verstorbenen Kurfürsten, Hans Feyl, Herzog Johann, sie hätten nach der Beerdigung die zum

Begräbnis Geladenen Graf Wolf von Barby, die Prälaten, Ritterschaft und Städte in eine Stube des Wittenberger Schlosses gerufen. Dort hätten ihnen die Stände *angezaigt, die erkenten euer churfürstlichen gnaden als fur iren von Gott geordneten, angehenden regierenden erbherren und curfürsten an, und wollten sich billichs gehorsam gegen ihn halten,*[156] man hatte Johann damit offiziell als neuen Landesherrn und Nachfolger seines verstorben Bruders anerkannt.

Kurfürst Friedrich der Weise in der Schlosskirche, Bronzeepitaph von Peter Vischer, Nürnberg

Nur zwei Tage nach der Beisetzung Friedrichs des Weisen wurde der Aufstand in Thüringen in der *Schlacht von Frankenhausen* unter Führung Kurfürst Johanns und seines Vetters Herzog Georg von Sachsen blutig niedergeschlagen. Thomas Müntzer geriet in die Hände der Fürsten, wurde verhört, gefoltert und mit anderen *Bauernführern* hingerichtet. Im Kurfürstentum hatten die zu Strafgeldzahlungen Verurteilten, darunter Adelige, die zu den Aufständischen übergelaufen waren und die Stadt Mühlhausen, insgesamt 102460 Gulden aufzubringen, von denen bis 1531 etwa 90000 Gulden in die kurfürstliche Schatulle geflossen sind. Es galt, im Lande die *göttliche Ordnung* wiederherzustellen und alles zu unternehmen, um ähnlich gefährliche Aufstände hinfort zu vermeiden. Der Reichtagsabschied vom 27. August 1526 forderte die Obrigkeiten auf, *ernstliche Bemühungen zu unternehmen, damit künftig dergleichen Aufruhr und Empörung der Unter-*

tanen verhütet und zuvorgekommen werden möchte und *ihre Untertanen, so sich in Gnad und Ungnad begeben und gestraft worden sind, nach Gelegenheit und ihrem Gefallen wiederum in den vorigen Stand ihrer Ehren zu setzen, ... darzu und andere in ihren Anliegen und Beschwerden jederzeit gnädiglich zu hören und nach gestalt der Sachsen gnädiglichen und förderlichen Bescheid zu geben, sie auch durch sich selbst, ihre Amtmann, Schultheißen und andere Diener nicht unbillich beschweren ...*[157]

1526 schrieb Luther: ... *Es schicket hier der Rat zu Kemberg ein Bittschreiben an den Fürsten, mein lieber Spalatin, darinnen er klagt, dass ihm durch ungerechten Zins Gewalt geschehe: darinnen ich auch um einen Dienst bitte, was ihr ohne Gefahr könnet. Wollte sich aber der durchlauchtigste Fürst nicht in den ganzen Handel vertiefen, so helft mir das heraus bringen, dass dieselben Leute spüren, dass der Fürst ihnen hierinnen gnädig und für sie sei. Denn das Volk wird allda durch solchen Wucher jämmerlich ausgesogen und wird solcher immer mit einem schändlichen Ärgernis täglich gesteigert. Dess es werden auch von solchem gottlosen Zins und schändlichen Raub Pfarrämter und Gottesdienste, auch Brüderschaften unterhalten, welches gar nicht sein sollte. Wisset, dass ihr Gott und seinem Willen recht heiliglich dient, indem was ihr hierinnen entweder selbst tut oder durch den Fürsten ausdrückt.*[158]

Für die Menschen im Mansfelder Land, der Goldenen Aue, Frankenhausen und Mühlhausen, war es, als wären die apokalyptischen Reiter über das Land gezogen. Luther fühlte sich als Mansfelder natürlich unmittelbar getroffen. *Welch ein Zetergeschrei, lieben Herren, hab ich angericht mit dem Buchlin wider die Bauren! Da ist alles vergessen, was Gott der Welt*

durch mich getan hat. Nun sind Herrn, Pfaffen, Bauren, alles wider mich, und dräuen mir den Tod.[159]
Es war der Eindruck entstanden, er habe sich gegen alle Bauern gewandt und sie alle verraten. Das einfache Volk und viele Gebildete wandten sich darum von ihm ab, unter ihnen zumindest zeitweise auch der Zwickauer Bürgermeister Hermann Mühlpfordt. Luthers Gegner behaupteten, er habe das Volk mit dem Evangelium tobend, aufrührerisch und wahnsinnig gemacht. Luther war der Schuldige und sie konnten die Fürsten auffordern, den Aufständischen gegenüber nachgiebiger zu sein. Luther und Melanchthon wiederum sahen in Müntzer den Erzteufel und versuchten, mit neuen Schriften die Wogen etwas zu glätten.

War das nun das lange erwartete Ende der Welt? Zunächst galt es, die Universität zu retten. Am 1. Juni 1525 schrieb Kurfürst Johann aus dem thüringischen Eisenach an Spalatin, er wolle die Wittenberger Universität nicht im Stich lassen: *Uf euer itztgethan schreiben wollen wir auch nicht bergen, das wir hiebei Doctor Martin der universitet halben zu Wittenberg unser gemuet anzeigen, dasselbig unser schreiben wollet ime behendigen und selbst helfen fördern, das dem nachgegangen werde, wie unser schreiben ausweist, bis uf unser zukonft; dan unser wille soll je nicht sein das lobliche werk undergehen ze lassen, allein das man ein wenig gedult …*[160]
Wenn eine Herrschaft wechselt, müssen sich die ihr Dienenden neu orientieren. Dann zeigt sich mitunter deren Denken und Glauben. Das geschah natürlich auch nach dem Tode Kurfürst Friedrichs, als offenbar wurde, dass längst nicht alle Räte und Diener Luthers Sache glühend vertraten. Am 1. August 1525 schrieb Luther an Wenzeslaus Link über den Hof Kurfürst Johanns und dessen Gleichgültigkeit gegenüber

dem Evangelium: *Ich glaube und erfahre es auch, daß die Tyrannen an unserem Hof nach Friedrichs Tod mehr als früher wagen und mehr gegen das Evangelium wüten würden als die Anhänger Herzog Georgs, wenn sie es nur könnten. ... Christus herrscht auch jetzt noch inmitten seiner Feinde, so daß sie mit den Zähnen knirschen und vergehen. Doch ihr Wollen wird zunichte. ... So ist dieser Hof ganz und gar nachlässig gegenüber den Sachen Christi unter einem so guten und so christlichen Fürsten*[161], wie Johann von Sachsen.

Es galt, Zeichen zu setzen, die zum einen das evangelische Leben befördern und zum andern einen ganz neuen, bürgerlichen und privaten Lebensabschnitt einleiten sollten:
So hab ich auch nu aus Begehren meines lieben Vaters mich verehlicht und umb dieser Mäuler willen, daß nicht verhindert würde, mit Eile beigelegen; bin willens, auf Dienstags uber acht Tage, den nähesten nach St. Johanni Baptistä, ein kleine Freude und Heimfahrt zu machen, schrieb Luther am 15. Juni an seine Freunde in Eisleben.[162] Sein öffentliches Verlöbnis mit der entlaufenen Nonne Katharina von Bora hatte am 13. Juni 1525, dem 5. Jahrestag der Verhängung des Bannes gegen Luther, im Hause des Stadtschreibers Philipp Reichenbach stattgefunden. An der Feier in der Bürgermeisterstraße nahmen Cranach, der für Luther um die Braut gefreit hatte, dessen Frau Barbara, Propst Justus Jonas, der Jurist Johann Apel und der Stadtpfarrer Johann Bugenhagen als Trauzeugen teil. 1525 waren Christian Beyer/Thilo Dehne als Bürgermeister und Lukas Cranach als Kämmerer erneut in den Rat gewählt worden. So verwundert es nicht, dass schon am nächsten Tage eine Weinspende des Rates für das junge Paar im Kloster eintraf.

Ratsgeschenke an Luther 1525:

- 20fl. vor ein Stübchen Malvasier, das Quart zu 5 gr.
- 6gr. vor ein Stübchen Rheinischen Wein.
- 7gr. vor 6 Kannen Francken-Wein, das Qv. Zu 14.pf. D. Martino auf sein Gelöbniß verehret, Mittwoch nach Trinit.
- 2.fl. 16.gr. 6.pf. vor ein Faß Einbeckisch Bier, D. Martino auf seine Wirthschafft geschenckt. Dienstags nach Joh. Baptistae.
- 1fl. 8.gr. 3.pf. vor ein Schwebisch, Frau Catharinen, D. Martini ehelichem Weibe, zum Neuen Jahr geschencket.
- 2.f. 16.gr. 2.pf. vor Wein, hat D. Martinus Luther das gantze Jahr über im Stadt-Keller/Stadtkeller holen lassen, und der Rath hats für ihm bezahlet.
- 7.fl 20.gr. D. Martino.
- 20. fl. Schreckenberger, von wegen des Raths und gemeinen Stadt, da er sein Ehelich Beylager und Wirthschafft gehalten, geschencket. Ist von dem Gottes-Haus-Geld entlehnet.[163]

Dazu kamen laut Kämmereirechnung noch 6 Gulden für 2 Tonnen Kalk aus dem städtischen Kalkofen, die Luther vom Rat geschenkt worden sind. Vermutlich benötigte man den Kalk *zur Berappung und Tünchung des inneren Hauses für die Hochzeitsfeier und den Einzug.*[164] Katharina musste, so erzählte der Bräutigam später bei Tisch[165], nach ihrem Einzuge den verfaulten Strohsack ihres Gatten auswechseln und die Räume wohnlicher gestalten, doch sie stand trotzdem durchaus nicht vor einem Nichts. Neujahr 1526 gab der Rat die große Summe von 1 Schock 8 Groschen und 3 Pfennigen für ein *Schwebysch, Fraw katherinen Doctoris Martinj Ehelichem weyb* aus. Dieses weiße, dünn aus Flachs gewebte Tuch, das nicht so fein, wie ein Schleier war, trug die Ehefrau dann als Kopfputz und Zeichen

ihrer neuen Hausfrauenwürde. Kurfürst Johann schenkte 100 Gulden zur Haushaltung, die dankbar angenommen wurden, wogegen das Geschenk Erzbischof Albrechts durch Luther zurückgewiesen wurde.[166]
Mit dieser Heirat habe ich mich so gering und verächtlich gemacht, daß hoffentlich die Engel lachen und alle Teufel weinen. Die Welt und ihre Weisen verstehen das fromme und heilige Werk Gottes noch nicht und erklären dieses an meiner Person für gottlos und teuflisch. In dieser Hinsicht gefällt es mir sehr, daß ihr Urteil über meine Ehe verdammt und zu Schaden kommen wird, wie viele nur immer weiter in ihrer Unkenntnis über Gott verharren, schrieb er an Spalatin in seiner Einladung und bat gleichzeitig um Hilfe bei der Beschaffung von Wildbret aus den Beständen der kurfürstlichen Keller[167], denn es galt nun, die am 27. Juni geplante *Heimfahrt* der Braut und ein angemessenes Hochzeitsessen vorzubereiten. Gäste mussten eingeladen werden und die Reise von Luthers Eltern in diesen gefährlichen Zeiten war zu organisieren. An Leonhard Koppe, der seinerzeit der Braut und ihren Klosterschwestern aus dem Kloster in Nimbschen bei Grimma geholfen hatte, erging eine Einladung und die Bestellung von Torgauer Bier, das als das Beste galt, das man trinken konnte. Einladungen ergingen an den Rat und Hofmarschall Johann von Dolzigk, an Amsdorf und an Wenzeslaus Link.
Martinus und Katharina führten eine sehr glückliche Ehe. Sie gebar sieben Kinder und beide konnten vier von ihnen und viele andere Kinder aus der Großfamilie Luther großziehen. Schon am 7. Juni 1526 kam Johannes zur Welt, zu dessen Patenschaft auch die Bürgermeistersfrau Benedikta Hohndorf gebeten wurde. Durch Patenschaften für die Kinder aus Adels-, Beamten- und Bürgerkeisen wurde Luthers Beziehungs-

netz weiter gefestigt.[168] Die Kinder aller Wittenberger wurden im Taufbecken in der Stadtkirche getauft.

Taufbecken der Stadtkirche von Hermann Vischer Nürnberg, 1457

Vom 3. Juni 1525 bis 19. November 1525 wurden im Wittenberger Geleitsbuch mehr als 1000 Schweine gezählt, die die Stadt passierten. In einer Herde wurden bis zu 360 Schweine getrieben. Sie stammten aus der Mark Brandenburg und Pommern und von den großen Viehmärkten in Herzberg, Torgau und Calau. Große Viehherden, Schweine, Ochsen, Schafe, wurden immer wieder über erstaunlich weite Strecken getrieben. Ihr Fleisch verbesserte im 16. Jahrhundert die Versorgungslage in der Stadt, die durch Teuerungen immer schwieriger geworden war.[169] Der *Saumarkt* befand sich vor dem Elstertor nordöstlich der heutigen Post, also unweit des Lutherhauses. Luther erwarb 1532 einen *am Saumarkt* gelegenen Garten für seine Frau, die er dann scherzend als *Saumärkterin* bezeichnete.

Nach dem Tode Kurfürst Friedrich des Weisen war ihm sein Bruder Johann als Regent gefolgt. Nachdem sich die Lage in Thüringen durch die fürstlichen Strafmaßnahmen etwas beruhigt hatte, konnte Kurfürst Johann nun endlich die nach einer Regierungsübernahme übliche repräsentative und die Macht des neuen Landesherrn demonstrierende Huldigungsreise durch sein Land unternehmen und das Grab des verstorbenen Bruders erstmals besuchen. Johann hielt sich dafür vom 13. bis 16. Juli 1525 in Wittenberg auf. Der Aufenthalt des Hofes in diesen drei Tagen mit mehr als 700 Pferden (Christian

Beyer nannte wohl übertreibend 1500 Pferde) und 42 Wagen kostete die Reiseschatulle des Kurfürsten mehr als 1200 Gulden. Gnadenvoll erhielten der *Gemeine Kasten* für arme Leute 1 Gulden, der Fechtmeister 2 Gulden und ein lüneburgischer Edelmann, der in Wittenberg studierte, 40 Gulden.[170] Selbst den Geldwert von Gnadengeschenken hat man huldvoll nach dem sozialen Stand des Beschenkten festgelegt.

Weihnachten 1525 wurde auf Befehl des Kurfürsten in seinem Lande Kursachsen die Messe in deutscher Sprache gelesen. Gleichzeitig ließ Johann zu seinem Regierungsantritt eine Art Kassensturz durchführen und betrieb eine darauf fußende Neuordnung der kirchlichen und weltlichen Strukturen. Also verlangte er von den Ämtern und Städten Kursachsens einen Bericht über den Stand in religiösen Fragen, geistliche Lehen, Gemeine Kästen, Abschrift der Stadtordnungen mit Hinweisen zum Erbrecht, Abschrift aller Zunftordnungen und Handwerks-Artikel, Bericht über die Maße, die Ordnung mit Ackerleuten und Viehzucht, Gesindelohn, Fuhrlohn, Wochenlohn und Tagelohn, Marktordnungen, Brauordnungen, Gerichte, Gasthäuser und Schenken, Feuerordnung, Auflauf (Ruhestörungen, Unruhen), Hochzeitsordnungen, Festordnungen, Dorfordnungen. Eine gewaltige Aufgabe für die jeweils zuständigen Behörden, die den Beginn neuzeitlicher Verwaltung in Kursachsen darstellt und uns heute einen tiefen Einblick in die Verhältnisse um 1525 gestattet.

Im Sommer 1526 tagte der Reichstag in Speyer und beschäftigte sich mit der *causa lutheri*. Da man bei der Durchsetzung des Wormser Edikts auf sehr viel Widerstand gestoßen war, überließ man sie den Reichsständen. Der sächsische Kurfürst wurde zum Haupt der evangelischen Reichsstände, die nun begannen, in ihren Ländern evangelische Landeskirchen aufzubauen.

Am 22. November 1526 schrieb Luther darum an Kurfürst Johann: *Weil aber uns allen, sonderlich der Oberkeit geboten ist, für allen Dingen doch die arme Jugend, so täglich geboren wird und daherwächst, zu ziehen und zu Gottes Furcht und Zucht halten, muß man Schulen und Prediger und Pfarrherr haben. … wo die Jugend versäumt und unerzogen bleibt, da ist die Schuld der Oberkeit. Und wird dazu das Land voll wilder loser Leute, daß nicht allein Gotts Gebot, sondern auch unser aller Not zwingt, hierin Fleiß furzuwenden. Nu aber in E.C.F.G. Furstenthumb päpstlich und geistlicher Zwang und Ordnung aus ist und alle Kloster und Stift E.C.F.G. als dem obersten Häupt in die Hände fallen, kommen zugleich mit auch Pflicht und Beschwerde, solche Ding zu ordnen.* Er schlug darum Visitationen vor: *vier Personen lassen das Land zu visitiern, zween, die auf die Zinse und Guter, zween, die auf die Lehre und Person verständig sind, daß dieselbigen aus E.C.F.G. Befehl die Schulen und Pfarren, wo es not ist, anrichten heißen und versorgen.*
Wo nu Stadt oder Dorf ist, die des Vermügens sind, hat E.C.F.G. Macht, sie zu zwingen, daß sie Schulen, Predigtstühlen, Pfarren halten. Wollen sie es nicht zu ihrer Seligkeit tun noch bedenken, so ist E.C.F.G. da als oberster Vurmund der Jugend und aller, die es bedurfen, und soll sie mit Gewalt dazu halten, daß sie es tun mussen, gleich als wenn man sie mit Gewalt zwingt, daß sie zur Brucken, Steg und Weg oder sonst zufälliger Landesnot geben und dienen mussen.
Was das Land bedarf und not ist, da sollen die zugeben und helfen, die des Lands gebrauchen und genießen. Nu ist kein notiger Ding, denn leute ziehen, die nach uns kommen und regieren sollen.

Luther wies den Kurfürsten auch darauf hin, dass es ein großes Geschrei gäbe, wenn der sich die Klostergüter einfach aneig-

nete, *wo die Schulen und Pfarren niederliegen und der Adel sollte da als oberster Vurmund die Klostergute an sich bringen, wie man denn schon sagt und etliche auch tun. ....*
Grundlage der einsetzenden Visitationen wurde der in Zusammenarbeit mit Luther und anderen Freunden von Melanchthon erarbeitete *Unterricht der Visitatoren an die Pfarrherren im Kurfürstentum Sachsen* vom 22. März 1528. Nach der Visitation der Wittenberger Stadtkirche wurde 1528 festgelegt, dass der Stadtkirchenpfarrer von nun an gemeinsam vom Rat der Stadt und der Kirchengemeinde auf der einen und von der Universität, als Rechtsnachfolger des Allerheiligenstiftes, auf der anderen Seite gewählt werden sollte. Der Rat hatte damit den angestrebten entscheidenden Einfluss auf das Wittenberger Kirchenwesen erlangt, zumal die beiden vom Kurfürsten besoldeten Prediger der Schlosskirche in ihren täglichen Predigten durch den Stadtkirchenpfarrer kontrolliert werden sollten. Ihre Predigten sollten vor denen in der Stadtkirche stattfinden, nicht während, außer in Notzeiten und *umb unsers oder anderer fürsten willen*. 1532 ernannte der Kurfürst Bugenhagen zum Superintendenten. Damals wurde auch das Schulwesen neu geordnet. So heißt es über die Jungfrauenschule, der Schulmeister und sein Gehilfe sollen *zuchtiglich und sittiglich handeln* und notfalls die Jungfrauen *ane zorn ... und sanft strafen*. Allerdings wurden die städtischen Schulen nicht von Kindern wohlhabender Eltern besucht. Diese genossen zu Hause Privatunterricht.[171]
1526 beauftragte Kurfürst Johann den für die Finanzen im kurfürstlichen Amt Wittenberg zuständigen Amtsschosser Gregor Burger mit der Erstellung eines Verzeichnisses der silbernen und vergoldeten Kleinodien des Franziskanerklosters. Burger ließ diese in die Schlosskirche überführen und beim dortigen *Heiltum* aufbewahren. Er scheiterte am Platzmangel,

als er auch die wertvolleren Kaseln (Messgewänder) und Ornate in die Schlosskirche bringen wollte. Laut seinem Verzeichnis vom 23. November 1526 gehörten 10 Kelche, 7 Monstranzen, 4 Kreuze, 4 Pacifikale, 2 Messkannen, 1 Rauchfass, 1 Straußenei, 1 Viaticum mit Marienbild und 1 hölzernes Marienbild mit vergoldeter Krone zu den Kleinodien. Sein Verzeichnis entspricht nicht einem weiteren in Weimar aufbewahrten Verzeichnis mit Gewichtsangaben.[172] Nun erhielt Hauptmann Hans Metzsch den kurfürstlichen Befehl, die Reliquiensammlung der Schlosskirche und die dort eingelagerten Kleinodien und Ornate aus dem Franziskanerkloster vollständig nach Torgau zu bringen. In Torgau wurde der Kirchenschatz von Goldschmied Paul Goldschmidt zerlegt. Er gewann daraus mehr als 35 Mark Gold und 831 Mark Silber. Über den Verbleib der gewonnenen Metalle Kupfer, Messing und Eisen und der in den Reliquiaren aufbewahrten Heiligenpartikel ist nichts bekannt. Edelsteine wie Diamanten, Smaragde, Rubine, Granate, Hyazinthe, Amethyste, Perlen und Emaillearbeiten brachte man in die kurfürstliche Schatzkammer.

Insgesamt hat man zwischen 1527 und 1531 18,5% der Einnahmen des landesherrlichen Haushalts durch den Verkauf eingezogener Kirchenschätze gewonnen! Aus der Auflösung der Wittenberger Heiltumssammlung zog Kämmerer Johann Riedesel wohl den größten Teil der 75355 Gulden, die 1527 bis 1531 von ihm der kurfürstlichen Finanzverwaltung übergeben wurde. Die die Reformation begleitende Säkularisation geistlichen Eigentums erwies sich für Städte und Adel durchaus als profitables Geschäft, das viel Geld in die immer leeren Kassen der Obrigkeit fließen ließ.

Um die wachsenden Kosten decken zu können, erfanden die Bediensteten Kurfürst Friedrichs neue Steuern. Diese Praxis

begann schon 1528, als Kurfürst Johann und Landgraf Philipp von Hessen einen Kriegszug gegen die fränkischen Bischöfe planten. Der Kurfürst zwang seine Untertanen zu einer direkten Kriegssteuer, *Pfaffensteuer* zum *Pfaffenzug* genannt, ohne dann in den Krieg zu ziehen. Die Steuer erbrachte 69918 Gulden, die in die kurfürstliche Kasse flossen und 14,3 % der Einnahmen brachte, die Türkensteuer brachte dagegen nur 13,1 %.
Gemeinhin wird angenommen, dass die sächsischen Kurfürsten in der Reformationszeit noch immer durch den Silberbergbau reich gewesen sind. Doch der Bergbau ging damals auch in Sachsen zurück. Erzielte man um 1500 noch etwa 25,2 % aller Einnahmen aus dem Bergbau, sank der Ertrag bis etwa 1525 auf 22,7 % und bis 1531 auf nur noch 11,1 % der Einnahmen. Die Folge war, dass schon unter Kurfürst Friedrich dem Weisen 28,1 % aller Ausgaben für die Schuldentilgung ausgegeben werden mussten. Unter Kurfürst Johann stiegen sie auf 29,6 %. An zweiter Stelle und doch schon weit abgeschlagen rangierten die Kosten für Personal und Verwaltung. Dorthin flossen unter Friedrich 20,2 und unter Johann 19,1 % ihrer Ausgaben.
Der wachsende Luxus bei Hofe schlug sich ebenfalls in den Kosten nieder. Für sich und seine Familie entfielen bei Friedrich 8 % seiner Ausgaben, bei Johann dagegen schon 14,1 %. Im Hinblick auf den drohenden Krieg gegen den Kaiser – es ist wohl falsch, dabei von *Religionskriegen* zu sprechen, es ging um die Durchsetzung der kaiserlichen Macht – baute Kurfürst Johann Festungen und andere militärische Einrichtungen aus. Diese Kosten stiegen von 1,9 % unter Friedrich auf nun 7 % und lagen damit sicherlich noch weit unter den heutigen Kosten von Kriegen. Die wichtigste Festungsbaustelle Kurfürst Johanns befand sich in Wittenberg. Hier verbaute

Baumeister Hans Zinkeisen etwa 31000 Gulden.[173] Und das hatte neben der Bindung der Kurwürde an den Besitz der Stadt einen anderen gewichtigen Grund: Luthers Leben in Wittenberg widersprach den Bestimmungen des Wormser Ediktes. Die Stadt und die Wittenberger Universität waren dadurch der Gefahr der Reichsexekution ausgesetzt. Darum hat Kurfürst Johann der Beständige, der diese Gefahr ernst nahm, 1526 mit der Umgestaltung der mittelalterlichen Wehranlage beginnen lassen. Ein starker und großer Wall sollte die Stadt vor modernen Geschützen sichern. Dafür gaben die sächsischen Kurfürsten Johann und Johann Friedrich mehr Geld aus, als für die anderen Festungsbauten im Lande. Das hatte für Luther und seine Nachbarn zur Folge, dass sie bis zu seinem Lebensende auf einer großen Baustelle wohnten. Damit war für sie so manches Ärgernis verbunden. Luther hielt nichts von den Bemühungen um militärischen Schutz und setzte darin ganz auf Gott.

Im April 1530 schrieb Luther dem Kurfürsten voller Entsetzen: *Ich hab den Bericht durch Herrn Doctor Brück, Kanzeler, untertäniglich vernommen, so mir E.K.F.G. zu tun gnädiglich befohlen, von dem Häuserabbrechen zu Wittenberg etc. Ich bin desselbigen Furhabens wahrlich hochlich erschrocken gewest, das weiß Gott. Hab auch nicht gläuben wollen, daß es E.K.F.G. dermaßen befohlen habe. ... Da ohn Not der Stadt schier das dritte Teil verderbet wird und, wie sie es E.K.F.G. furbilden, so viel Burger auf ein Eile sollen aus mit Weib, Kind, Hausrat und Viehe, Gnädigster Herr, wohin? Wittenberg kann wohl ohn solchen Schaden der Stadt und ohn Nachteil so viel guter Leut, dazu auch ohn E.K.F.G. große Kost und Beschwerung, so zu solcher Festung dargewagt sein will, wo es anders wohl gerett, dennoch feste gnug werden, den Nachbarn zu widerstehen. Dazu, weil*

es ohne der Bürger Wille geschieht, wurde es gewißlich ein Exempel werden, fast gleich dem König Ahab mit dem Naboth ... Es haben uns hieher von Wittenberg auch mit Klagen und Jammern etliche solchs geschrieben. Aber wir habens nicht wollen gläuben.
Darumb, gnädigster Herr, hab ich jemals gebeten, so bitte ich itzt aufs hohest, E.K.F.G. wollen Ihre armen braven Untertanen gnädiglich hierin bedenken und das groß Geschrei und Klage des Volks zu Herzen nehmen, als das auch zum Ärgernis und Schmach unsers Evangelii reichen mocht, wiewohl ich hoffe, daß E.K.F.G. ohn das hierin mehr tun, denn wir begehren. Denn es ist leichtlich zu rechen, daß Land und Leute wider uns noch jemand anders so zu Herzen gehen als E.K.F.G., ihrem rechten und naturlichen Landesherrn, des sie eigen sind, ...

Doch alles Streiten nützte nichts, der Landesherr setzte sich durch. Wittenberg wurde eine moderne Festungsstadt, so fest, dass sie fast 300 Jahre später selbst Napoleon noch herausgefordert hat.[174]

Das Elstertor mit Lutherhaus und Augusteum kurz vor seiner Niederlegung, Lithographie von Geißler, 1873

»LEBTEN WIE DIE SÄUE«

Prekär war die Lage auch auf dem Lande geworden: *Da wollen die Bauen schlecht nichts mehr geben, und ist solcher Undank unter den Leuten für das heilige Gotteswort, daß ohn Zweifel eine große Plage furhanden ist von Gott. Und wenn ichs mit gutem Gewissen zu tun wußte, mochte ich wohl dazu helfen, daß sie keinen Pfarrherr noch Prediger hätten und lebten wie die Säue, als sie doch tun. Da ist keine Furcht Gottes mehr, weil des Papsts Bann ist abgegangen, und tut jedermann, was er nur will.*[175]

Seit 1527 erwähnte Luther in seinen Predigten immer wieder, dass Bauern den Pfarrern den Kirchenzehnten verweigerten.[176] Die *Generalia* zur Kirchenvisitation (Visitationsordnung) enthalten Bestimmungen zum Bauzustand der Dorfkirchen, Pfarren und Küstereien, Sakramentsverächter, Krankenbesuch durch Pfarrer, Verbot an Pfarrer *zu kauf schlagen, bier schenken und von andern hantirungen, die irem ampt nicht zustehen*. Sie durften selbsterzeugtes Getreide und andere Erzeugnisse zum Markt bringen und dort verkaufen. Jeder Pfarrer sollte die Visitationsordnung besitzen und sich danach richten. Alle, die das zwölfte Lebensjahr erreicht haben, sollten dem Pfarrer den Quatemberpfennig geben. Man war zur Teilnahme an Beerdigungen verpflichtet. Friedhöfe waren zum Schutz vor Tieren einzufrieden. Pfarrer wurden von der Pflicht der Viehhütung für die Gemeinde befreit.
Die Visitatoren verordneten, dass zur Unterstützung der Diakone ein Student als Dorfkaplan arbeiten und predigen sollte. *Die sacrament aber sollen die leute in der pfarkirchen suchen, und in furfallenden krankheiten haben sie in allen dorfern ge-*

Zur Parochie Wittenberg gehörten die Dörfer Hohndorf mit 6 Hufnern, Trajun mit 8 Hufnern, Thießen mit 5, Prühlitz mit 9, Gallin mit 9, Dietersdorf mit 10, Zörnigall mit 6, Wiesig mit 6, Iserbegka mit 11, Teuchel mit 8, Labetz mit 6 Hufnern und 2 Kossäten, Ypern (= Euper) mit 9 Hufnern und 1 Kossäten und halb Piesteritz mit 4 Hufnern und 2 Kossäten. Für die geistliche Versorgung der Parochie mit Wittenberg waren der Wittenberger Stadtpfarrer, 3 Diakone, 1 Dorfkaplan, 1 Schulmeister und 3 Helfer der lateinischen Schule, die Jungfrauenschulmeisterin und ihr Gehilfe und der Küster zuständig.

williget einen wagen hereinzuschicken und der andern caplan einen hinaus holen zu lassen.
Sonntagfrüh soll der Priester oder Diacon den Katechismus oder *was nach gelegenheit dem gemeinen gesinde von noten ist* predigen.
Alle heiligen tage nach der hohen messen reitet der vierte diacon, der sonderlichen zum bauren und baurenkinder catechismo verordnet ist, auf die dorfer und predigt den leuten ausm catechismo und sagt uf die feste die schlechten historien oder evangelium vom feste ... und nach solcher predigt soll der diacon mit den pauren einen deutzschen psalmen singen; so sollen die pauren mit iren kindern und gesinde vleissig und recht singen lernen, darzu kann sie der diacon auf gelegen zeit wol vermanen.

Die Visitationen der Dörfer bei Wittenberg wurden 1528 durchgeführt und 1532/33 wiederholt. In den erhaltenen Berichten lesen wir zum Beispiel über:
Apollensdorf: Der Pfarrer hatte nur eine kleine Gemeinde aus 15 Bauern und etwa 50 Kommunikanten zu versorgen. Pfarrer Calixtus wurde *in der lehr leidlich befunden; ist von den bauern beclagt, wie er sich mit trinken zu zeiten vergessen, wissen sonst keinen mangel.* Der Boden der Pfarrei genügte, um jährlich 10 Rinder, 8 Schweine und 12 Schafe zu halten.
Straach: Im neuerbauten Pfarrhaus von Straach wurde festgestellt, der Pfarrer hat 4 Gulden Schaden an Büchern erlit-

ten, weil die Bauern noch nicht für eine genügende Bedachung gesorgt hatten. Offenbar war der Zustand des Neubaus äußerst besorgniserregend. Jedenfalls sollten die vom Einfall bedrohten Lehmwände *im winter oder kelde sollen gemacht sein.* Die im Fläming gelegene Pfarre trug immerhin 6 Kühe und 35 Schafe.[177]

Seegrehna: Der alte Pfarrer in Seegrehna, Martin Georgii, weigerte sich, die deutsche Messe zu halten. Er sollte dienstags, sonntags und an den Feiertagen in Seegrehna predigen und donnerstags in Selbitz. Außerdem sollte er Krankenbesuche nicht vernachlässigen. Zum schlecht erhaltenen Pfarrhof gehörte ein Ziehbrunnen. Die Einfriedung war zerfallen.

Die Visitatoren legen folgende Feste fest:

- die Sonntage
- 3 Tage zu Weihnachten
- 3 Tage zu Pfingsten
- der Neujahrstag
- Epiphaniae
- Purificationis
- Annunctiationis
- Ascensionis Domini
- Joannis Baptistae (24.6.)
- Visitationis
- Michaelis (29.9.)
- (Ostern wird nur die Predigt besucht)

Axien: Pfarrer Martinus Mauck in Axien gab sich als Anhänger der Reformation aus, stand aber innerlich weiter auf dem Boden der alten Kirche.

Elsnig: Der alte Pastor Heyne in Elsnig hat einen großen Ruf als erfolgreicher Teufelsbanner/Exorzist und kennt dabei kaum das Vaterunser und den Glauben.[178]

In den Dörfern war die soziale Differenzierung zwischen Hüfnern und Kossäten unterschiedlich weit vorangeschritten. Vor allem die Kossäten waren auf Zuverdienste angewiesen. Immer wieder erscheinen in den alten Quellen verschuldete Bauern.[179] Alle Bauern hatten ihren Herrn und dem Pfarrer Frondienste und bestimmte Abgaben zu leisten, daher die erwähnten Brote und Bratwürste. Gerichtsherren

der Dörfer konnten zum Beispiel das kursächsische Amt, der Rat der Stadt oder Adelige sein. Mitunter zählten nicht alle Mitglieder der Dorfgemeinde zum selben Herrn, manche waren mehreren Herrn verpflichtet, selbst die Zugehörigkeit zur Pfarre konnte innerhalb eines Dorfes unterschiedlich sein. Um die Dörfer herum befanden sich zur Abwehr von Vagabunden, Landstreichern, Landsknechten und wilden Tieren Einfriedungen aus Hecken und Gräben. Am 28. August 1531 erließen Kurfürst Johann und sein Vetter Herzog Georg von Sachsen einen gemeinsamen Machtspruch gegen *Plackerey* (Unruhige Wege, Überfälle, Händel) – die Befestigung der Dörfer konnte lebensrettend sein. Innerhalb der Dorfgemeinschaft waren besondere Leistungen zu erbringen, wie der Deichbau an der Elbe, die Viehhütung, die teilweise Hirten übergeben wurde, und der Straßen- und Wegebau.
Man produzierte die Abgaben für die Herren, Lebensmittel für den Eigenbedarf, Waren und Tiere, die man zum Beispiel auf dem Markt in Wittenberg anbieten konnte. Auch im Gebiet um Wittenberg nahm die Schafhaltung und Wollproduktion zu. Der Adel errichtete auf seinen Gütern Schnapsbrennereien und Bierbrauereien und machte den Bürgern mit seinen billiger produzierten Produkten schwer Konkurrenz. Selbst in unmittelbarer Nähe zur Wiege der Reformation waren noch um 1530 einzelne Pfarrer dem alten Glauben verhaftet. Viele waren ungebildet, etliche dem grassierenden Alkoholismus verfallen. Im Wittenberger Bereich wurden sowohl in der Elbaue als auch auf dem Fläming meist von den Pfarren Bienen gehalten, deren Honig und Wachs für Kerzen gute Preise auf dem Markt erzielten. Um sich und ihre Familien durchbringen zu können, mussten die Pfarrer neben ihrer Tätigkeit in ihrem Amte landwirtschaftlich arbeiten. Das fiel natürlich einem ausgebildeten Magister der Theologie schwer, zumal

Spinnerin am Herd, Holzschnitt

ihm für sein weiteres Studieren und Vorbereiten auf Predigten durch die bäuerliche Arbeit nur wenig Zeit blieb. Da er seine Frau oftmals unter den Bürgerstöchtern im Studienort gewählt hatte, blieben auch ihr Fehler nicht erspart. Das wurde natürlich von den Bauern besonders argwöhnisch beobachtet und konnte der Reputation des Pfarrerpaares erheblichen Schaden tun. Der Zustand der Pfarrhäuser war oftmals beklagenswert, das Straacher Beispiel bei weitem kein Einzelfall. Allerdings ging man bei Neubauten dazu über, zweistöckige Pfarrhäuser zu bauen. Diese ragten über die benachbarten Bauernhäuser hinaus und sollten den Bauern auf diese Weise die besondere Stellung des Pfarrers verdeutlichen. Außerdem benötigten die Pfarrer für ihre oftmals kinderreichen Familien viel Platz. Der Pfarrer bedurfte einer beheizten Bücherstube und auch Gesinde wollte untergebracht sein. Zur Pfarrei gehörten Ställe und Vorratskammern. In den Pfarrhäusern auf dem Lande verbanden sich bürgerliche und bäuerliche Lebensweise auf ganz eigene Art.[180] Auch wenn Pfarrer von vielen Diensten, die die Bauern zu erbringen hatten, befreit waren – es war ein hartes und entbehrungsreiches Leben.
Am 10. Oktober 1531 schrieb Luther auf Bitte der Landpfarrer, ihr Bittgesuch durch einen Brief zu unterstützen, an Kurfürst Johann von Sachsen:

Nu wissen E.K.F.G. selbs wohl, das große Armut da ist. So sind ja die Pfarrgüter auch nicht erblich ihr eigen wie der Bauern Guter und haben als die gedingte Knechte nerlich ihr Brot da-

von und müssen heut oder morgen dasselbige liegen lassen, mit ledigen Händen davongehen. Sollt nu ihr täglich Brot, daß sie kaum davon haben, gleich den Erbgutern auch beschwert werden, so mussen sie das mehrere Teil solche Pfarren lassen, als die es nicht konnen ertragen. Und ist doch ja billig, weil sie der Seelen warten sollen, daß sie als gemeine Diener solche Beschwerung uberhaben seien. Es will bereit fast an Pfarrherrn mangeln, daß nicht not ist, mit weiter Beschwerungen sie abzuschrecken. So haben sie es vorhin nicht gepflegt, sind auch dazu ärmer denn vorhin, dazu mit Weib und Kindlin rechte Bettler.[181]

Luthers Freund Michael Stiefel nahm auf Vermittlung des Reformators im Herbst 1528 die Pfarrstelle in Lochau an. Luther bat ihn erfolgreich, die junge Witwe seines erst kürzlich verstorbenen Vorgängers, Franz Günther, zu heiraten und auch für dessen zwei kleine Kinder zu sorgen.
1530 riet Luther in der *Vermahnung an die Geistlichen*: *Du musst kein eigen gelt noch gut haben, sonst kanstu Gott nicht dienen*. Die Pfarrfrau soll dem Pfarrer die Sorge um Wirtschaftsdinge abnehmen, denn Geiz und übertriebene Sorge seien dem Pfarrdienst abträglich, *welche sorge wol ein weib dem Pfarher entnemen kann, das sie sorget und lesst ihn schlechts Gott dienen*. Andererseits weiß er wohl, *gelt, gut ... sint ... gutte dinck von got selber geschaffen und geben*, und *nicht sunde ist, das ein Christ ... wird ein kauffman ...*[182]

Dorfpfarrer erhielten 1531 durchschnittlich 60 Gulden Jahresgehalt. 70 Gulden galten damals als üppig. Angesichts der Teuerungsrate waren schon zehn Jahre später Stellen mit 65 Gulden Jahresgehalt aufstockungswürdig.[183] Zu diesen Zahlungen kamen die auf dem Pfarrgut erwirtschafteten Pro-

dukte, die teilweise auch auf den Markt gelangten, wie Bienenwachs, Honig und Schafwolle.
Luther und seine Freunde wurden ständig um die Vermittlung von Pfarrern in Stadt- und Dorfgemeinden gebeten und konnten der wachsenden Nachfrage aus Kursachsen und anderen evangelischen Ländern und Städten kaum nachkommen. Doch die beschriebene geringe Attraktivität des Pfarrerstandes und des Lehrerstandes hielten viele junge Männer davon ab, sie anzustreben. Wie sollte man junge Menschen zum Studium bewegen? Die Verbesserung des sozialen Status von Pfarrern und Lehrern – das war in der Folge eine der Hauptsorgen Luthers und seiner professoralen Freunde.

»DEN ARMEN LEUTHEN ZU EINER WOHNUNG«

Die Stadt hatte sich bisher durch die Einrichtung zweier alter Hospitäler um ihre bedürftigen Mitbürger gekümmert. Das 1330 von Herzog Rudolf I. gegründete *Heilig-Geist-Hospital* verlor im 15. Jahrhundert durch das Erlöschen der Lepra zunehmend seine Funktion als Elendenhospital und wurde bedürftigen Bürgern zugänglich gemacht. Hier konnte man sich einkaufen, wenn man alt geworden war und wurde dann versorgt. Man nahm erkrankte Bürger und Pilger auf. Aus dem Heilig Kreuz-Hospital sind Rechnungen der Jahre 1505/06–1507/08 und 1511/12 bis 1515/16 erhalten. Danach lebten hier zwischen 11 und 14 männliche und weibliche Insassen, die

sich in das Hospital eingekauft hatten. Die Einkaufsumme betrug gewöhnlich pro Person 2 silberne Schock, 1515/16 zahlte ein Ehepaar nur 3 Schock, eine Magd 1Schock und *die Trebin ist eingebeten*, musste also wegen Armut nichts zahlen. Betten und Kleider verstorbener Insassen fielen dem Hospital zu. Die Korbmagd sammelte in der Stadt Naturalien, aber kein Geld. Hospitaleinwohner erhielten von der Verwaltung des Hospitals Holz, Licht, Salz, Fleischgeld, Heringe in der Fastenzeit, Erbsen, Fischgeld, Ölgeld, 1 Paar Schuhe im Jahr, Opfergeld an Feiertagen: Weihnachten, Ostern, Pfingsten, Mariae-Magdalenae, Mariae Himmelfahrt, Allerheiligen und Kirchweih zum hl. Kreuz, dazu im Falle des Todes die Begräbniskosten für Kaplan und Schule. Betten, Kleider, Möbel etc. musste jeder selbst beschaffen und wurden im Todesfall des Eigentümers zugunsten des Hospitals verkauft. Trotzdem schloss das Hospital seine Jahresrechnungen wiederholt mit roten Zahlen ab.
Für das Heilig-Kreuz-Hospital wurden zu den Kirchenfesten Bitt-Tafeln und Sammelbeutel in der Stadtkirche herumgereicht. Bitt-Tafeln hatte auch die Elendenbruderschaft. Die St.-Nikolaus-Tafel diente offenbar der Instandhaltung der Pflasterung der Hauptstraße. Erst seit Weihnachten 1529 wurden die Feiertage vermehrt, zu denen Tafel- und Beutelkollekten eingesammelt wurden.
Im September 1524 gab Vorsteher Ulrich Messerschmidt die Verwaltung des *Heilig-Geist-Hospitals* an den *Gemeinen Kasten* ab. Seine letzte Rechnung wurde für die Zeit vom 27. September 1523 bis 25. September 1524 gelegt. Danach wurde gerade an der Badestube und am Ziehbrunnen gebaut. Die Vorsteher Messerschmidt und Hieronymus Krappe bezahlten den acht Hospitalinsassen nur noch für die Sonntage Fleisch. Die Rechnung wurde nun durch den Gemeinen Kasten übernommen,[184]

der begonnen hatte, bedürftigen Bürgern mit Bürgschaften von Freunden Darlehen und Geschenke zukommen zu lassen. Dennoch gab es damals eine kaum vorstellbare Armut und Not, die auch durch das ständige Bemühen der Reformatoren nicht beseitigt wurde.[185]

Am 22. April 1527 wiederholten vier im Franziskanerkloster zurückgebliebene alte Mönche, die im Februar 1526 von Luther in einem Brief an Kurfürst Johann geäußerte Bitte, sie auf Lebenszeit aus dem Klostergut zu versorgen. Unter ihnen waren der etwa 80-jährige Jakob Tyle und der *senior*, der Älteste der Gemeinschaft, Peter Heins. Der Wittenberger Rat gab dem alten Vizeguardian Peter Heins des Franziskanerklosters 1533 *5 alte Schock Groschen* Heringsgeld. 1541 wurden für Heins noch 1 ßo 45 gr Zins gebucht die alten Mönche sind also noch lange Zeit als Gemeinschaft weiter versorgt worden.

Am 16. September 1527 schrieb Luther erneut wegen des Franziskanerklosters, das der Kurfürst *neulich* dem Rat *fur die Kranken* angeboten habe, an Kurfürst Johann. Luther, Bugenhagen und der Rat hätten es nun besichtigt und gefunden, *dass Gregor Burger das beste und nützlichste Stück, als Born* (Brunnen), *Röhrkasten, Badstuben, Brauhaus und andere gebräuchliche Gemach und Raum, ohn welche das ander Teil des Klosters wenig nütz sein kann, von E.K.F.G. erlanget, würde es aber zurückgeben, wenn er anderes dafür erhielte. »Weil denn solch Kloster als ein alt fürstlich Begräbnis nirgendzu billiger gebraucht wird, nachdem beider, Juden und Heiden, Begräbnis in großen Ehren gehalten, denn dass mans zu Gottes Dienst und armen Leuten, an welchen man Christus selbs dienet, verordne, ist derhalben neben dem Rat mein unterthänige Bitte, E.K.F.G. wollten solch Kloster samt Greger Burgers Raum und Gebäu unserm Herrn Jesu Christo zu einer Herberg und Wohnung fur seine armen Glieder geben ..., daneben dem Rat auch ernstlich befehlen, daß sie es gebräuchlich und ohn Abbruch zurichten, auf dass nicht mit der Zeit Greifenklauen dranfallen und herabzwacken möchten.*[186]

Der Kurfürst ordnete nun die Übergabe des *Barfüßer Closters* zum Hospital an den Rat, *den armen Leuthen zu einer Wohnung* mit aller Bequemlichkeit der Unterbringung und des Kirchgangs, an. Unter Hinweis auf die gerade grassierende Pest wurde der Rat angewiesen, arme Leute *mit sonderlichen sorglichen Kranckheiten, als mit dem aussaz, Franzosen und dergleichen beladen, in das beruhrte Closter* aufzunehmen. Im Dezember berichtete Luther erleichtert, dass während der endlich ausklingenden Pest, die die Stadt und das Umland im Spätsommer und Herbst 1527 schwer getroffen hatte, mehr als 100 Kranke ins Hospital gebracht worden und dort *kaum 15 gestorben* sind.[187]

1529 war der Goldschmied und Buchverleger Christian Döring Zahlmeister des Gemeinen Kastens. Luther nahm am 25. Januar anstelle des abwesenden Stadtkirchenpfarrers Bugenhagen an der Rechnungslegung dieser Armen- und Sozialkasse für das Rechnungsjahr 1527/28 im Rathaus teil und am 8. Mai an der Rechnungslegung für 1528/29. Inzwischen fand die Arbeit der vom Rat beauftragten Kastenvorsteher viel Anerkennung. Testamentarische Stiftungen Wohlhabender zugunsten des Kastens und damit der Armen waren üblich geworden. 1531 stiftete zum Beispiel der Universitätsprofessor und ehemalige Stiftsherr Simon Funck dem *Gemeinen Kasten* bei seinem Ableben 200 Gulden.[188]

Angesichts der Armut in der Stadt genügte das alles nicht. Immer wieder finden sich weiterhin Spenden des Amtes an Bedürftige, so Ende März 1531 in der Amtsrechnung unter Ausgabe Korn: 1 Scheffel einer armen Frau, die längere Zeit am Fieber erkrankt war. Der Müller Valten U., erhielt laut

Amtsrechnung 1528/1529 *nachdem er übers schloßmahlung die kranckheit des Frantzosen überkommen*, auf Befehl des Schlosshauptmanns 21 Groschen zur Zehrung. Damals ging es schnell und oft genug ums tägliche Brot. 1534/35 wurden laut Amtsrechnung 26 Groschen an den blinden Organisten Sigmund gezahlt, 17 Groschen für zwei Hemden und 9 Groschen für zwei Paar Schuhe, ein hohes und ein niedriges, die man bei Bastian Krüger erwarb. Blindheit war ein weitverbreitetes Problem der damaligen Zeit. Auf Luthers Bitte und Befehl des Landvogtes Metzsch gab man dem *alten choralis Johann Asmus Muhlhausen* am 17. Januar 1535 21 Groschen *auf das er sein angefangen handtwergk, das buchbinden, auslernt, darzu ime aus dem gemeinen kasten auch geholfen*[189]. 1528/1529 finden wir in der Kornausgabe des Amtes Wittenberg: *12 scheffel armen leuten ins spital. 46 scheffel auf den hauptmanns befehl. ... 26 scheffel Doctori Martino, 2 scheffel armen leuthen, 2 scheffel, zwein weibern in der Fischerei, welchen mennern ersuffen und kranck gelegen ...*[190]

»GLEICH EINEN BRUNNEN ALLER WAHRHEIT MIT HÖCHSTER BEGIERDE LASEN«[191]

Als die ersten Bücher in Wittenberg gedruckt wurden, war es gerade ein halbes Jahrhundert her, seit Gutenberg den Buchdruck erfand. Durch die Gründung der Universität entstand ein wachsender Bedarf an Büchern. So wundert es nicht, dass die ersten Bücher durch Professoren gedruckt wurden – kleine und seltene Kostbarkeiten damals wie heute, die aber zu ihrer Zeit den Bedarf nicht deckten. So gelangten Klagen der Studenten über fehlende Bücher bis vor den Kurfürsten und schon Friedrich der Weise stand vor der Frage: Wo bekomme ich gute Buchdrucker her? In seinem neuerbauten Schloss wurden auf der von Professor Marschalk hinterlassenen Druckerpresse, die ersten, später berühmten Bücher über Wittenberg gedruckt – Werbeschriften für den Besuch der Universität und die Teilnahme an Wallfahrten zur Schlosskirche, der *Meinhardi* und das *Heiltumsbuch*. Beides damals wie heute geeignet, die Beutel der Wittenberger Bürger und des Landesherrn zu füllen, denn Studenten und Gäste sollten damals wie heute die Gewerbe beleben und ihre Pfennige hier lassen.

Damals hatte man Erfolg und just zur Zeit des Entstehens dieser beiden Bücher kam erstmals der wohl berühmteste Student und Lehrer der Leucorea nach Wittenberg – Martin Luther, und auch der erste Buchdrucker, der hier sesshaft wurde, Johann Rhau-Grunenberg. Luther zog ins Schwarze Kloster und wahrscheinlich dort errichtete auch der Drucker seine Werkstatt.

Georg Rhau, Porträt-Holzschnitt aus der Cranach-Werkstatt(?)

Mit Luthers Thesen brach der Sturm der Reformation los und überall wollte man seine Schriften oder Berichte über sein Auftreten lesen. Seit Anfang des Jahres 1520 druckte Melchior Lotter d. Ä. im Hause Lukas Cranachs Luthers Schriften. Dann kam auch Georg Rhau nach Wittenberg. Mit beiden hatte

Luther erstmals während seiner *Leipziger Disputation* Kontakt. In dieser Zeit wohnte Luther im neu erbauten Hause Lotters d. Ä. in der Leipziger Hainstrasse. Georg Rhau war damals Kantor an der später durch Johann Sebastian Bachs Wirken weltberühmt gewordenen Thomaskirche und führte anlässlich der Disputation in der Thomaskirche eine eigene Komposition erstmals auf.
Seine unglaublichen sprachlichen Fähigkeiten ließen Luther und seine ihn bei der Bibelübersetzung unterstützenden Freunde zu einer Sprache finden, die überall im Deutschen Reich verstanden wurde. Die Korrektoren in den Wittenberger Druckereien glichen sogar erstmals die Rechtschreibung und Grammatik verschiedener Autoren einander an. So wurde dieses Gemeinschaftswerk eine Grundlage der heute gesprochenen und geschriebenen deutschen Sprache. Doch wurden in Wittenberg auch Bücher in anderen Sprachen gedruckt. Die Stadt gehörte im 16. Jahrhundert zum Beispiel zu den bedeutendsten Druckorten Europas für hebräische Schriften.
Spätestens im Frühjahr 1522 begannen mit der Rückkehr Luthers von der Wartburg die Verhandlungen über den Druck seiner Übersetzung des Neuen Testaments. Damit kamen auf das Buchgewerbe neue Aufgaben zu, denn hier ging es um die Bereitstellung großer drucktechnischer Kapazitäten, Mengen von Druckpapier, von Buchillustrationen, kurz, um viel Geld, das vorgeschossen werden musste. Nun hören wir erstmals von Verlegern und einem Verlag in Wittenberg, den Luthers Wittenberger Freunde, der Goldschmied Christian Döring und der Maler Lukas Cranach gegründet hatten. Beide, Döring und Cranach, brachten gemeinsam das nötige Geld auf und Cranachs Werkstatt lieferte die berühmt gewordenen Holzschnitte zur Offenbarung mit ihrer radikalen bildlichen Darstellung der Kritik am Papsttum. Das Neue Testament erschien pünktlich

zur Michaelismesse in Leipzig und wurde darum auch als *Septembertestament* bezeichnet. Es wurde so schnell verkauft, dass schon im Dezember die zweite Auflage erschien und bei der Neujahrsmesse angeboten werden konnte. Beide Bücher wurden von Melchior Lotter d. J. in bewunderungswürdiger Qualität gedruckt.

Selbst Luthers Gegner berichteten später: *Ich habe gesehen, dass allenthalben die gefälschten Bibeln gebraucht und gelesen werden und ... war Luthers Neues Testament durch die Buchdrucker, dermaßen gemehrt und in so großer Zahl ausgesprengt, also dass auch Schneider und Schuster, ja auch Weiber und andere einfältige Idioten... dieselbe gleich einen Brunnen aller Wahrheit mit höchster Begierde lasen.*

Der Bedarf an Lutherschriften war nun oftmals so hoch, dass die Buchdrucker während des Druckes die Auflagen erhöhen und sogenannte Zwitterdrucke herstellen mussten. Diese entstanden, indem man den Text in der nun höheren Auflage weiter druckte und die zahlenmäßig fehlenden ersten Seiten nachdruckte und die Schrift dann entsprechend zusammenführte. In Wittenberg wurde damals vieles zur Rationalisierung des Druckverfahrens erfunden, auch der sogenannte Schnelldruck. Und doch ragen die Bücher dieser Zeit durch ihre besondere Qualität von Papier, Druck und Buchillustration hervor. Die Bücher wurden in einer immer stärker vereinheitlichten Orthografie und Grammatik gedruckt, die Luthers Sprachleistung in alle Winkel trug. In den Werkstätten arbeiteten Buchdruckermeister, die oftmals sogar studiert hatten. Viele ihrer Gesellen gingen später als Pfarrer und Lehrer in die Gemeinden. Korrektur wurde in den Druckereien von Studenten und Doktoren aus der Universität gelesen.

Am 11. April 1523 schrieb Luther an Spalatin, *ich bin anderer Gewinn und Geizes Knecht geworden und Aber des Lucae Presse*

Sanct Johannes. LXV.

Das erst Capitel.

Gen.1.

IM anfang war dz wort. vnnd das wort war bey Gott/vnd Gott war das wort/dasselb war ym anfang bey Gott/Alle ding sind durch dasselb gemacht/vnnd on dasselb ist nichts gemacht was gemacht ist/Jn yhm war das leben/vnd das leben war eyn liecht der menschen/vnd das liecht scheynet ynn die finsternis/vnd die finsternis habens nicht begriffen.

Matth.3. Marci.1. Luce.3.

Es wart eyn mensch/võ Gott gesand/der hies Johannes/der selb kam zum zeugnis/das er võ dem liecht zeugete/auff das sie alle durch yhn glewbten/Er war nicht das liecht/sondern das er zeugete von dem liecht/Das war eyn warhafftigs liecht/wilchs alle menschen erleucht/durch seyn zu kunfft ynn dise wellt/Es war ynn der wellt/vñ die wellt ist durch dasselb gemacht/vnd die wellt kandt es nicht.

Er kam ynn seyn eygenthum/vñ die seynen namen yhn nicht auff/Wie viel yhn aber auffnamen/den gab er macht/Gottis kinder zu werden/denen/die da an seynen namen glewben/wilche nicht von dem geblutt/noch von dem willen des fleyschs/noch von dem willen eynes mannes/sondern von Gott geporen sindt.

Matth.1. Luce.2.

Vnd das wort ward fleysch/vñ wonete vnter vns/vnd wyr sahen seyne herlickeyt/eyn herlickeyt als des eyngepornen sons vom vatter/voller gnade vnd warheyt.

Johannes zeuget von yhm/schreyt/vnd spricht/Diser war es/von dem ich gesagt hab/Nach myr wirt komen/der fur myr gewesen ist/denn er war ehe denn ich/vnd von seyner fulle/habẽ wyr alle genommen/gnade vmb gnade/denn das gesetz ist durch Mosen geben/die gnade vnnd warheyt ist durch Jhesum Christ worden/Niemant hatt Got yhe gesehen/der eyngeporne son/der ynn des vatters schoß ist/der hatts vns verkundiget.

(gnad vmb gnad) Unser gnad ist vns geben/vmb Christus gnade/die ym geben ist/das wyr durch yhn das gesetz erfullen vnnd den vater erkennẽ/da mit heuchley auff hore vnd wyr ware rechtschaffnen menschen werden.

Matth.3. Marci.1. Luce.3. Jsa.40.

Vnnd dis ist das zeugnis Johannis/da die Juden sandten von Jerusalem priester vñ Leuiten/das sie yhn frageten/wer bistu? Vnd er bekant vnd leugnet nicht/vnd er bekant/ich byn nicht Christus/vñ sie fragten yhn/was denn? Bistu Elias? Er sprach/Jch byns nitt. Bistu eyn prophet? vnnd er antwort/Neyn/Da sprachẽ sie zu yhm/Was bistu denn/das wyr antwort geben denen/die vns gesand haben? was sagistu võ dyr selbs? Er sprach/ich byn eyn ruffende stym ynn der wusten/Richtet den weg des herñ/wie der prophet Jsaias

gesagt M

September-Testament, Druck von Melchior Lotter d. J. für Cranach & Döring, 1522

braucht Unterhalt. Er erhielt Zeit seines Lebens keine Autorenhonorare. 1523 erschienen neben fünf Bibelausgaben (vier aus der Werkstatt Lotters und eine bei Hans Lufft) in Wittenberg noch 100 Lutherdrucke: 34 von Rhau-Grunenberg, 18 von Nickel Schirlentz, 5 von Lufft, 27 von den Brüdern Lotter und 12 von der Druckwerkstatt Cranach/Döring in der Joseph Klug als Lohndrucker arbeitete. In diesen Jahren setzten die Verleger Cranach und Döring rücksichtslos die Abhängigkeit der Buchdrucker von ihnen durch und konnten in der zweiten Hälfte der 20er Jahre auf ansehnliche Gewinne schauen. Den Buchdruckern selbst wurden Spezialisierungen zugewiesen: Hans Lufft druckte die hochdeutsche Ausgabe der Lutherbibel, Georg Rhau seit 1529 die Ausgaben des *Großen Katechismus* und seit 1531 die *Confessio Augustana* sowie bis 1546 die amtlichen Verlautbarungen und Staatsschriften der Kurfürsten. Nickel Schirlentz druckte den *Kleinen Katechismus* und Joseph Klug die lutherischen Gesangbücher und hebräische Texte, Peter Seitz d. Ä. Melanchthons *Loci Communes*.
Noch im November 1522 plante Luther sein Vorgehen bei der Übersetzung des Alten Testaments und teilte Spalatin am 3. November mit:

Aber nun habe ich beschlossen, mich zu Hause einzuschließen und zu eilen, damit bis zum Januar Moses unter die Presse geschickt werden kann. Denn diesen werden wir besonders herausgeben, sodann die Historien, zuletzt die Propheten. Denn sie zu teilen und nach und nach herauszugeben, dazu nötigt uns die Rücksicht auf die Größe und den Preis der Bücher.

Luther arbeitete eng mit den Buchdruckern und Verlegern zusammen, weil er erkannte, dass sie an der Verbreitung des reformatorischen Gedankenguts großen Anteil hatten. Er nahm

Prophet Jona, Titel-Holzschnitt aus der Cranach-Werkstatt, Druck von Michael Lotter, 1526

Rücksicht auf ihre Bedürfnisse und auf die der Leser, denn Bücher müssen bezahlbar sein und so wurden seine Bücher bewusst geteilt und im Taschenbuchformat verkauft. Sie wurden in den Buchhandlungen ungebunden angeboten und der Käufer konnte sie dann nach eigenem Gutdünken und Geldbeutel zum Buchbinder tragen und mehr oder weniger prächtig einbinden lassen.

Psalter, deutsch, mit Holzschnitt-Titel-Einfassung aus der Cranach-Werkstatt mit Lutherrose als Zensurmarke, Druck von Melchior Lotter d. J., 1524

Um das Gewerbe zu schützen, wurden Luther und die Verleger beim Kurfürsten, bei verschiedenen Städten und beim Kaiser vorstellig, um auch außerhalb der Grenzen Sachsens Schutz und Privilegien zu gewinnen. Seit 1526 durften im Kurfürstentum Luthers Schriften nur noch in Wittenberg gedruckt und nachgedruckt werden. Ganz schnell wurden vor allem die kapitalintensiven großen Bibelausgaben privilegiert und dadurch gegen Nachdruck geschützt. Man ging daran, überall den rechten Glauben gegen *Schwärmer* durchzusetzen. So wurde die Zensur für theologische Schriften durch Kurfürst Friedrich eingeführt, ausgebaut und der Universitäts- und Kirchenleitung als Aufgabe zugeordnet.

Die Wittenberger Buchdrucker, ihre Gesellen und anderen Mitarbeiter gingen einem angesehenen Gewerbe nach. Doch keiner von ihnen konnte in die oberen Vermögen der Stadt und in den Rat aufsteigen. Eine einzige Ausnahme gibt es: Hans Lufft. Lufft war seit seinen Anfängen in Wittenberg, seit 1523 immer in der Nähe Luthers, Melanchthons und von Ratsherren zu finden. 1542 wurde er selbst Ratsmitglied und arbeitete hier nebenberuflich als Kämmerer und noch wichtiger, als Stadtrichter. Seit 1560 bis zu seinem Tode im Jahre 1584 wurde er turnusmäßig immer wieder Bürgermeister. Doch auch er starb verarmt, hochbetagt, sehr angesehen und von der Bürgerschaft stark betrauert.

Erste Gesamtausgabe der Luther-Bibel mit Holzschnitt-Titel-Einfassung aus der Cranach-Werkstatt oder Meister MS, Druck von Hans Lufft für Goltze/Vogel/Schramm, 1534. Man beachte die Verwendung der kurfürstlich und herzoglich sächsischen Wappen!

Seit dem Erscheinen der ersten Gesamtausgabe von Luthers Bibel im Jahre 1534, einer absoluten Meisterleistung des Buchdrucks, war Hans Lufft der unangefochtene Drucker der deutschen Übersetzung von Luthers Bibel. In seiner Werkstatt

Druckersignet Hans Luffts, Holzschnitt

wurde nun beinahe in jedem Jahr eine neue Ausgabe der *Biblia, deutsch* gedruckt. Vor dem Erscheinen ihrer ersten Ausgabe hatte sich Cranach aus dem Verlagsgeschäft zurückgezogen und war Döring, trotz des Eingreifens seines Freundes Luther, in Konkurs gegangen und hatte an das sich neu bildende Verlegerkonsortium Moritz Goltze, Bartholomäus Vogel und Christoph Schramm verkaufen müssen. Das Konsortium brachte den Buchverlag in Wittenberg endgültig zu höchster Blüte und machte Wittenberg zur führenden Stadt des Buchdrucks und Buchhandels. Ihnen folgten in der zweiten Hälfte des 16. Jahrhunderts Konrad Rühel und Samuel Selfisch, doch nach ihnen endete die Blütezeit der Buchgewerbe Wittenbergs. Alle genannten Verleger hatten in den Buchläden ihrer Vorgänger gelernt und gearbeitet und gelangten zu höchstem Ansehen und Vermögen, wurden Ratsherren und Bürgermeister. Sie alle haben die Bücher Luthers in alle Teile Europas verkauft und Selfisch bot sie über einen eigens dazu hergestellten Messekatalog an – auch so eine Neuerung im Buchgewerbe, die von Wittenberg ausging.

Am 24. Juni 1540 feierten die Buchdrucker Hans Lufft, Georg Rhau und Peter Seitz mit ihren Gesellen die erste Jahrhundertfeier der Erfindung des Buchdrucks. Zu dieser Feier kamen auch Michael Lotter, der seine Werkstatt nach Magdeburg verlegt hatte und die Leipziger Buchdrucker nach Wittenberg.

WIRTSCHAFTLICHE VERÄNDERUNGEN

Durch die Gründung der Universität hatte die Stadt von Anfang an einen erheblichen wirtschaftlichen Aufschwung erlebt. 1520 lebten hier etwa 2300 Einwohner. Das *Rechenbuch, Vortzeichnus und Wirderung der ligenden Grunde und unbeweglichen Güther der Stadt Wittenbergk* von 1528 nennt 222 steuerpflichtige Häuser und mehr als 190 steuerpflichtige Buden. Dazu kamen noch etwa 70 Freihäuser. Innerhalb der Stadtmauern dürften 1528 mindestens 2080 Personen auf unbeweglichen Erbgütern und 741 Personen auf anderen Gütern sowie eine stattliche Anzahl von Geistlichen, Studenten und kurfürstlichen Bediensteten gelebt haben. In den Vorstädten lebten etwa 1185 Menschen. Die Stadt hatte 1528 also etwa 4000 Einwohner. Dieser starke Bevölkerungszuwachs war auf das Wirken der Universität und ihrer berühmten Lehrer zurückzuführen. Stadt und Umland hatten sich auch dem damit verbundenen wachsenden Bedarf an Wohnraum, an Nahrung und an anderen lebensnotwendigen Bedingungen zu stellen.[192]

Altstadt		**Einwohner**
	222 Häuser/Brauhäuser	1110
	195 Buden	975
	70 Freihäuser	350
*	44 Pfahlbürgerfamilien	220
*	Handwerker + Tagelöhner	152
*	Dienstgesinde	368
Altstadtbewohner		3175
* davon Arme		740

Vorstädte (Neustadt, Grünstraße, Häser auf dem Graben)		
	105 Familien	530
*	Tagelöhner und Hausgenossen	221
*	Hausgenossen in der Clausstraße	85
*	Gesinde	19
	25 Grundstücke vor dem Elstertor	125
	17 Grundstücke vor dem Coswiger Tor	85
	4 Häuser vor dem Elbtor	20
Vorstadtbewohner		1085
* davon Arme		325

Einwohnerstruktur Wittenbergs um 1530[193]

Die reicheren Bürger, Professoren (unter ihnen auch Luther) und die Beamten besaßen oftmals sogar Lustgärten in der Stadt. Ihre finanziellen Mittel investierten sie im Handel, in Mietshäusern und Grundstücken. Die Menge der widerverkäuflichen Zinsen hat sich seit 1528 mehr als verdoppelt. Zwei Drittel davon teilten sich auf acht Bürger auf. Kanzler Dr. Gregor Brück, Bürgermeister Dr. Benedictus Pauli, Melanchthons Schwager Hieronymus Krappe und Justus Jonas waren darunter. Sie wurden v. a. durch die Buchhändler noch weit übertroffen: Moritz Goltze, Bartel Vogel, Christoff Schramm, der nur im Buchhandel investiert hatte, Christoph Niemegk mit 1000 Gulden im Ochsenhandel und 400 Gulden im Gewandschnitt. Es ist sicherlich einzigartig in der Sozialstruktur deutscher Städte, dass der neue Berufsstand der Buchhändler nicht nur innerhalb weniger Jahre zu den reichsten Bürgern aufstieg, sondern auch noch ratsfähig wurde und sehr schnell die Bürgermeister stellte.

Von Anfang der Universitätsgründung an gab es in der Stadt Klagen über Teuerungen, Teuerungen bei Mieten, bei Lebensmitteln, Dingen des täglichen Bedarfs. Grund und Boden wurden in hohem Maße zur Kapitalanlage. Auch der Wert der Gärten stieg enorm. Wer weder über Ackerland noch über wenigstens einen Garten verfügte, musste alle Lebensmittel auf dem Markt kaufen und war dadurch vollkommen von den dort geforderten Preisen abhängig. Arme Bevölkerungsschichten waren auch damals schon besonders hart getroffen und mussten immer größere Teile ihres Einkommens für das tägliche Brot ausgeben. Oftmals hatten sie nicht einmal dieses tägliche Brot, das doch Grundnahrungsmittel war!

Gewölbe in der Alten Kanzlei / Propstei, Wohnhaus von Luthers Freund Justus Jonas

In der Tabelle S. 259 blieben Schlossbewohner und die sich durchschnittlich in Wittenberg aufhaltenden etwa 1800 Studenten unberücksichtigt. Rechnet man diese also noch hinzu, lebten gut 6000 Menschen ständig in der Stadt. Jeder vierte Wittenberger war um 1530 arm und auch unter den Studenten waren ungewöhnlich viele, die von Stipendien lebten.
Doch es war noch schlimmer: 1542 wohnten hier neben 414 erbbegüterten Familien 157 Pfahlbürgerfamilien, 268 Mägde, 71 Knechte und 115 Gesellen, Lehrjungen etc. Die Anzahl der für viel geringeren Lohn arbeitenden Mägde war also viel höher als die der Gesellen und Lehrjungen, von denen viele in den großen Buchdruckereien tätig waren und damit einer besonders qualifizierten und gut bezahlten Arbeit nachgingen. Seit 1528 hatte die Zahl der Wohngrundstücke um 56 zugenommen. Das sind 13 %. Zwischen 1531/32 und 1542 stieg die Zahl der Pfahlbürger in den Vorstädten um 113 Familien und damit um mehr als 300 %. Die Zahl der Tagelöhner und Handwerker, Knechte und Mägde hingegen nahm in auffallender Weise ab. Offenbar konnten sich immer weniger Bürger noch Gesinde leisten.

Die Zahl der großen brauberechtigten Wohnhäuser sank und die der Buden stieg in der zweiten Hälfte des 16. Jahrhunderts, was sich wahrscheinlich mit steigenden Bodenpreisen und der Teilung von Grundstücken besonders im Marktviertel erklären lässt. Unterschiede im Steuerwert der Häuser lassen sich wahrscheinlich auf deren Nutzung durch Vermietungen zurückführen.[194] Die zunehmende soziale Differenzierung schlug sich schon zu Luthers Lebzeiten im Stadtbild nieder. Neue dendrologische Untersuchungen an Wittenberger Dachstühlen brachten für die Bürgerhäuser Markt 4 und 6, Schlossstraße 1 und Collegienstraße 89, die alle um 1540 entstanden sind, einen ungewöhnlichen Beweis für die Wohlhabenheit

WITTENBVRG: Der Holzschnitt zeigt die ganze Altstadt von der Elbe aus gesehen, im Westen das kurfürstliche Schloss, in der Mitte die Stadtkirche und im Osten das Lutherhaus.

ihrer damaligen Eigentümer und deren weit reichendes Handels- und Beziehungsnetz, denn sie wurden aus sächsischem Tannenholz errichtet, das man über weite Wege herbeischaffen musste.[195] Auf den Grundstücken war jeder mögliche Raum in den Seitengebäuden zur Vermietung genutzt. Studenten, die es sich leisten konnten, wohnten lieber in Häusern der Universitätsprofessoren als in den Bursen, also vor allem im Marktviertel und im Jüdenviertel. Als Mietpreis für eine solche Studentenbude forderten die Hausbesitzer inzwischen jährlich etwa 6 Gulden. Die Miete hatte sich 1538 im Verhältnis zu der von 1520 beinahe verdoppelt.[196] Besonders teuer wurde es, wenn Studenten heirateten und Familien gründeten.

Die drangvolle Enge innerhalb der Festungsmauern und Spannungen zwischen Bürgern und Universitätsangehörigen schlugen sich auch in der Kriminalitätsstatistik nieder – im Vergleich zu den Jahren 1501 bis 1505, also der Gründungszeit der Universität, und der Zeit von 1536 bis 1540 stieg der Anteil an Eigentumsdelikten auf 43,6 %, der der Gewaltstraftaten auf etwa 47 %. 6,4 % der Taten sind auf Ungehorsam gegen den Rat und seine Vollzugsorgane zurückzuführen und entstanden wohl nicht nur aus der Weigerung einiger Studenten, Weisungen von Ratsbeamten zu folgen, da sie doch nicht dem Rat, sondern der Universitätsgerichtsbarkeit unterstanden.[197]

LUTHERS BARBIER VOR DEN SCHRANKEN DES GERICHTS

Im Jahre 1512 beging die Wittenberger Schützengesellschaft unter Führung ihres Schützenmeisters, des Barbiers Peter Beskendorf, ihre Jahrhundertfeier.[198] Beskendorf war damals etwa 42 Jahre alt und ein sehr angesehener Bürger Wittenbergs.

Barbiere hatten ein vielfältiges Aufgabenfeld, das weit über Rasieren und Haareschneiden hinausging. Neben Schmieden und Badern (Betreiber einer Badestube) waren sie als Wundärzte und Chirurgen tätig. Allerdings beherrschten nur wenige von ihnen das Amputieren von Gliedmaßen.
Patienten der Barbiere waren Menschen aus allen Bevölkerungsschichten. So befanden sich Barbiere im Tross Kurfürst Friedrichs, als er 1493 auf seine Pilgerreise nach Jerusalem ging. 1501 bezahlte der Kurfürst einen Nürnberger Barbier, der den Beinbruch des Knaben Friedrich behandelt hatte, den der Kurfürst in die Lehre bei dem Maler Albrecht Dürer gegeben hatte. In Lochau ließ sich der Kurfürst das Bad vom Hofbalbierer Blasius richten, der sich auch um die Badewäsche kümmerte und *des Herren Jungen schmuck* hielt. Man kannte Badekuren. So wurden einmal 4 Groschen 10 Pfennige für einen Vorrat an *Kamillen-Blumen ins Bad* bezahlt. Die Apotheke lieferte zum Bad *Kleien und Kräuter von Torgau*. Halfen Hausmittel nicht mehr, holte man Arznei aus der Torgauer Apotheke. Hausmittel waren wohl das *Lampertisch Muß*, das der Pfarrer bereitete, und der *gebrannte Wein*, den der Balbierer als Arznei eingesetzt hat. Die kurfürstliche Kammer bezahlte

dafür pro Kanne 4 Groschen. Der kurfürstliche Leibbarbier hatte auch anderen Personen zu helfen und erhielt 3 Gulden 3 Groschen, als er ein armes Mädchen geheilt hatte, und 10 Groschen, als er versuchte, dem kranken Koch, der am *Franzosen*, der Syphilis, litt, zu helfen.[199]

Peter Beskendorf und Martin Berger, rechneten als Vorsteher der Schützengesellschaft im Januar 1514 erstmals die Einnahmen und Ausgaben der Schützen vor dem Wittenberger Bürgermeister und dem Rat der Stadt ab. Am 11. September 1517, also kurz vor dem *Thesenanschlag*, erschien der Barbier erstmals in einem Brief Luthers, der dessen Grüße an den ehemaligen Universitätsrektor Christoph Scheurl ausrichtete. Wir dürfen davon ausgehen, dass Beskendorf sich Luthers Gedankengut schnell angeeignet hat und zu denjenigen Wittenbergern gehörte, die rasch zu Luthers Freundeskreis zählten. Sein Geschäft brachte ihm nicht nur Ansehen sondern auch Wohlstand ein. Seit 1524/25 erschien er als Bürge unterstützungsbedürftiger Handwerker in den Abrechnungen des Gemeinen Kastens.[200]
Melanchthon, der sich Ende Juli 1534 in Dessau aufhielt, berichtete in einem Brief, Meister Peter behandele gerade den Fürsten Joachim von Anhalt-Dessau.[201] Offenbar hat er seine Künste zum Wohle der Fürsten des Öfteren ausgeübt.
Ein halbes Jahr später erschien in Wittenberg eine Gebetsanweisung Luthers, die er offenbar auf Bitten seines Barbiers geschrieben hat und die so viel Anklang fand, dass man sie allein bis 1546 zehnmal in hochdeutscher Sprache nachgedruckt hat. Dazu übersetzte man die Schrift ins Niederdeutsche und Lateinische. Beide Übersetzungen erschienen ebenfalls in Wittenberg. Sicherlich hatte Luther mit dieser Schrift so viel Erfolg, weil er ganz offen über seine Art und Weise zu

beten berichtete, sogar zugab, manchmal *kalt und unlüstig zu beten* zu sein und schrieb, was er dann tue. Die Herzen der Leser mag er erneut gewonnen haben, als er deutlich darauf hinwies, dass auch bürgerliche Erwerbsarbeit eine Art von Gebet sei, die konzentriert verrichtet werden müsse. Beten darf seiner Meinung nach keinesfalls zur Pflichtübung geraten:

Lieber Meister Peter, Ich gebs euch so gut als ichs habe und wie ich selber mich mit beten halte. Unser Herr Gott, geb es euch und jderman besser zu machen, AMEN. Erstlich, wenn ich füle, das ich durch frembde gescheft oder gedancken bin kalt und unlüstig zu beten worden, wie denn das fleisch und der teuffel allwege das gebet wehren und hindern, Neme ich mein Psalterlein, lauff jnn die kamer oder, so es der tag und zeit ist, jnn die kirchen zum hauffen (Gemeinde) und hebe an, die Zehen Gebot, den Glauben und, darnach ich zeit habe, ettliche sprüche Christi, Pauli oder Psalmen mündlich bey mir selbs zu sprechen, aller ding, wie die kinder thun.
Darumb ists gut, das man frue morgens lasse das gebet das erste und des abends das letzte werck sein. ... Das ein gleubiger mensch jnn seiner erbeit Gott furchtet und ehret und an sein gebot denckt, damit er niemand unrecht thun noch stelen oder ubernemen (betrügen) oder veruntrewen wölle, Und solche gedancken und glauben machen on zweivel aus seinem werck ein gebet und lobopffer dazu. ... Doch mus man auch drauff sehen, das wir nicht uns vom rechten gebet gewehnen und deuten uns zu letzt selbs als nötige werck, die es doch nicht sind, ... Gleich als ein guter vleissiger Balbirer mus seine gedancken, sinn und augen gar genaw auff das schermesser und auff die har richten und nicht vergessen, wo er sey im strich oder schnitt. Wo er aber zu gleich will viel plaudern oder anders wo hin dencken oder gucken, solt er wol einem maul und nasen,

die kele dazu abschneiten. Also gar will ein jglich ding, so es wol gemacht sol werden, den menschen gantz haben mit allen sinnen und geliedern ... Wer mancherley denckt, der denckt nichts, macht auch nichts guts. ...[202]

Kurz nach dem ersten Erscheinen der für Meister Peter verfassten Schrift geschah am Ostersonnabend das Unfassbare. Wohl im Rausche erstach der 65-Jährige bei einem Gastmahl in dessen Haus, seinen Schwiegersohn, den Kriegsmann Dietrich. Von Dietrich hatte man erzählt, er könne sich unverwundbar machen. Meister Peter stand vor dem Stadtgericht, das zur Zeit seines Prozesses im damals neuen Rathaus auf dem Marktplatz tagte.

Gerichtsaltan des Rathauses um 1571 im Sichtfeld der Türme der Stadtkirche, Zustand 2012

Gerichtsplätze befanden sich von alters her in oder bei den Kirchen. Schon in den Jahren 817 und 836 hatten Synoden Karls des Großen im Domus Pontificius an der Westseite des Aachener Münsters stattgefunden. Hier saß Karl im Westen und blickte zum Altar in Richtung Osten. Später tagten die Sendgerichte der Bischöfe in den Westwerken der Kirchen. Vor dem Sendgericht wurden von den Geistlichen die Schandtaten der Gemeindeglieder erörtert und gerügt. Weltliche Dingstätten befanden sich in Kirchennähe.[203] Durch das Zusammenspiel von Gericht und geistlichen Handlungen wurde die Bedeutung des Gerichtes noch erhöht und unterstrichen. Das galt auch noch, als die Bürger ihre Gerichtsplätze in ihre neuen Rathäuser und daran errichteten *Gerichtslauben* verlegten. Die im Bereich der Magdeburgischen Rechtsprovinz um 1330/35 – 1380 entstandene Glosse zum Sächsischen Weichbildsrecht verlangte, jeder Richter soll das *gestrenge Gericht unseres herren*[204] malen lassen. Man war sich sicher, während der Stadtrichter und die Schöffen zu Gericht sitzen, sitzt Gott gleichzeitig in seinem göttlichen Gericht über den Richter und die Schöffen zu Gericht. Das von ihm in Auftrag gegebene Gerichtsbild sollte dem Richter und seinen Beisitzern stets das strenge Weltgericht Gottes mit der Bedrohung der Hölle und der Verlockung des Paradieses vor Augen führen. Auch der Richter würde dereinst vor dem obersten Gerichtsherrn stehen, in dessen Auftrage er jetzt Richter des Gottesvolkes war und es gerecht behandeln sollte.

Zu den wohl eindrucksvollsten erhaltenen Gerichtsbildern gehört der *Weltenrichter*, eine monumentale Plastik, die sich demnach ursprünglich am Westwerk der Wittenberger Stadtkirche befand und so angebracht war, dass das im alten Rathaus auf der Südseite des Marktplatzes tagende Gericht ihn stets sehen konnte und so zur Gerechtigkeit gegenüber den Angeklagten gemahnt wurde. Nach alter Tradition befanden sich die Sitze der Richter stets im Westen, so dass sie nach Osten sehen mussten und dort einen Altar oder ein Gerichtsbild vor Augen hatten. Dafür spricht sicherlich auch die Größe der Plastik, die es möglich machte, den *Weltenrichter* vom Rathaus aus zu sehen.

Weltenrichter, Sandsteinrelief, heute in der Sakristei der Stadtkirche

Nur durch strenge und unbestechliche Gerechtigkeit ist dem Wohl der Gemeinde und damit auch dem Wohl jedes Bürgers am besten gedient und nur so eine ruhige und friedliche Entwicklung innerhalb der Gemeinde gewährleistet. Der weltliche Inhalt dieses Gedankens wurde den Menschen über christliche Motive nahegebracht und doch reichten die Wurzeln dieser Anschauungen weit in die heidnische Zeit zurück. Man ging bald über Darstellungen des *Weltenrichters* hinaus und führte auf den Gerechtigkeitsbildern den sündigen Menschen das Grauen von Fegefeuer und Hölle vor Augen und die verheißenen Freuden des Paradieses. 1430 entstand hinter dem Sitz des Bürgermeisters im Hamburger Rathaus eine Darstellung des Weltgerichts, auf der in längst üblicher Weise sowohl das Paradies als auch die Hölle, mit Geistlichen und Laien darin, dargestellt waren. Seltener waren Darstellungen der zehn Gebote, die die sündige Übertretung der Gebote bildlich vor Augen führten. Lukas Cranach hat eine solche *10-Gebote-Tafel* im Jahre 1510 für den Gerichtssaal im damaligen Rathaus gemalt.

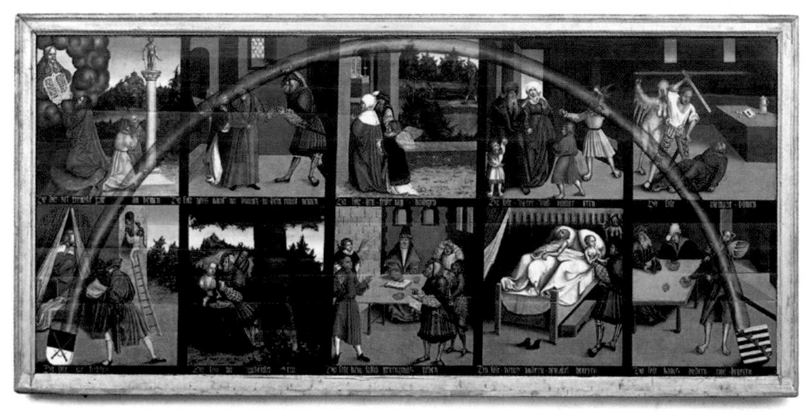

Die 10-Gebote-Tafel

Der Wittenberger Rat hatte 1441 für 1000 gute Rheinische Gulden, zunächst widerkäuflich, die Obergerichtsbarkeit von Kurfürst Friedrich erworben. Das Stadtgericht durfte von nun an auch Todesstrafen und Stadtverweisungen verhängen. Vergleichbare Rechte besaßen um diese Zeit nur sechs sächsische Städte: Dresden, Freiberg, Annaberg, Chemnitz, Leipzig und Zwickau. Das Amt des Stadtrichters war ebenso wie das der anderen Ratsmitglieder wählbar. Die dazu geordneten Ratsherren übten es, so wie jedes andere Ratsherrenamt auch, für ein Jahr aus. Da es immer einen amtierenden und zwei sitzende Räte gab, gab es auch drei gewählte Stadtrichter. 1535 waren das Caspar Teuschel, Matthias Globigk und Urban Cranappel (Krahnepul).[205] Trat ein Fall der Blutgerichtsbarkeit ein, wie Stäupen oder gar eine Todesstrafe, übernahm der städtische Scharfrichter, den man in den Akten gerne als *Nachrichter* bezeichnete, mit seinen Henkersknechten. Hinrichtungen auf dem Markt waren nicht selten. Bürger waren zum Zusehen aufgefordert, schließlich sollten die Handlungen des Scharfrichters abschreckend wirken. Schaulustige drängten sicherlich besonders heran, wenn es darum ging, ehemalige Vertreter der Obrigkeit zu bestrafen oder gar hinzurichten. Um die auf den Schauplatz des Geschehens drängenden Zuschauer zurückzuhalten wurde der Marktmeister vom Rat für den Aufbau von Gerichtsschranken bezahlt.

Hinrichtung vor dem Wittenberger Rathaus, colorierte Kreidezeichnung aus dem 20. Jahrhundert

Am 30. Juli 1535 fand eine öffentliche Gerichtsverhandlung gegen Meister Peter Balbierer statt, der viele Verdienste hatte, alt geworden war und allgemein bedauert wurde. Dabei dürfte Meister Peter Beskendorf[206] Cranachs *10-Gebote-Tafel* zum letzten Male und mit ganz anderen Augen als zuvor gesehen haben. Du sollst nicht töten! Nur dank der Fürsprache seines alten Freundes Martin Luther und des Vizekanzlers Franz Burkhard, wurde der Barbier vom Stadtgericht nicht, wie bei Totschlägen üblich, mit dem Tode, sondern mit Verbannung und dem Verlust seines Hauses und Besitzes bestraft. Am 4. August schrieb Melanchthon, der sich wegen einer in Wittenberg grassierenden Seuche mit der Wittenberger Universität in Jena aufhielt, an Justus Jonas, er freue sich über die Begnadigung Beskendorfs. Derartige Fürsprachen der Reformatoren und anderer angesehener Bürger und sogar Bürgerinnen finden sich im 16. Jahrhundert immer wieder in den erhaltenen, aber bis heute leider unbearbeiteten Gerichtsbüchern der Stadt. Meist wirkten sie sich mäßigend auf das Urteil aus.

Meister Peter fand im anhaltischen Dessau, das er durch seine Chirurgentätigkeit gut kannte, Asyl und starb 1538. Was aus der durch den eigenen Vater um den Ehemann gebrachten Tochter geworden ist, ist bisher ungeklärt geblieben. Luthers dem Barbier gewidmete Schrift hingegen wurde ohne Hinweis auf die Bluttat auch in Wittenberg weiter gedruckt und verkauft.

DIE KOHLHASENFEHDE – »UNRECHT WIRD DURCH ANDER UNRECHT NICHT ZU RECHT«

Wittenberg befindet sich an einer auch im 16. Jahrhundert viel befahrenen Straße zwischen Berlin und der Messestadt Leipzig. Auf dieser Straße waren ständig viele Kaufleute unterwegs, unter ihnen der in Berlin-Neukölln ansässige Kaufmann Michael Kohlhase, der mit Speck, Honig und Heringen Handel trieb. Im Oktober 1532 nahm ihm der Junker Günther von Zaschwitz im Gasthof von Wellaune gegen alles Recht seine beiden Reitpferde weg. 1533 sollte Kohlhase nach längerem Prozeß seine von Zaschwitz beschlagnahmten Reitpferde nach Bezahlung der Futterkosten zurückbekommen. Doch die Pferde waren inzwischen durch Feldarbeit völlig verelendet und der Junker dachte nicht daran, Schadenersatz zu leisten. Zudem geriet Kohlhase nun auch noch in Berlin in finanzielle Schwierigkeiten und stand mit dem Rücken zur Wand. Als Kurfürst Johann Friedrich von Sachsen ihm sein Recht verweigerte, obwohl sich Kurfürst Joachim I. von Brandenburg für den Berliner verwendet hatte, beschloss der Geprellte, sich

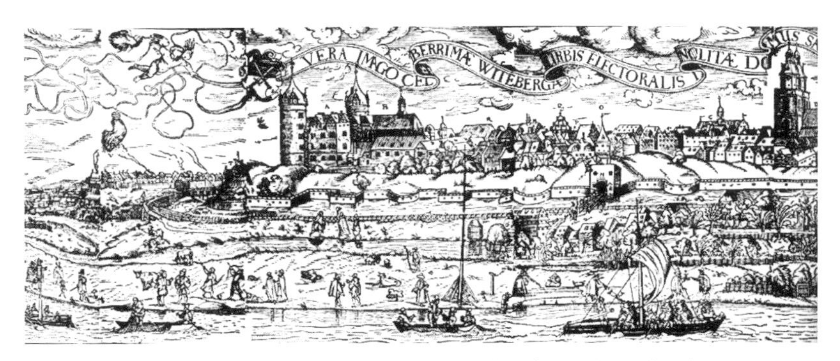

Der Westen Wittenbergs mit Amtsvorstadt, Schloss und Marktviertel, von der Elbe aus gesehen. Detail aus einem um 1610 entstandenen Holzschnitt

selbst Recht zu verschaffen und sagte dem Junker und dem Kurfürsten 1534 die Fehde an. Gleichzeitig gab er sein Bürgerrecht in Cölln auf.[207] Am 13. März 1534 traf bei Hauptmann Hans von Metzsch in Wittenberg ein Fehdebrief des Händlers ein. Am 9. April loderten im Marktviertel durch Brandstiftung Flammen auf. Ein Stadtbrand in der Amtsvorstadt wirkte sich derart verheerend aus, dass dort viele Grundstücke unbebaut und wüst blieben. Erst Ende der 30er Jahre siedelten sich etliche vom Amt auf den Brandstätten neu an.

Luther teilte Spalatin mit: *Wir wohnen hier zwischen Feuerflammen, zu jeder Stunde ungewiß, wann wir abbrennen. Einige Dörfer in der Umgebung sind abgebrannt, viermal haben wir Feuer in der Stadt gehabt. Das erste verzehrte vier Häuser. Die anderen Brände wurden einigermaßen gelöscht. Sicher geschieht's vom Feinde; denn man hat Feuerschwämme, Fackeln, jenes Schießpulver und Zünder gefunden. Ich habe großen Verdacht, solches geschieht durch die Bosheit des Markgrafen Joachim, und fast glaube ich, dieses Teufelswerkzeug beschleunige sein Ende, und seine Übeltaten treiben ihn zum Verderben.*[208]

Im Angesicht der ihre Existenz bedrohenden Flammen sahen sich die Wittenberger und Vertreter anderer Städte und Dörfer des Kurkreises gezwungen, an Kurfürst Johann Friedrich ein *Begehren* zugunsten des geprellten Händlers zu schicken. Daraufhin wurden dem Wittenberger Hauptmann Hans Metzsch im Herbst 1534 vom Landrentmeister fast 60 Gulden ausgezahlt, um *uf heimliche kundtschaft* den Kohlhasen einzubringen oder niederzuwerfen.[209]
In seinem Bemühen um sein Recht hat Kohlhase sich auch an Luther gewandt und der schrieb ihm am 8. Dezember 1534:

Mein guter Freund! Es ist mir fürwahr Euer Unfall leid gewesen, ... Und ist ja wahr, daß Euch Euer Schaden und infamia billig wehe tun soll, und schuldig seid, dieselbige zu retten und erhalten, aber nicht mit Sünden oder Unrecht. Was recht ist, sagt Moses, sollst du gerecht verfolgen; Unrecht wird durch ander Unrecht nicht zu Recht gebracht. Nur ist Selbstrichter sein und Selbstrichten gewißlich unrecht, und Gottes Zorn läßt es nicht ungestraft. Was Ihr mit Recht ausführen mögt, das tut ihr wohl; könnt Ihr das Recht nicht erlangen, so ist kein ander Rat da, denn Unrecht leiden. ... Demnach, so Ihr meines Rats begehret (wie Ihr schreibet), so rate ich, nehmet Friede an, wo er Euch werden kann, und leidet lieber an Gut und Ehre Schaden, denn daß ihr Euch weiter sollt begeben in solch Fürnehmen, darin Ihr müsset aller der Sünden und Büberei auf Euch nehmen, so Euch dienen würden zur Fehde; ...[210]

Kohlhase konnte dem Rat des Geistlichen nicht folgen und ließ den Kurkreis und die Stadt nicht zur Ruhe kommen. 1537 soll der zum Räuber avancierte Berliner Händler das Städtchen Zahna im Norden des Kurkreises niedergebrannt haben und im Sommer 1538 überfiel er den in besonderer Gunst des luxusliebenden Kurfürsten stehenden Wittenberger Seidenhändler Georg Reiche und dessen Ehefrau. Der Seidenhändler befand sich gerade auf der Rückreise von der Frankfurter Messe, hatte also hübsch eingekauft, als ihn Kohlhase bis Jüterbog verfolgte und am 23. Juli kurz vor Zahna stellte. Die Räuber zogen der Frau die Ringe von den Fingern und schickten sie mit einem Fehdebrief an die Stadt Wittenberg und das Kurfürstentum nach Hause. Ihren Mann entführte der Räuber auf eine Spreeinsel bei Köpenick. Dort wurde die Bande durch einen Küster entdeckt und den Herren von Birkholz aus Markgrafpieske verraten. Diese zogen auf Forderung des Bischofs Georg von Lebus und im Namen des sächsischen Kurfürsten zum Versteck Kohlhases, in dem sie auch 1000 Gulden vermuteten. Sie konnten den Seidenhändler und einen Knecht in ihre Hände bringen. Kohlhase gelang die Flucht. Die Fehde begann, weil sich ein herzoglich sächsischer Adeliger wie ein Räuber betätigt hatte. Doch Zaschwitz war in solchem Benehmen nicht alleine. Wolf von Birkholz bemächtigte sich des reichen Händlers und verkündete, den Wittenberger nur gegen Zahlung von 500 Gulden Lösegeld laufen lassen zu wollen und verärgerte Kohlhase noch mehr, als es vordem Zaschwitz getan hatte. Der Räuber drohte nun dem Bischof, er werde dessen Land mit Feuer überziehen, wenn ihm der Seidenhändler und sein Knecht nicht zurückgegeben würden. Der Bischof war nun derart entnervt, dass er sechs Wochen

Tuchhändler, Holzschnitt von Jost Amman

später das Lösegeld für Reiche bezahlte und ihn so freikaufte.[211]
Am 5. November 1538 verwüstete und plünderte Kohlhases Schar das Dorf Marzahna. Der Geleitsmann wurde erst in einem Rauchfang an den Beinen aufgehängt und dann bei einer Art Spießrutenlauf erstochen. Den Hirten führte die Räuberbande mit großer Beute an Vieh und anderen Dingen aus dem Dorf und brannte die umliegenden Felder ab.
Als er von diesen Untaten hörte, reagierte Luther sehr erbost und meinte, der Grund dafür, dass die Fürsten nichts unternähmen, müsse ein Kräuterzauber sein, der sie dazu bringe, *durch die Finger zu sehen*. Bei Landgraf Philipp wäre das nicht passiert, der schütze sein Land und das Geleit auf den Strassen. Da Kohlhase beginne, Blut zu vergießen, würde er bald selbst im Blut ersaufen.[212] 1539 forderte Luther den Kurfürsten auf, endlich durchzugreifen.
Kurfürst Johann Friedrich sah sich nun gezwungen, sein Gewaltmonopol zu sichern und der Welt zu beweisen, dass er energisch zupacken würde. Der zwischen den Kurfürstentümern Sachsen und Brandenburg und dem Erzbistum Magdeburg hin und her wechselnde Räuber stellte mit seinem Tun nicht nur die kursächsische Landesherrschaft infrage. Darum wurde nun der gesamte Machtapparat gegen ihn in Bewegung gesetzt. In den kursächsischen Abrechungen der Kosten der Jagd nach dem Räuber erscheinen alleine im Rechnungsjahr 1538/1539 1805 Gulden und 1539/1540 626 Gulden für Zehrung, Auslösungen und Pferdeschäden. Weitere hohe Kosten hatten die Ämter zu tragen.[213] In den Wittenberger Kämmmereirechnungen werden 1539 Torsitzer, Stundenwächter und Beisitzer an den Stadttoren erwähnt. Die Torwächter, die man auch als *Scharwächter* bezeichnete, erhielten 1539 wöchentlich 13 Groschen Entlohnung und

wurden ausdrücklich ermahnt, *wegen Kohlhasen fleißige Aufsehung* zu haben.[214] Um besser auf mögliche Brandstiftungen und sonstige in der Stadt ausbrechende Feuer reagieren zu können, verabschiedete der Rat 1539 eine neue *Feuerordnung* und wies die Besitzer verfallener *Borne* in Häusern und auf Grundstücken an, diese binnen Monatsfrist zu öffnen. Neben den offenen Bächen gab es in der Stadt Ziehbrunnen, die unterschiedlichen Eigentürmern gehörten. Mit Beginn der Neubefestigung hatte man zu Anfang der 30er Jahre den Bau von 20 bis 30 neuen Brunnen angeordnet. Die Feuerordnung sagt über die Brunnen, dass bei jedem *born auf der Gassen* ein stets gefülltes Wasserfass stehen solle, das man im Notfall schnell zum Feuer bringen könne. Die *Feuerordnung* belegt auch Maßnahmen des Rates zum Brandschutz, Schutz vor Geruchsbelästigung, *vbirmeßig geschmoh*, Straßenbeleuchtung und Maßnahmen *zu gancz eilender Rettung.*

Am 20. Februar 1539 entführte Kohlhase einen Müller aus dem brandenburgischen Stavenhagen bei Luckenwalde. Luther teilte Melanchthon mit, die Wittenberger hätten zu spät davon erfahren, doch *sind wir mutig auf das unseren Mauern benachbarte Feld hinausgestürmt und haben mit einigen Schüssen die Wolken und die Sterne sehr in Schrecken versetzt,.... Der Feind wird in der Mark mit deutlicher Feindseligkeit (gegen uns) unterstützt. Unser Schirlentz und Schott* (der Wittenberger Buchdrucker Nickel Schirlentz und der Kaufmann Hans Schott) *haben ihn in Brandenburg gesehen. Der Rat selber hat uns ermahnt, Kohlhase sei in der Stadt. Wenn sie aber märkisch sein wollen, werden sie sagen: Wir haben nur gescherzt, gleichsam um Euch zu erschrecken. Dennoch haben wir inzwischen hier befohlen, Holz in die Stadt zu Schaffen, damit* (Kohlhase) *aus ihnen nicht nachts eine Brücke über die kleinen Gräben errichtet.*[215]

Als ein brandenburgischer Silbertransport überfallen wurde, war auch die Geduld des Kurfürsten Joachim II. von Brandenburg am Ende. Er ließ die Verfolgung der Räuber aufnehmen. Michael Kohlhase wurde am 22. März 1540 vor dem Berliner Georgentor hingerichtet.
In Wittenberg und in Kursachsen war man nun wegen der offensichtlich wachsenden Kriegsgefahr sehr beunruhigt.

»ALSO BÖSE IST JETZT DIE WELT!«

Nach dem Tode des ungarischen Königs Ludwig II. im Jahre 1526 in der Schlacht von Mohács brach der Streit um die ungarische Königskrone los. Sultan Süleyman nutzte den Streit. Mitte des Jahres 1529 besetzte er mit einem großen Heer Ungarn und machte das Land zum osmanischen Vasallenstaat. Im September 1529 standen seine Truppen vor Wien, das nur von einem zahlenmäßig kleinen Reichsheer gehalten wurde, da Kaiser Karl V. noch immer in Italien um die Vormachtstellung des Heiligen Römischen Reichs in Europa rang. Die *Neuen Zeitungen* aus Wien schürten im Reich unter allen Ständen die Angst vor dem Islam. Die Sorgen waren so verbreitet, dass selbst Luther seinem Freunde Amsdorf am 12. März 1531 mitteilte, man fürchte noch immer, der Türke komme. 1530 erließ Kurfürst Johann ein erstes Mandat zum Türkenaufgebot, das 1532 und 1539 wiederholt wurde. Man solle sich stark gerüstet bereithalten. Gleichzeitig ließ er anweisen, *von wegen der vergangen auffrur* ... (Bauernkrieg) abgenommene Wehren, Harnische, Büchsen und Waffen zu-

rückzugeben, *das sie solche wehr bey sich inn ihrer verwahrung behalten vnd allain auff vnser vnd ewer furder erfordern gebrauchen sollen*. Gleichzeitig sollten die Prediger das Volk ermahnen, in Gebeten Gott um Frieden zu bitten und sich mit christlichem Wandel hervorzutun, dass eine göttliche Strafe nicht nötig wäre.[216]
Seit dem Reichstag zu Augsburg wuchs im von Kurfürst Johann geführten protestantischen Lager, das sich schon im Dezember 1530 besorgt gefragt hatte, ob der *Reichstagsabschied* zu Frieden oder Unfrieden führen würde. Die Sorge vor einem Krieg durch den habsburgischen König Ferdinand gegen das protestantische Lager wuchs. Die protestantischen Stände schlossen darum am 27. Februar 1531 unter Führung des Kurfürsten Johann den *Schmalkaldischen Bund*, ein Verteidigungsbündnis gegen die Religionspolitik von Kaiser Karl V. und eine drohende militärische Auseinandersetzung zur Durchsetzung der kaiserlichen Macht.
Die befürchtete Bedrohung durch die Türken und den Kaiser schrieb man dem Zustand der damaligen Gesellschaft zu, die Gott dafür hart strafen werde. Kurfürst Johann rief die sächsischen Stände am 5. März 1531 zur Ausschusstagung nach Torgau. Im Ergebnis druckte Georg Rhau in Wittenberg das kurfürstliche *Ausschreiben ... zu erhaltung Christlicher zucht*. Darin lesen wir über die Ursache der Kriegsgefahr: *die laster so gar hart bey allen stenden und nunmehr vhast in allen landen der cristenhait zum höchsten eingewurzelt, daß niemands keiner ordenung, peen oder straff underworffen sein noch leiden will.* Visitationen hätten sogar ergeben, dass Gotteslästerung *bey so vielen hoches und niedern standes, grafen, herrn, burgern, bawersleutten ..., auch frawen und kindern eingerissen.*[217]
Im Januar 1532 erteilte Kurfürst Johann dem *Kleinen Ausschuss* Vollmacht, die Türkensteuergelder, die in Truhen in

Wittenberg, Gotha, Zwickau und Coburg lagerten, gegen ordentliche Quittung anzufordern. Die zwölf Mitglieder des *Kleinen Ausschusses* standen dem Kurfürsten persönlich nahe und handelten in seinem Interesse.

Am 4. Februar 1532 unterzeichnete Johann eine Verschreibungsurkunde – Luther, seine Frau und seine Kinder erhielten das Schwarze Kloster samt Garten, Hof und einer Steuerbefreiung. In Kursachsen wuchs um diese Zeit die Sorge um den kränkelnden Kurfürsten Johann. Im Sommer 1532 ging er noch einmal auf die von ihm geliebte Jagd, dann starb er im Beisein der eilends aus Wittenberg herbeigeholten Professoren Augustin Schurff (Arzt), Luther und Melanchthon. So, wie Johann es mit seinem Bruder Friedrich beschlossen hatte, so wurde er in der von ihnen sehr geliebten Wittenberger Schlosskirche neben dem Bruder und Vorgänger beigesetzt. Die von ihnen erdachte Memorialstiftung in der Kirche nahm sie beide auf und dient noch heute ihrem Gedenken als Beschützer Luthers und der jungen evangelischen Kirche. Wieder hielt Luther die feierliche Predigt. Stadt und Universität trauerten um einen großen Landesherrn.

Grabmal Kurfürst Johanns des Beständigen in der Schlosskirche, Bronzeepitaph von Peter Vischer, Nürnberg

Mit dem Tode des Kurfürsten endete die Ära des Patts zwischen den Religionen. Johann war es gelungen, für die evangelischen Länder und Städte Zeit herauszuschinden, in der sich die evangelischen Landeskirchen und der evangelische Glauben festigen konnten.

Etwa ein halbes Jahr vor dem Tode des Vaters ist Johann Friedrich von Sachsen in dessen Amtsgeschäfte eingetreten. Ziel seiner Regierung würde sein, den Protestantismus und sein Kurfürstentum vor dem Kaiser und der Durchsetzung der Reichsacht gegen Luther zu schützen. Im Frühjahr 1532 erreichte er die Auszahlung einer Teilsumme der Türkensteuergelder, die in den Ausbau der Festungen in Gotha und Wittenberg flossen.

Im März 1532 notierte Luthers Tischgenosse Conrad Cordatus, der Doktor habe geklagt, würde er nur noch ein Jahr leben, so müsste er zusehen, wie man sein *armes stublin* wegrisse, daraus er *doch das bapstumb gesturmet habe*, weswegen es doch für eine ewige *Memoria* würdig wäre. Aber die große Bastion, der Wall und First des Bollwerks, *werden mirs wegfressen.*

Dabei war ihm völlig klar: *Wer sein religionem auff den wall fundiret, der hat religionem uebell studiret.*[218]

Gelder für den Schmalkaldischen Bund wurden bereitgestellt und flossen in die Abfertigung eines Kriegsvolks gegen die Türken. Man besoldete einige Hauptleute, 121 Reiter und 554 Landsknechte, erwarb Rüstwagen, Pulver und Blei. Ein Teil dieses Kriegsvolkes und mit geringen Entgelten ausgestatte Prediger und Wundärzte hatte man zum Kampf gegen die Türken nach Österreich geschickt. Ein großer Teil der Gelder floss in die Taschen der Beamten, die eine moderne Finanzverwaltung im Kurfürstentum aufbauten. Sie zahlten sich hohe Reisekosten aus und genehmigten sich aus den Türkensteuergeldern ein Jahresgehalt von immerhin 40 Gulden. Für den Notfall lagerte man 1537/1538 in den Gewölben der Schlösser in Torgau und Wittenberg 200000 Gulden ein, die bis 1540 unangetastet blieben. 1540 ließ sich der Kurfürst von den Ständen einen Teil der Gelder auszahlen und beglich damit die steigenden Kosten seiner Hofhaltung.[219]

Am 2. August 1532 wurde ein kaiserliches Edikt verkündet, das festlegte, im Angesicht der Türkengefahr sollten alle Reichs-

Südseite des Lutherhauses mit Mauerresten – man kann noch heute gut erkennen, wie nahe das kurfürstliche Bollwerk dem Lutherhaus kam

stände in Religionsfragen Frieden halten und ein Konzil abwarten. Damit erhielten die sich im *Schmalkaldischen Bund* organisierenden evangelischen Reichsstände Zeit und nutzten sie für weitere Kriegsvorbereitungen. Kurfürst Johann Friedrich ließ aufrüsten. 1537 wurde zum Beispiel auf dem Naumburger Peter-und-Pauls-Markt vereinbart, dass ein Naumburger Kaufmann bis zur Leipziger Herbstmesse 75 Zentner Salpeter, offenbar zur Herstellung von Sprengstoff, liefern sollte. Jacob Gartmann fuhr den Salpeter dann von Naumburg über Leipzig nach Torgau oder Wittenberg.[220]

Schon 1533/1534 und 1534/1535 erneuerte man in den kursächsischen Residenzen die Getreide- und Weinbestände. Überlagertes Getreide, vor allem Hafer,[221] wurde verkauft und durch neu ausgedroschenes Getreide ersetzt. Hans von Ponickau erwarb 1535/1536 für 7800 Gulden frischen Hafer. Um das Getreide in Wittenberg unterbringen zu können, wies Kurfürst Johann Friedrich an, die Klosterkirche des Franziskanerklosters dem im Kloster eingerichteten Hospital zu entziehen und in der Kirche ein Kornmagazin einzurichten. Dafür wurden 1537 sechs kostbare Altäre und der Lettner der Klosterkirche abgebrochen und zerstört. Man lagerte riesige Mengen Getreide für Kriegszeiten ein, in der Bevölkerung wuchs wegen steigender Getreidepreise die Hungersnot. Dazu kam 1539 ein stark verregneter Sommer, der das Getreide nicht reifen ließ und dann setzte wieder einmal eine schwere Pestwelle ein und brachte großes Leid über die Menschen. Luther übergab schon am Abend des 7. April 1539 eine Mahnung an den Rat der Stadt, in der er ihn aufforderte, dafür Sorge zu tragen, dass die Fischer dem armen Volk etwas lieferten, damit es nicht verhungere. Denn es sei in den letzten Tagen eine solche Knappheit gewesen, dass man weder Semmel noch Brot hat mögen ums Geld bekommen.

Am Abend kam sein alter Freund der Bürgermeister Lukas Cranach zu Doktor Martinus und entschuldigte sich, dem Rat sei das Getreide in der Mark Brandenburg mit Beschlag belegt und zurückgehalten worden. Darauf erwiderte Luther: *Groß ist die Heimtücke derer vom Adel, die alles Getreide von ihren Bauern aufkaufen und geheim halten, hemmen also das Landkorn, machen eine mutwillige Teuerung, und noch haben sie keine Gottesstrafe. Da gehört ein Fürst dazu, der mit den Junkern rede, ob sie auch Macht haben, das Landkorn dem gemeinen Markte zu hemmen. Das ist nur Menschenbosheit. Was will werden, wenn Gottes Strafe kommen würde?* Aber danach sagte er dem Bürgermeister Cranach: *Es ist die Schuld des Landvogtes Hans von Metzsch, der einige Schiffe mit Getreide aus dem Lande geschafft hat. Wie er einmal sagte: Würden die Bürger nicht gut Bier machen und wohlfeil geben, so wollte er die Gerste teuer machen, ehe sie das Maul wuschen! Dieser sein Ausspruch hat mich sehr misstrauisch gegen ihn gemacht. Gott hat uns wunderbarlich in unserm sandigen Lande gesegnet, mehr als die auf dem fetten thüringischen Boden. Laßt uns beten für unser täglich Brot! Ich habe beim Schöffer den Versuch gemacht, ob er mir einige Scheffel für die Armen bewillige. Denn als ich zur Pestzeit dem Kurfürsten den Mangel unserer Stadt klagte, dass man uns nichts zuführte, hätten also dreierlei Plagen: Pest, Hunger und Kälte; und als ich sagte: Ich werde mit den Bürgern das Korn und Holz müssen teilen und zugreifen, – da erwiderte der Kurfürst in seiner Güte: Ihr sollet auch bei mir zugreifen ...*[222]

Damals kam es zwischen dem Rat und der Bäcker-Innung zu schweren Auseinandersetzungen, in deren Folge etliche Strafzahlungen der Bäcker fällig wurden. Nur fünf Jahre später wurde der Hunger erneut so sichtbar, dass der Rat Kurfürst Johann Friedrich am 11. November 1544 berichtete, trotz reichlicher Ernte herrschen in der Stadt Knappheit und Teuerung, da die Bauern aus Geiz ihre Produkte zurückhielten. Er bat den Kurfürsten vom kurfürstlichen Kornboden in der Klosterkirche Getreide zu angemessenem Preis abzugeben. Die Universitätsleitung sandte am gleichen Tag ein ähnliches Schreiben mit gleicher Bitte an den Kurfürsten. Der Wittenberger Hauptmann Asmus Spiegel schob nun die Not auf die vordringliche Pflicht der Erfüllung des Getreidezehnts. Dazu führte er an, die Wittenberger Bäcker hätten sich nicht genügend mit Getreide bevorratet und fremde Bäcker würden durch den Rat verprellt.[223]

Also böse ist jetzt die Welt! Und die Leute werden zu eitel Teufeln, daß mir einer nichts Besseres wünschen kann, denn nur ein seliges Stündelein und darvon, antwortete der von diesen Entwicklungen schwer getroffene Luther der Kurfürstin Elisabeth von Brandenburg, als diese ihm 1539 bei einem Besuch ein langes Leben gewünscht hatte. Entsetzt sagte er ihr: *Da sei Gott für! Wenn er mir gleich das Paradies anböte, darin noch 40 Jahre allhier zu leben, so wollt ich's nicht annehmen; Ich wollte eher einen Henker mieten, der mir den Kopf abschlägt.*[224]

Im Jahr zuvor war es unter Beteiligung von Luthers Neffen Fabian Kaufmann wieder einmal zu einem Studentenaufruhr gekommen. Die jungen Leute vergnügten sich abends vor dem Schlosstore gerne mit dem Schlagen von Bällen. Dabei kam es 1543 zum Streit zwischen Studenten und Fischern und zur Stürmung von Fischerhäusern in der Vorstadt durch die Jünger des Geistes. Personen- und Sachschäden waren das traurige Ergebnis. Nach geschehener Tat hatten die Studenten offenbar längst nicht genug. Sie zogen vor das Schloss und beschimpften dort Dienstleute des Kurfürsten. Kurfürst Johann Friedrich verfügte nun die Übergabe des Anführers der Übeltäter aus dem Gewahrsam der Universität und dessen Gefangensetzung im Schloss. Am 24. Mai 1543 berichtete Hauptmann Asmus Spiegel, bei Professor Georg Maior sei ein Fenster eingeworfen worden und am 19. Juli 1543 informierte er über von Studenten begangene Gartenfrevel in der Vorstadt. Die Auseinandersetzungen zwischen Studenten und Fischern ebbten das ganze Jahr über nicht ab, obwohl schon am 21. Oktober 1538 ein kurfürstlicher Erlass betreffs der Einhaltung der Nachtruhe ergangen war, in dem angeordnet wurde: *so begern wir, ir wollet bei den Magistris und andern, so der*

Stadttore öffnen im Winter von 4 bis 20 Uhr, Pfingsten bis Bartholomäus 3.30 bis 20.30 Uhr. Außerhalb dieser Zeiten mussten Ankommende sich vor der Stadt ein Nachtlager suchen.

universität vorwant und kostgenger halten, ernstlich und bei einer namhaftigen poen vorfugen, das ir keiner uber neun uhr die kostgenger ader geste soll sitzen und zechen halten lassen, sondern dieselbigen ermahnen, still und zuchtig zu ruhe und haim und schlaffen zu gehen.

An wiederholt aufgegriffenen Ruhestörern sollte mit Relegation ein Exempel statuiert werden.[225] In dieser gefährlichen Situation für die Stadt, die durch die unmittelbare Bedrohung durch Kohlhase noch gesteigert wurde, befahl Kurfürst Johann Friedrich dem Wittenberger Rat, er solle sichere und vernünftige Nachtwächter organisieren und einen zweiten Wächter an den Stadttoren. Man solle nur Bekannte einlassen oder Leute, für die jemand bürge. Eingefallene Stellen der Befestigung waren wieder aufzubauen.[226]

Am 7. November 1543 schrieb Luther seinem Freunde Amsdorf, er hätte ihn gerne besuchen wollen, doch sei er immer wieder an der Abreise gehindert worden. *Aber ich glaube, meine Krankheit ist das Alter, hernach Arbeiten und die Faustschläge des Satans. Wider alles das kann mir die Arzeneikunst nichts helfen. Doch gebe ich ihren Meinungen nach, ob ich gleich glaube, daß sie irren.* Er meinte seine Ärzte, die ihm eine Wunde am Fuß zugefügt hatten, um dadurch seine Kopfschmerzen zu lindern. Er interessierte sich nicht mehr für Neuigkeiten. Es war wohl alles zu viel geworden. Die Welt existiere auch ohne sein Wissen darum, meinte er.[227] Einst hatte er gedacht, *die Welt wäre so fromm, sobald sie das Evangelium hören würde, würden sie zulaufen und mit Freuden es annehmen. Wie schändlich aber ich betrogen bin, erfahre ich jetzt mit großen Schmerzen.*[228]

Dennoch stieg auch unter diesen Umständen die Anziehungs-

kraft der Wittenberger Universität und die Universitätsleitung konnte dem Kurfürsten am 27. November 1543 berichten, dass sich so viele Studenten, wie nie zuvor immatrikuliert hätten.[229]
Junge Männer, die mit Schlägereien und Tumulten auf die Unruhe der Zeit reagierten, Kohlhases Räuberbande, der drohende Türkenkrieg – die Wittenberger hatten viel Gesprächsstoff. Doch einer erhitzte die Gemüter auf ganz besondere Weise, der Stadthauptmann Hans Metzsch, mit dem Luther etliche Maß Bier getrunken hat. Der Stadthauptmann hatte dem Kurfürsten Johann am 8. Februar 1529 angesichts sich verschlimmernder Krankheit Luthers wegen der begonnen Visitationen geschrieben, es sei dringend notwendig, die Visitationskommission neu zu besetzen. Metzsch gab zu bedenken, als Luther und Melanchthon längere Zeit nicht in der Stadt gewesen seien, wären *mehr dan hundert von den studenten aldo wegkgetzogen.* Er selbst könne nicht gleichzeitig den Festungsbau beaufsichtigen und als Vertreter des Kurfürsten mit der Visitationskommission reisen.
Kurfürst Johann änderte zunächst nichts an der Zusammensetzung der Kommission. 1529 visitierten Luther, Benedikt Pauli, Hans Metzsch und Hans von Taubenheim die Wittenberger Stadtkirche und erhöhten die Besoldungen des Pfarrers Johannes Bugenhagen und der Diakone ab dem 25. Dezember 1529. Als weltliches Mitglied der Kommission war Metzsch laut *Generalia* zur Kirchenvisitation nicht nur zuständig für den Bauzustand von Kirchen und Pfarren und die finanzielle Besoldung der Pfarrer, sondern sollte sich auch um *Sakramentsverächter* kümmern, die sich den Pfarrern verweigerten. Man kann sich gut vorstellen, wie man über den kurfürstlichen Hauptmann in der Stadt ratschte, tratschte und klatschte, weil der sich gerne mit *Weibern* abgab. Ein Skandal! Luther

berichtete Kurfürst Johann am 16. Juni 1531: *Unser Hauptmann Hans Metzsch ist viel und oftmals von mir gütlich und ernstlich vermahnet, er solle der Hurerei und Büberei mit Weibern abgeben, es würde mir die Länge als einem Prediger solch groß ärgerlich Wesen nicht zu leiden sein, noch zu schweigen. Überdies fährt er fort und machts so fein, daß allen Leuten Maul und Nasen, Ohren und Augen voll sind, er auch unter Augen mir bekannt, er könne ohne Weiber nicht sein. Darauf habe ich ihm abgesagt für meine Person alle Gemeinschaft und das Sakrament heimlich verboten.*[230]

Metzsch war der wichtigste Vertreter der kurfürstlichen Obrigkeit in der Stadt und Luther wollte und konnte sich nicht offen von ihm abwenden. Wir wissen nicht, was den Geistlichen besänftigt haben mag. Jedenfalls feierten er und seine Freunde Johannes Bugenhagen, Hieronymus Weller und Nikolaus Medler zum Beispiel am 2. September 1535 gemeinsam mit Hans von Metzsch im kurfürstlichen Keller des Wittenberger Schlosses. 1536 unterzeichneten die Geistlichen Luther, Justus Jonas, Bugenhagen und der Hauptmann Metzsch nach einer weiteren Visitation im Kurkreis die *Verordnung zwischen dem Gemeinen Kasten und den Wittenberger Dörfern*. Doch das skandalöse Verhalten des Hauptmanns gab auch weiterhin viel Anlass für Klatsch und Tratsch. Endlich war Luther am Ende seiner Geduld und sandte am 16. November 1538, nachdem er Metzsch, der *mit seiner Hoffahrt Gott, sein Wort und Diener, auch die Obrigkeit verachtet und sich viel Dings unterstanden und fürgenommen hatte,* brüderlich vermahnt hatte, die Diakone Magister Sebastian Fröschel und Anton Lauterbach. Dazu schrieb er den Diakonen einen *Zeddel*, auf dem er befahl, *dem Landvogt zu sagen. Erstlich, daß Magister Fröschels Absolution soll nicht sein, weil er sich nicht recht erkennet hat. Zum Andern, daß er das Sakrament empfangen hat in seinen Sünden, ungebüßet, das soll er tragen, nicht ich. Zum Dritten, wo er will ein Christ sein, daß er zuvor sich erst versöhne mit uns Predigern, Pfarrherrn, auch mit dem Rath und Stadt.* Hans Metzsch musste die Stadt verlassen und wurde versetzt.

Gottverachtung war sicherlich nicht nur eine Sünde des Wittenberger Hauptmanns. Die Kirchenvisitation in Schleesen, einem kleinen Dorf in der Elbaue, erbrachte 1536 nicht nur Einnahmen aus verkaufter Schafwolle und Ausgaben zur Ausbesserung der Zaunes und der Mauer um den Friedhof, sondern auch Ausgaben in Folge eines Einbruches in die Kirche. Es waren gewiss keine frommen Christen, die das Schloss der *kirche freitags vhor fastnacht erbrochen und Ein kilch mit einer pathen geräubt* haben. Die Reparatur des Schlosses kostete die kleine Gemeinde 4 Groschen. Dazu kam ein Groschen Wachgeld. Die Kirche stand nach dem Einbruch ja offen. 12 Groschen haben dann noch die drei Personen verzehrt, *im dorff und alhir zu Wittenpergk in machung und haltunge der rechnunge.*[231]

Im Gefolge der Reformation entstand eine neue Art von Kriminalfällen und sorgte unter Wittenbergs Einwohnern für Klatsch und Tratsch: 1544/1545 schrieb ein Mann namens Hans Gammer etliche Bettelbriefe und verschloss sie mit angeblichen Petschaften (Siegeln) des einheimischen Adels. Mit den Bettelbriefen ließ er zwei Frauen in der Stadt um Almosen bitten, bis der Schwindel aufflog. Im Amt wusste man anfangs nicht, wie man mit den Betrügern umgehen sollte. So etwas hat man bis dahin nicht gekannt. Darum bat man die Juristische Fakultät um Entscheidungshilfe. Das Trio saß elf Tage im Turm ein und wurde dann des Landes verwiesen.[232]

Das Wittenberger Schloss wird bei Führungen heute gerne romantisiert. Aber es war nicht nur Ort von Kunst und Kultur, Ort fröhlicher Zechen im Keller des Kurfürsten, Wohnung

kurfürstlicher Prinzen während ihrer Ausbildung, Gasthaus für fürstliche Gäste, sondern auch Ort von Gefangenschaft, Folter und Tod. Schmutz, schlechte Versorgung und Hunger waren gewiss die geringsten Übel einer Haft. Im Rechnungsjahr 1544/1545 starb im Schlossturm eine Frau, die man in ihrer Gefangenschaft gefoltert hatte. Die Frau stammte aus Bietegast und hatte dort ihre beiden Kinder *zurmetzelt und zuhawen, ein unmenschlicher fall*. Der Totengräber erhielt vom Amt 9 Groschen, weil er die Leiche der an den Folterfolgen verstorbenen mörderischen Mutter aus der Stadt gebracht und begraben hatte.[233] Folter gehörte zur Haft, auch wenn der Fall längst offenkundig war und die Folter kein Geständnis erzwingen sollte. Da nimmt es nicht Wunder, wenn es 1545 wieder einmal zu Tumulten kann, nachdem ein wegen Körperverletzung inhaftierter Student aus der Jurisdiktion der Universität, wie in solchen Fällen üblich, in die peinliche Jurisdiktion des Amtsschossers übergeben und dieser also aus dem Karzer ins Schlossgefängnis überstellt wurde.[234]
Wittenberg war Luthers Stadt und selbst die Vertreter der Obrigkeit beugten sich ihm.[235] Das war keineswegs überall in Mitteldeutschland so. Am 16. Mai 1544 schrieb Luther seinem Freunde Nikolaus Amsdorf, der damals als Bischof in Naumburg-Zeitz amtierte, und meinte, die schweren Kopfschmerzen, die ihn vor Antritt der geplanten Reise nach Naumburg befielen und ihn zu Hause bleiben ließen, seien ein Fingerzeig Gottes gewesen, denn es heiße, Reiter würden umherstreifen. Sein Leben wäre dadurch womöglich gefährdet gewesen. Er wolle die Reise auf heimlicheren Wegen antreten und bitte Amsdorf, ihm mitzuteilen, welche Reiseroute seines Erachtens sicher wäre.[236]
In seiner Stadt und ihrer Umgebung gab es in Luthers letzten Lebensjahren sehr viel Unruhe und besorgniserregende Vorfälle, um die sich die Reformatoren kümmern mussten.

Darüber hinaus waren sie auch in die äußere Politik einbezogen. So teilte Stadtkirchenpfarrer Johannes Bugenhagen dem König Christian von Dänemark am 12. April 1545 mit, er wäre gerne der Einladung gefolgt. Doch man habe ihm das Bistum Camin angetragen und er habe es zugunsten Wittenbergs abgelehnt. Darauf hätten ihn die pommerschen Herzöge gebeten, den von ihm vorgeschlagenen Bischof in sein Amt einzuführen. Das habe er ebenfalls abgelehnt. Nun warte er, wie die Herzöge auf die erneute Ablehnung reagieren würden. Er würde wegen des tagenden Reichstages in Wittenberg dringend gebraucht. *Auch wen etliche von uns sollten auszihen zum Reichstage, so musten ja etliche hie bleiben bei der Kirchen und Schulen, besonders bei unserm lieben Herrn und Vater Doctor Martinus, den wir in seiner schwachheit und alter und in seinem grossen Arbeit, wie er von Gots gnaden noch vermag, nicht konnen oder müssen alleine lassen etc.* Hier diskutiere man über die Protestantenverfolgung in den Niederlanden und das vor den heranrückenden Türken noch immer ungenügend geschützt erscheinende Wien. Wegen des Reichstages und seiner ungewissen Entwicklung verlange Kurfürst Johann Friedrich jederzeit Beratung durch seine Theologen und verböte alles Reisen.[237]

In Sachsen ist in jenen Jahren selbst in die althergebrachte Ständeordnung Bewegung gekommen. So war es 1542 in Steuermandaten des Kurfürstentums und auch des Herzogtums Sachsen selbstverständlich, dass neben Bürgern und Bauern nun auch Adel und Geistlichkeit zur Zahlung der Türkensteuer herangezogen wurden. Diese Steuer floss damals zu einem Drittel in die Kassen des Reichspfennigmeisters in Frankfurt/Main.[238] In der Stadt gingen die laufenden Kriegsvorbereitungen weiter. Ostern 1545 brachte

Die Stadtkirche vom Wallgraben aus gesehen

man Geschützrohre von Freiberg nach Meißen, um sie auf der Elbe nach Torgau und Wittenberg zu transportieren. Die Freiberger Glockengießer- und Geschützgießer Hilliger belieferten die kursächsischen Zeughäuser mit gegossenen Büchsen und grobem Geschütz und verarbeiteten wiederholt von der kursächsischen Administration gelieferte *alte Büchsen und Glocken*.[239]

KAPITEL 5
DIE HEILIGE STADT

Luthers Zeitgenossen waren sich der Bedeutung Wittenbergs und seiner Universität als Wiege der Reformation durchaus bewusst.
Nach Abschluss der Visitationen, die in der Stadt von 1528 bis 1532 stattfanden, wurde 1533 eine neue *Kirchen-Ordnung für die Stadt Wittenberg* erlassen. Der Bedeutung und Würde der alten Hauptstadt des Kurfürstentums Sachsen und ihrer Universität angemessen, wurde darin festgelegt:

Und nachdem WITTENBERG sonst die Hauptstat in der Chur zu Sachsen und eine ehrliche Hohe Schule ist, doraus durch Gottes Gnade das heilige Evangelium in dieser letzten Zeit revelirt, so soll die Kirch im Land zu Sachsen ein Metropolis und der Pfarrer daselbst die Obersuperattendenz haben, nach dem sich alle andere Kirchen zu richten und zusambt dem Probst zu KEMBERG auf alle andere Superattendenten im Churfurstenthumb, nemlichen der Pfarrer zu WITTEMBERG auf die, so diesseits der Elbe, und der zu KEMBERG auf die andern, so jenseits der Elbe sein, desgleichen auf die Pfarrer aufsehen haben.[240]

Vätern aller Stände war es eine Ehre, ihre Söhne in Wittenberg studieren zu lassen. War das nicht möglich, wollten sich junge Theologen in der Wittenberger Stadtkirche wenigstens in ihr Pfarramt ordinieren lassen. Ein Viertel der Ordinierten stammte nicht aus Sachsen und die Hälfte von ihnen hatte nicht in Wittenberg Theologie studiert. Bei ihrer Ordination hatten 425 Berufserfahrungen als Schulmeister gesammelt, 211 als Küster, 81 als Kantoren, 30 als Schreiber oder sie waren zuvor im Handwerk tätig geworden, immerhin 18 als Buchdrucker und sogar 22 als Tuchmacher. Die Vorbildung und Befähigung der jungen Männer war also gewiss nicht gleich.[241]

Am 20. März 1545 schrieb Luther dem Kurfürsten Johann Friedrich: *Wir haben gottlob wohl Vorrat in jungen Theologen. Aber wir müssen soviel in fremde Länder haben, daß, wo einer reif ist, viel Hände nach ihm fragen, daß wir so plötzlich nicht können alle Stund geben, wer und was er haben will. ... So ziehen auch die Städte sehr wenig Schüler, meinen, wir haben hier der Fülle und ubrig, die man ihnen schicken solle. ... Wittenberg vermag doch nicht aller Welt Pfarrherr geben.*[242]

Die Reformatoren haben sich in der Auswahl der Bewerber und der jeweiligen Pfarrstellen untereinander abgestimmt und beraten. Besonders wichtige Pfarrstellen sollten mit besonders fähigen Pfarrern besetzt werden. Beim Studieren des damaligen Briefverkehrs fällt auf, dass die Reformatoren sich in Wittenberg sehr wohl bewusst waren, dass der anfragende Rat und die Kirchengemeinde ihre Entscheidung dankbar und geehrt akzeptieren würden. Nach der Prüfung der Fähigkeiten der jungen Geistlichen hat sie zumeist Superintendent Johannes Bugenhagen in ihr Pfarramt ordiniert. Seit 1537 wurden die Namen, die Herkunft, die Pfarrstelle und der ordinierende Geistliche in ein Ordinationsregister eingetragen. Daher wissen wir, dass zwischen 1537 und 1558 in der Stadtkirche mindestens 1833 Geistliche ins Pfarramt ordiniert worden sind, davon 1470 durch Bugenhagen. Wenn man bedenkt, dass die Pfarrer

nicht nur in Sachsen Pfarrstellen erhielten, sondern auch in Dänemark, Finnland, Flandern, Brandenburg, Braunschweig, Mähren, Mansfeld, Mecklenburg, Österreich, Preußen, Schweden, Siebenbürgen, Ungarn und so weiter, wenn man das bedenkt, sieht man schnell ein, dass die Wittenberger Ordinationen für die Verbreitung und Festigung des Luthertums von entscheidender Bedeutung gewesen sind.

Keinem der Ordinierten wird ein ähnliches Predigttalent wie Luther geschenkt worden sein. Und doch stellte er sogar für sich fest: *Wenn einer zum ersten Mal auf den Predigtstuhl kömmt, Niemand gläubet, wie bange einem dabei wird; er siehet so viel Köpfe vor sich! Wenn ich auf den Predigtstuhl steige, so sehe ich keinen Menschen an, sondern denke, es seien eitel Klötzer, die da vor mir stehen, und rede meines Gottes Wort dahin.* Und als Doktor Erasmus Alberus in die Mark Brandenburg ziehen wollte, und sich vor Predigten im Beisein des Fürsten graute, riet ihm Luther: *Alle deine Predigten sollen auf*

Einfältigste sein, und siehe nicht auf den Fürsten, sondern auf die einfältigen, albern, groben und ungelehrten Leute, welches Tuches auch der Fürst sein wird. Wenn ich in meiner Predigt sollte Philippum Melanchthonem und andere Doctores ansehen, so machte ich nichts Gutes; sondern ich predige auf Einfältigste den Ungelehrten und es gefällt Allen. Kann ich denn Griechisch, Hebräisch, das spare ich, wenn wir Gelehrten zusammen kommen, da machen wir's so krause, daß sich unser Herr Gott darüber verwundert.[243]

Die Zahl der in Wittenberg Studierenden erreichte in diesen letzten Lebensjahren Luthers einen Höhepunkt nach dem anderen. Bald kam ein Student auf drei bis vier Erwachsene. Man kann sich leicht vorstellen, wie sie und ihre Bedürfnisse das Leben innerhalb der Stadtmauern bestimmten. Sie blieben durchschnittlich vier bis sechs Semester und studierten bei Weitem nicht nur Theologie, sondern auch Medizin, Naturwissenschaften, Bauwesen, Sprachen, alles, was man damals an einer Universität studieren konnte. Dann gingen sie in ihre Heimat oder folgten der Arbeit und nahmen ihre Erinnerungen an ihren Studienort mit. Sie stießen dann immer wieder auf ehemalige Wittenberger Studenten und waren dadurch überall gut vernetzt. Die Grundlagen dieser Vernetzung, die noch heute für jeden Berufsanfänger von größter Bedeutung ist, haben damals Luther, Melanchthon, Bugenhagen und deren Kollegen für sie gelegt.
Man müsste also meinen, Luther sei in seiner Stadt Wittenberg und an seiner Universität glücklich gewesen. Hatte er hier nicht alles? Ansehen, beste Arbeitsbedingungen, Haus, Familie, Freunde?
So wie 1522, als das Eingreifen des Rates in Kirchenangelegenheiten ihn zur Rückkehr von der Wartburg bewegt hatte, so sah

er sich in den 30er Jahren immer wieder nach Übergriffen der Räte auch befreundeter Städte auf deren Kirchen und Pfarrer zum Eingreifen gezwungen.

Am 30. September 1535 schrieb er, sehr erbost über die Vorgänge in Torgau, an seinen alten Freund, den Pfarrer Gabriel Zwilling: *Es ist mir leid, daß Euer Torgauer sich so undankbar gegen das Evangelium stellen und sich unterstehen, aus eigener Durst Euch, Pfarrherr und Kapellan, zu Knechten zu machen, aufs Rathaus zu fordern ihres Gefallens. Wer hat sie gelehrt, solchen Gewalt, der ihnen nicht gebuhrt, zu sich zu rauben? Sind dies die Fruchte ihres Glaubens? Wohlan, weil sie so vergessen sind worden und vom Glauben gefallen, sollt Ihr wiederumb nichts tun, was sie haben wollen. Denn wir haben sie mit großer Muhe und Arbeit von des Papsts unerträglicher Tyrannei erlöset und streiten noch ohn Unterlaß für ihre Freiheit, und sie fahren zu und wollen uns mit Fußen treten und den Papst stärken und uns schmähen. So sei ihr Vornehmen verflucht, Amen.* Und auch mit dem Zwickauer Rat, der ohne Absprache einen Pfarrer eingesetzt hatte, hatte Luther einen schweren Streit. Am 27. September 1536 machte Luther dem Bürgermeister und Rat zu Zwickau besorgt deutlich: *Mein Herz ist je das, man solle die zwei Regiment, weltlich und Geistlich, oder Rathaus und Kirchen, nicht mengen, sonst frisset eins das ander und kommen beide umb, ...*[244]

Am 8. April 1535 klagte Luther in einem Brief an Dorothea Jörger im Tollet/Oberösterreich: *Bey euch ist hunger und durst zum Wort Gottes, Bey uns ists mans so satt und vberdrussig (vnter vielen), das es Gott verdriesen mus. Wolan, die wellt ist wellt, Gott helff vns allen.*
Predigen, Vorlesungen halten, Briefe schreiben, Gäste empfan-

Der Wallgraben im Süden des Lutherhauses

Stadtkirche von 1517.
(Nach alten Zeichnungen und Beschreibungen entworfen und gezeichnet von A. Spitzer.)

gen, Gutachten und Schriften verfassen, dazu die Besorgnisse eines Hausvaters, der seiner Auffassung nach verpflichtet war, Familie, Hausgenossen und Gesinde das Notwendige zukommen zu lassen, und zunehmende Krankheiten und Schmerzen erschöpften die Kräfte. Seinem geliebten Freunde Justus Jonas klagte Luther im Frühjahr 1538, nun, *da ich doch als ein alter und ausgedienter Mann diese Tage lieber im Garten ge-*

nießen sollte und schauen, was des Greises Freude ist, all die Wunderdinge Gottes, die er werden lässt …; das wäre für mich wohl eine Lust und Muße, wenn ich nicht um meiner früheren Sünden willen verdiente, durch beschwerliche und oft nutzlose Geschäfte all dessen beraubt zu werden …[245]

In der Stadt kam es zu heftigen Aufregungen, um Studenten, die jede Chance nutzten, Freizeit zu haben, um Studenten, die sich nach Ansicht der Bürgerschaft überreichlich modisch kleideten und in der *Specke* erotische Abenteuer suchten. Bürger boten überteuerte Waren an. Bürger und Bauern, oder noch schlimmer, die Junker (Gutsbesitzer), darunter auch Johann Staupitz' Schwester(!) brachten den Pfarrern nicht mehr freiwillig die Abgaben, die diesen von alters her rechtlich zustanden. In Käthe Luthers Gut Zülsdorf verschwand plötzlich Bauholz, das der Kurfürst Luther geschenkt hatte. In Wittenberg wurde mit Wissen des Rates ein ihm gehörender Acker einfach überbaut.[246] Immer wieder gab es Ärger mit faulem oder diebischem Gesinde und dann war da auch noch der Kummer mit den Wallbauten, die sein Haus immer stärker bedrohten.

Die Liste der Kümmernisse ist unendlich lang und dennoch meinte Luther um 1538 einmal bei Tisch: *Ich habe 24 Jahr allhie gepredigt, den Weg zur Kirchen also oft gegangen, dass nicht Wunder wäre, dass ich nicht allein die Schuhe, sondern auch meine Füße auf dem Pflaster abgewetzt hätte. Ich habe das Meine getan, fühle mich wohl…,*[247] aber: *Falsche Christen, die sich evangelisch rühmen und bringen doch keine gute Frucht, sind wie die Wolken ohne Regen, damit der ganze Himmel überzogen, dunkel und finster gemacht wird, und doch daraus kein Regen fället, der die Erde fruchtbar machet. Also geben nun viel Christen große Heiligkeit vor, aber da ist kein Glaube gegen Gott, noch Liebe gegen den Nächsten.*[248]

Die Collegienstraße – Luthers Weg zur »Arbeit«

Mangelnder Glaube an Gott war für Luther und seine Freunde verabscheuungswürdig und doch muss dies zu seinen Lebzeiten häufig vorgekommen sein. Immer wieder wurde die Frage der Gottlosigkeit von ihm durchdacht. Weitsichtig bis in unsere Tage heißt es zum Beispiel: *Da nun die Gottlosen, weil sie das Vertrauen auf Gott verloren, am Gelde und ihren Werken hängen, kann es nicht anders sein, sie müssen mit elendem Kummer und Furcht, das Geld zu verlieren, gequälet werden. Dann müssen sie sich, weil sie nicht durch den Glauben gerechtfertigt sind, auch mit ihren nichtswürdigen Menschensatzungen ängstlich und fürchterlich plagen. So werden sie also von einer doppelten Furcht geängstigt: Die eine ist, daß sie nicht etwa sündigen; die andere, daß sie nicht Mangel leiden mögen.*[249] Weit vorausschauend schrieb er 1536 in *Der 23. Psalm uber Tisch ausgelegt* von den Gottlosen, die niemals Frieden finden, egal ob es ihnen gut geht oder nicht: *Denn gehet es ihnen wol, so werden sie vermessen, hoffärtig und stolz, vergessen unseres Herrn Gottes ganz, pochen und trotzen allein auf ihre Gewalt, Reichtum, Weisheit, Heiligkeit usw. und sorgen daneben, wie sie erhalten und mehren und andere, die ihnen im Wege liegen, verfolgen und unterdrücken können. Kehret sich aber das Blatt mit ihnen, was denn endlich gewiß geschehen muß, so sind sie die elendesten und betrübtesten Leute, die flugs verzweifeln und verzagen.*[250]

Seine geliebte Ehefrau Käthe meinte nach dem Besuch eines Gottesdienstes in der Stadtkirche einmal: *Ei, Herr, es war so voll in der Kirchen, dass es stank*, und erhielt zur Antwort: *Es ist auch mancher guter Haufen Dreck drinnen gewesen, wiewohl verborgen, und ist das Beste daran, dass sie ihn wieder ausgetragen haben.*[251]

Luthers Missstimmung gegenüber seiner Gemeinde war wohl auch ihrer mangelnden Gesangeskunst geschuldet, die ihn erzürnte, weil die Leute im Gottesdienst die Lieder und Psalmen nur herunterbrummten. Dieses Blöken und Brummen brachte ihn sogar dazu, empört den Gottesdienst zu verlassen. Entsetzt darüber vermahnte Bugenhagen die Unmusikalischen: *Du hast mir unsern Vater Doktor Martinus aus der Kirchen gejagt, du wirst mich auch verjagen, dass ich dir nicht predigen werde.*[252]

Im Sommer 1545, es war der letzte Sommer seines Lebens, hatte der nun 62-jährige Luther die große Freude, seinen jungen Freund, den Fürsten Georg von Anhalt zum Bischof von Merseburg weihen zu können. Fürst Georg gehörte zu den

mit den Wittenberger Reformatoren eng verbundenen anhaltinischen Fürsten. Er war ein hochgebildeter und tiefreligiöser Mann, der auch unter Katholiken großes Ansehen genoss. Der Fürst hatte sich unter anderem bei einem längeren Aufenthalt im Lutherhaus auf sein hohes Amt vorbereitet. Fürst Georg blieb der einzige adelige ordinierte evangelische Bischof der Lutherzeit.
Noch einmal ging Doktor Martinus auf die Reise. Bei ihm waren Caspar Cruziger, sein ältester Sohn Johannes Luther und einer seiner Hausgenossen, der Student Ferdinand Maugis. Wieder zog man durch die nach Sommer und Waldfrische duftende Dübener Heide und machte in der geschäftigen Messestadt Leipzig im Hause des reichen Kaufmanns Heinz Scherl Station. Am nächsten Tage reiste man in Amtssachen weiter nach Zeitz zum alten Freunde Nikolaus von Amsdorf. In der langersehnten Gesellschaft Amsdorfs erreichten den Doktor wieder schlechte Nachrichten aus seinem Hause in Wittenberg. Wieder ging es um sein Gesinde und dessen Verfehlungen.

Ich würde es gerne so machen, daß ich nicht wieder nach Wittenberg zu kommen brauchte, schrieb er am 27. Juli 1545 seiner Frau aus Zeitz, vollkommen erschöpft vom Ungemach, das wieder zu ihm drang. *Mein Herz ist erkaltet, so daß ich nicht mehr gerne da bin.* Katharina muss vor Entsetzen gezittert haben, als sie den Befehl ihres Ehegemahls las: *Ich wollte auch, daß Du Garten und Land, Haus und Hof verkaufen würdest und ich würde meinem gnädigen Herrn das grosse Haus zurückschenken. Es wäre für Dich das Beste, wenn Du Dich nach Zülsdorf begeben würdest, solange ich lebe und ich könnte Dir mit dem Sold gut helfen, das Gütchen zu verbessern. Denn ich hoffe, mein gnädigster Herr wird mir den Sold zum wenigsten im letzten Jahr meines Lebens ausfolgen lassen.* Ihm ist durch-

aus bewusst, dass seine Witwe in Wittenberg einen schweren Stand haben würde. *Nach meinem Tod werden Dich die vier Elemente in Wittenberg doch nicht dulden. Darum wäre es besser zu meinen Lebzeiten getan, was getan werden muss,* schrieb er seiner Frau, die so hart für Haus und Hof gearbeitet hat.
Aus Luthers Brief spricht im Angesicht der politischen Entwicklung große Sorge vor einem Krieg zwischen Kaiser und Protestanten. Was wird dann aus der Stadt und der Universität? *Vielleicht wird Wittenberg, wie es sich mit seiner Herrschaft anlässt, nicht den Veitstanz oder den Johannistanz, sondern den Bettlertanz oder den Teufelstanz kriegen, wie sie ja schon begonnen haben, die Jungfrauen vorne und hinten zu entblössen (im Drehtanz, ESt) und niemand ist da, der es strafe oder verwehre und Gottes Wort wird dazu verspottet.* Der Doktor sah die Kriegsgefahr durch die mangelnde Moral der Studenten, die ihn gerade in jener Zeit besonders abgeschreckt hat, verstärkt.
Luther war so verletzt und resigniert, dass er seiner Frau über seine Pläne für sich schrieb: *Ich will also umherschweifen und eher das Bettelbrot essen, ehe ich mir meine armen, alten, letzten Tage mit dem unordentlichen Leben zu Wittenberg martern und beunruhigen lasse, unter Verlust meiner sauren, teuren Arbeit. Du kannst das, wenn Du willst, Doktor Pommer* (Bugenhagen) *und Magister Philipp* (Melanchthon) *wissen lassen und fragen, ob Doktor Pommer Wittenberg von mir segnen will. Denn ich kann meinen Zorn und meine Unlust nicht länger zurückhalten.*[253]

Man kann sich gut vorstellen, wie die fassungslose Lutherin mit dem Brief in der Hand bei dem in der Nachbarschaft wohnenden Freund Melanchthon ankam. Der Reformator wird, nachdem er die Zeilen des resignierenden und enttäuschten Freundes gelesen hatte, zu Bugenhagen geschickt haben. Die Universitätsleitung wurde informiert, der Rat der Stadt und natürlich der sich in Torgau aufhaltende Kurfürst Johann Friedrich. Nur fünf Tage, nachdem Luther den Brief, der ja nach Wittenberg per Boten getragen werden musste, geschrieben hatte, wandte sich die Universitätsleitung am 1. August an den Kurfürsten. Es ging um die Frage, wie Luthers Absicht, Wittenberg zu verlassen, zu hintertreiben sei. Der Ruf der Universität stand auf dem Spiel, die nun beweisen musste, dass sie durchaus in der Lage war, ihren bedeutendsten Professor in der Stadt zu halten.[254]

Während der an einem Nierenleiden laborierende Reformator in Merseburg am 2. August den Fürsten zum Bischof ordinierte, waren seine Freunde Melanchthon, Bugenhagen, Georg Major, Gregorius Matthäi und Hans Lufft schon auf dem Wege zu ihm. Offiziell gaben die beiden Universitätsprofessoren sowie der hinzugeeilte Bürgermeister und der Stadtrichter von Wittenberg vor, an der Nachfeier der Bischofsweihe teilnehmen zu wollen. Wohl darum schlossen sich den Reisenden in Leipzig auch noch der Freund Joachim Camearius und Magister Hans Kram an. Aus Halle eilte Stadtpfarrer Wanckel herbei und aus Torgau auf Befehl des Kurfürsten Luthers Freund, der kurfürstliche Leibarzt Matthäus Ratzeberger. Plötzlich war der Überdrüssige von seinen liebsten Freunden umgeben und musste erkennen, Universität, Stadt und Kurfürst – keiner wollte ihn ziehen lassen. Die Ordination und alle darum stattfindenden Feiern und Beratungen verliefen zur Zufriedenheit aller Teilnehmer. Da erreichte Luther noch eine Einladung zu Kurfürst Johann Friedrich und dessen Familie im neu gebauten Torgauer Schloss. Es müssen schöne und befriedigende Tage gewesen sein, die der Reformator in Torgau verleben konnte und so fiel es wohl leicht, nach Hause, nach Hause in das noch eben so verteufelte Wittenberg und in die Arme seiner Frau Katharina zurückzukehren.

Ende des Jahres 1545 teilte Kurfürst Johann Friedrich mit, er habe Kanzler Gregor Brück mit der Erstellung einer Luxusordnung beauftragt, denn die von den Studenten gerne getragene modische Kleidung hatte Luther immer wieder erzürnt und man wollte ihm jeden Stein des Anstoßes aus dem Wege räumen. Melanchthon verfasste um diese Zeit neue Satzungen für den Studiengang an der Wittenberger Universität und das Verhalten der Studenten sowie Satzungen für die Theologische und die Philosophische Fakultät. Sie wurden 1545 und 1546 unter dem Titel *Academiae Witebergensis leges* in der Werkstatt Joseph Klugs gedruckt und fanden weite Verbreitung. Das Neue Jahr 1546 begrüßten die Freunde an einer Festtafel im Lutherhaus, während unverbesserliche Studenten Feuerwerk in die Stadt warfen[255] und damit wieder den Zorn Luthers provozierten und durch das Feuerwerk die Häuser in der Stadt gefährdeten.

Alt, abgelebt, müde, kalt und nun gar halbblind schreibe ich Euch, teilte er am 17. Januar 1546 seinem alten Freunde Jakob Propst in Bremen mit. An diesem Tage predigte Doktor Martinus Luther nach mehr als vierzig Jahren Predigttätigkeit zum letzten Male in seiner Wittenberger Stadtkirche. Alleine durch seine Arbeit in der Wittenberger Gemeinde und sein Bemühen, sie zum Evangelium zu führen und sie auf ihrem Wege zu begleiten, ist die Stadtkirche die eigentliche Lutherkirche.

Die Schlosskirche und die dort untergebrachte Reliquiensammlung Kurfürst Friedrichs war zugleich auch Universitätskirche und erlangte größte Bedeutung für die Reformation. Sie war die Kirche des Kurfürsten mit der von ihm eingerichteten Memorialstiftung für seine Familie. An ihre Tür, an die

Kurfürst Johann Friedrich und Luther, den Gekreuzigten anbetend, Holzschnitt von Lukas Cranach d. J.

Tür der Stadtkirche, der Kirche des Franziskanerklosters, der Antoniterkapelle und die übrigen Schwarzen Bretter der Universität hat man die *Thesen* angeschlagen. Ihre endgültige »Heiligung« fand die Schlosskirche, als man den auf einer Reise in seiner Geburtsstadt Eisleben verstorbenen Reformator zurück nach Wittenberg brachte und hier auf Befehl des Kurfürsten Johann Friedrich von Sachsen in der unmittelbaren Nähe der Gräber »seiner« ihn und sein Werk beschützenden Kurfürsten Friedrich und Johann zur letzten Ruhe gebettet hat.

Als Luther im Frühjahr 1537 in Gotha schwer erkrankt war,

hatte er den Pfarrer Friedrich Myconius zu sich gerufen und mit ihm sein Begräbnis besprochen. Anschließend rief man nach Johannes Bugenhagen, der sofort erklärte, daß er *verschaffen wollte, daß er sollte zu Wittenberg in die Schloßkirche geleget werden, aus welcher der Quell des Lebens in alle Welt geflossen ist.*[256]

QUELLENNACHWEISE

1 Herzog Albrecht II. heiratete 1373 Agnes, Tochter König Rudolf von Habsburgs. Ihr Sohn Rudolf I. von Sachsen vermählte sich um 1329 mit Kunigunde, Tochter König Wladislaw I. von Polen.
2 Hermann Schild, Wittenbergische Stadtrechnungen, in: Neue Mitteilungen aus dem Gebiet historisch-antiquarischer Forschungen 15, 1882, S. 389
3 Kurfürst Friedrich, Buch der wilküre, 1449, Abschrift, in: RA Wittenberg Nr. 69=Bc 57: allerhand zum Archiv gehörige Original Befehle und Acta über zusammen gezogene einzelne Stadt-Sachen, die nicht wohl separiret und zu keinen gewißen Acten gebraucht werden können d. a.1512 biß 1612, S. 21 – Ich gebe die alten Inventarnummern im Ratsarchiv an, weil ich von mir dort in den 80er Jahren betriebene umfangreiche Studien nutzen kann. (Sind die alten Inventarnummern noch erhalten neben den neuen?)
4 Thomas Lang, Der Kurfürst zu Besuch in seiner Residenz: Nutzung und Ausbau der Wittenberger Residenz in der Zeit von 1485–1510, in: Wittenberg-Forschungen. Band 1: Das ernestinische Wittenberg. Universität und Stadt (1486–1547). Hrsg. v. Heiner Lück, Enno Bünz, Leonhard Helten, Dorotée Sack und Hans-Georg Stephan im Auftrage der Stiftung Leucorea, Petersberg: Michael Imhof Verlag 2011, S. 114, Anm. 205
5 Richard Erfurth, Geschichte der Stadt Wittenberg, Wittenberg 1910, S. 29
6 RA Wittenberg: Bc 4 = Nr. 7 Der Chur Stadt Wittenberg Urbarii II. Teil von denen Cämmerey-Renthen und Einkünften ... Band 1, S. 28
7 Ulrike Ludwig, Die Universitätsgebäude von der Gründung der Leucorea 1502 bis zum Jahr 1547, in: Wittenberg-Forschungen, Band 1: Das ernestinische Wittenberg, S. 132
8 Karl Alexander von Müller, Die Landshuter Hochzeit, in: Unbekanntes Bayern. Verborgene Heimat, 2, München 1956, S. 103ff.; Malgorzata Omilanowska und Tomasz Torbus, Tür an Tür. Polen–Deutschland. 1000 Jahre Kunst und Geschichte. Kuratorin Anda Rottenberg, Dumont Verlag 2011, Ausstellung im Martin Gropius Bau Berlin, S. 250; Georg Buchwald, Luther-Kalendarium, in: Schriften des Vereins für Reformationsgeschichte, Jg. 47, Heft 2, Nr. 147, Leipzig 1929, S. 111
9 F. Belding, Chronik der Lutherstadt Wittenberg, Adolf Tietze für Millmann, Magdeburg 1929, S. 11; die Quelle dafür ist Titius
10 Thomas Lang, Der Kurfürst zu Besuch in seiner Residenz, S. 115 und 109
11 Die Geschichte der Torgauer Elbbrücke, in: Heimatkalender des Kreises

Torgau 1958, S. 66; Manfred Straube, Der Warenverkehr auf dem Ober- und Mittellauf der Elbe zwischen Pirna und Wittenberg zu Beginn der frühen Neuzeit, in: Wirtschaftshistorische Studien. Festgabe für Othmar Pickl, Hrsg. v. Karl Hardach, Frankfurt/Main: Peter Lang Verlag 2007, S. 244 Anm. 72, nach: Friedrich Joseph Grulich, Denkwürdigkeiten der altsächsischen kurfürstlichen Residenz Torgau aus der Zeit und zur Geschichte der Reformation, hrsg. von Johann Christian August Bürger, Torgau 1855, S. 22

12 Wolff, Aus der Geschichte der Roßlauer Elbbrücke, S. 65

13 Heinrich Heubner, Schlichtung Herzog Rudolfs I. von Sachsen-Wittenberg zwischen den Fleischhauern und Juden in WB vom 4. April 1939. in: Glaube und Heimat. Kalender für den Kirchenkreis Wittenberg 1939, S. 38ff.

14 Richard Erfurth, Geschichte der Stadt Wittenberg, S. 12f., A.W. Meyner, Geschichte der Stadt Wittenberg aus archivalischen und anderen zuverlässigen Quellen, Dessau 1845, S. 26

15 RA Wittenberg, Kämmereirechnungen: Bc 4 = Nr. 7, S. 299a und b

16 Antje J. Gornig, Das religiöse Gemeinleben im mittelalterlichen Wittenberg; Fritz Bünger und Gottfried Wentz, Das Bistum Brandenburg, in: Kaiser-Wilhelm-Institut für Deutsche Geschichte (Hrsg.), Germania Sacra. Die Bistümer der Kirchenprovinz Magdeburg, Band 3, Berlin: Verlag Walter de Gruyter & Co 1941, S. 374ff.

17 Max Lossnitzer, Funde und Neuerwerbungen in den Kunstsammlungen auf der Feste Coburg

18 Fritz Bünger und Gottfried Wentz, Das Bistum Brandenburg, S. 81–89, 108f., 115, 117, 150f. und 375

19 A.W. Meyner, Geschichte der Stadt Wittenberg, S. 89f.; Max Senf, Calendarium historicum Vitebergense. Das ist Ein allgemein Calender, in welchem vff jeden tag durchs gantze Iar, eine namhaffte Geschicht oder Historien, so sich voriger oder neulicher zeit hin und wider in Wittenberg zugetragen, vermeldet vnd gezeit wird. Zusammen getragen, Wittenberg: Verlag Max Senf 1912 – Eine Karena wurde Büßern von Bischöfen oder auch Klostervorständen für größere Sünden auferlegt. In 40 Tagen musste der Büßer ein sehr strenges Fasten einhalten, durfte nur Wasser und Brot zu sich nehmen. Mitunter wurde er in dieser Zeit sogar eingekerkert und manchmal wurden Büßern fünfzig, hundert und noch mehr Karenen aufgebürdet.

20 Johannes Schlageter, Das Franziskanerkloster in Wittenberg, S. 88 und Anm. 12; Lorenz Friedrich Beck, Herrschaft und Territorium der Herzöge von Sachsen-Wittenberg (1212–1422), Potsdam: Verlag für Berlin-Brandenburg 2000, S. 88

21 Helmar Junghans, Wittenberg als Umwelt für Luthers Alltag. In: Alltagsleben zur Zeit Martin Luthers: »Gott hat noch nicht genug Wittenbergisch Bier getrunken«, hrsg. vom Evang. Predigerseminar Lutherstadt Wittenberg; Peter Freybe, Wittenberg 2001, 9–30 (Wittenberger Sonntagsvorlesungen), S. 14

22 Antje J. Gornig, Stadt und Kirche im mittelalterlichen Wittenberg, in: Wittenberg-Forschungen. Band 1: Das ernestinische Wittenberg, S. 61

23 Carl Robert, Die Wittenberger Benefizien. Rede zur 100-jährigen Gedenkfeier der Vereinigung der Universitäten Wittenberg und Halle am 21. Juni 1917, Hallische Universitätsreden 5, Halle, Verlag Max Niemeyer, 1917, S. 8f.

24 Institut für Denkmalpflege Arbeitsstelle Halle (Hrsg.), Die Denkmale der Lutherstadt Wittenberg, bearbeitet von Fritz Bellmann, Marie-Luise Harksen und Roland Werner unter Mitarbeit von Peter Findeisen, Hans Gringmuth-Dallmer, Sibylle Harksen und Erhard Voigt, Weimar: Verlag Hermann Böhlaus Nachfolger, 1979, S. 32

25 Fritz Bünger und Gottfried Wentz, Das Bistum Brandenburg, S. 102f.

26 Thomas Lang, Der Kurfürst zu Besuch in seiner Residenz, S. 112 Anm. 189

27 Ingrid Schulze, Die Stadtkirche zu Wittenberg, Das christliche Denkmal, H. 70, 1966, S. 5f. – Wichtige Urkunden des Stadtkirchenarchivs werden derzeit zentral verfilmt und konserviert. Leider konnten wir kein Foto der Urkunde auftreiben.

28 Antje J. Gornig, Das religiöse Gemeinleben im mittelalterlichen Wittenberg

29 Fritz Bünger und Gottfried Wentz, Das Bistum Brandenburg, S. 76f. und 85

30 Hartmut Kühne, »... je Stück einhundert Tage Ablaß«. Skizzen zu Reliquienverehrung und Ablaßpraxis im mitteldeutschen Raum, in: »Gott hat noch nicht genug Wittenbergisch Bier getrunken«: Alltagsleben zur Zeit Martin Luthers. Wittenberger Sonntagsvorlesungen des Evangelischen Predigerseminars, Wittenberg: Drei-Kastanien-Verlag 2001, S. 106

31 Fritz Bünger und Gottfried Wentz, Das Bistum Brandenburg, S. 155–159

32 Nikolaus Müller, Die Wittenberger Bewegung 1521 und 1522: die Vorgänge in und um Wittenberg während Luthers Wartburgaufenthalt; Briefe, Akten u. dgl. und Personalien, Leipzig: Verlag Heinsius 2. Auflage 1911, S. 8

33 Fritz Bünger und Gottfried Wentz, Das Bistum Brandenburg, S. 85 und 374

34 Institut für Denkmalpflege Arbeitsstelle Halle (Hrsg.), Die Denkmale der Lutherstadt Wittenberg, S. 80; Sibylle Harksen, Das Schloss zu Wittenberg, in: Schriftenreihe des Stadtgeschichtlichen Museums Wittenberg, Heft 1, 1977, S. 28 und 33; Heinrich Heubner, Der Bau des kurfürstlichen Schlosses, S. 10; Uwe Schirmer, Kursächsische Staatsfinanzen (1456–1656) Strukturen, Verfassung, Funktionseliten. Quellen und Forschungen zur sächsischen Geschichte. Band 28, Verlag des Sächsischen Akademie der Wissenschaften zu Leipzig 2006, S. 315f. Anm. 805, S. 297 Anm. 715; Helmar Junghans, Wittenberg als Umwelt für Luthers Alltag, S. 12

35 Institut für Denkmalpflege Arbeitsstelle Halle (Hrsg.), Die Denkmale der Lutherstadt Wittenberg, S. 80

36 Ernst Borkowsky, Das Leben Friedrichs des Weisen Kurfürsten zu Sachsen, Jena: Diederichs 1929; Ingetraut Ludolphy, Friedrich der Weise Kurfürst von Sachsen 1463–1525. Göttingen: Verlag Vandenhoeck & Ruprecht 1984

37 Reiner Gross und Gottfried Börnert, Martin Luther 1483–1546. Dokumente seines Lebens und Wirkens. Dokumente aus staatlichen Archiven und anderen wissenschaftlichen und kulturellen Einrichtungen der Deutschen Demokratischen Republik hrsg.von der Staatlichen Archivverwaltung der DDR, Weimar Verlag Hermann Böhlaus Nachfolger 1983, S. 35
38 Werner Schade, Die Malerfamilie Cranach, Dresden, Verlag der Kunst 1974, S. 422 Abb. A; Ernst Rebel, Albrecht Dürer. Maler und Humanist, München: Bertelsmann Verlag 1996 Abb. 27, S. 97–99
39 Uwe Schirmer, Kursächsische Staatsfinanzen (1456–1656), Strukturen, Verfassung, Funktionseinheiten. Quellen und Forschungen zur sächsischen Geschichte, Band 28, Verlag der Sächsischen Akademie der Wissenschaften zu Leipzig, 2006, S. 311f., Anm. 774
40 Institut für Denkmalpflege Arbeitsstelle Halle (Hrsg.), Die Denkmale der Lutherstadt Wittenberg, S. 90f.
41 Andreas Gößner, Die Studenten an der Universität Wittenberg, S. 40f.
42 Statuta 1504: RA Wittenberg: Der Chur-Stadt Wittenberg Copial-Buch derer vorhandenen Chur- und Fürstl: ... Privilegien, ... das gemeine Wesen angehenden Documenten wie solche anfänglich zu Erhaltung derer Originalien ao. 1512. Zusammen getragen, und nachher ... nachdem das alte Copial-Buch unleserlich und schadhaft worden andwerweit abgeschrieben ... Ba 1 = Nr. 1 ; Quellenedition: Karl Eduard Förstemann, Die Willkür und Statuten der Stadt Wittenberg, aus dem Wittenberger Statutenbuche mitgeteilt
43 Alfred Jeremias, Johannes von Staupitz, Luthers Vater und Schüler: sein Leben, sein Verhältnis zu Luther und eine Auswahl aus seinen Schriften, Übertragen und herausgegeben, Quellen. Lebensbücherei christlicher Zeugnisse aus allen Jahrhunderten. Hrsg. v. Eberhard Arnold, Berlin: Hochweg-Verlag 1926
44 Fritz Bünger und Gottfried Wentz, Das Bistum Brandenburg, S. 443, nach: Andreas Meinhardi, Dialogus; S. 444 und S. 446, nach: Walter Friedensburg (Hrsg.), Urkundenbuch der Universität Wittenberg, Band 1, Magdeburg 1926, S. 27
45 Freundlicher Hinweis von Andreas Wurda, Leiter des Ratsarchivs Wittenberg
46 Fritz Bünger und Gottfried Wentz, Das Bistum Brandenburg, S. 443f, nach: Andreas Meinhardi, Über die Lage, die Schönheit und den Ruhm ... Wittenberg, und nach: Karl Pallas, Die Registraturen der Kirchenvisitationen im ehemals sächsischen Kurkreise, 1. Teil: Die Ephorien Wittenberg, Kemberg und Zahna, Geschichtsquellen der Provinz Sachsen und angrenzender Gebiete, 41. Band, Halle, Verlag Otto Henkel 1906, II 1, S. 15
47 Hans-Georg Stephan, Archäologie, Alltagskultur und Stadtforschung, in: Wittenberg-Forschungen, Band 1: Das ernestinische Wittenberg, S. 149, Abb. 5
48 Fritz Bünger und Gottfried Wentz, Das Bistum Brandenburg, S. 453
49 Schade, Die Malerfamilie Cranach, S. 31

50 Thomas Lang, Der Kurfürst zu Besuch in seiner Residenz, S. 112 Abb. 8: Feiern in Wittenberg! - Residenznutzung (Mai 1500 – Dezember 1510)

51 Otto Krack, Lutherbriefe. Martin Luther als Mensch in seinen Briefen, Berlin: Verlag Karl Curtius, 1910, S. 11f.; Andreas Gößner, Die Studenten an der Universität Wittenberg, S. 40f., 41; WA 48, S. 710, 12f. Nr. 7202; Ulrike Ludwig, Die Universitätsgebäude von der Gründung der Leucorea 1502 bis zum Jahr 1547, S. 125 und 127; Albrecht Timm, Universität Halle-Wittenberg, Mitteldeutsche Hochschulen 5, 1960, S. 17

52 Rüdiger Glaser, Klimageschichte Mitteleuropas: 1000 Jahre Wetter, Klima, Katastrophen, Primus Verlag, 2001, S. 98

53 Jürgen Krüger und Martin Wallraff, Luthers Rom. Die Ewige Stadt der Renaissance, Primus Verlag 2010, S. 10

54 Rüdiger Glaser, Klimageschichte Mitteleuropas, S. 98; RA W Nr. 69=Bc 57: allerhand zum Archiv gehörige Original Befehle und Acta über zusammen gezogene einzelne Stadt-Sachen, die nicht wohl separiret und zu keinen gewißen Acten gebraucht werden können d. a. 1512 biß 1612, S. 1

55 Helmar Junghans, Wittenberg und Luther – Luther und die Universität. Eine Gastvorlesung, in: Freiburger Zeitschrift für Philosophie und Theologie, 1978, S. 104–119

56 Stefan Oehmig, »Vor den Schranken des Gerichts«. Kriminalität und Alltag im Wittenberg Martin Luthers, in: Peter Freybe (Hrsg.), »Gott hat noch nicht genug Wittenbergisch Bier getrunken.« Alltagsleben zur Zeit Martin Luthers, Wittenberger Sonntagsvorlesungen. Evangelisches Predigerseminar 2001, Wittenberg: Drei Kastanien Verlag 2001, S. 8

57 Martin Treu, Die Leucorea zwischen Tradition und Erneuerung. Erwägungen zur frühen Geschichte der Universität Wittenberg, in: Heiner Lück (Hrsg.), Martin Luther und seine Universität. Vorträge anläßlich des 450. Todestages des Reformators. Im Auftrage der Stiftung Leucorea an der Martin-Luther-Universität Halle-Wittenberg herausgegeben, Köln, Weimar und Wien, Böhlau Verlag, 1998, S. 39f.

58 Ludwig Grote, Lucas Cranach, der Maler der Reformation. Eine biographische Skizze, Dresden: Naumann 1883, S. 37

59 Fritz Bünger und Gottfried Wentz, Das Bistum Brandenburg, S. 380; Reinhard Buchwald (Hrsg.), Martin Luthers Briefe. In Auswahl 1. Band, S. 5f.

60 Paul Steinmüller, Einführung der Reformation in die Kurmark Brandenburg durch Joachim II., Schriften des Vereins für Reformationsgeschichte 76, Halle 1903, S. 22

61 Otto Oppermann, Das kursächsische Amt Wittenberg, S. 10

62 Reinhard Buchwald (Hrsg.), Martin Luthers Briefe. In Auswahl, Band 1, S. 5f.

63 Heinz Schilling, Urbanisierung und Reformation in termino civilitatis – Überlegungen zu einer welthistorischen Symbiose, in: Wittenberg-Forschungen. Band 1: Das ernestinische Wittenberg. S. 23, nach: WABR. 1, S. 18f. Nr. 6 und S. 69ff. Nr. 27

64 Martin Treu, Die Leucorea zwischen Tradition und Erneuerung, S. 43 und 33; nach: WABR. 12, Nr. 4316; Fritz Bünger und Gottfried Wentz, Das Bistum Brandenburg, S. 477, 448 und 445
65 Helmar Junghans, Wittenberg und Luther – Luther und die Universität, S. 107
66 Otto Krack, Lutherbriefe. Martin Luther als Mensch in seinen Briefen, S. 14f.
67 A.W. Meyner, Geschichte der Stadt Wittenberg, 90
68 Fritz Bünger und Gottfried Wentz, Das Bistum Brandenburg, S. 107
69 Helmar Junghans, Wittenberg und Luther – Luther und die Universität. S. 112
70 Elke Strauchenbruch, Katholischer Bischof übernachtet mit glanzvollem Gefolge in Schmiedeberg, in: Jahrbuch der Dübener Heide 2007, Band 14, Bad Düben 2006; E. Tepohl, Ein Brief ..., in: Hans Baumann (Hrsg.), Die Dübener Heide. Offizielles Mitteilungsblatt des Vereins Dübener Heide e.V. 3. Jahrgang, Bad Schmiedeberg 1932, S. 121, nach: M. Karl Samuel Senff, Kirchen- und Reformations- und Jubel-Geschichte des vormals bischöflich Meißnischen, vormals Churfürstlich-sächsischen Amts Stolpen, 1719 – Ich danke Andreas Wurda für seinen freundlichen Hinweis auf diesen Brief
71 Martin Treu, Der Thesenanschlag fand wirklich statt. Ein neuer Beleg aus der Universitätsbibliothek Jena. Helmar Junghans zum 75. Geburtstag, in: Luther. Zeitschrift der Luther-Gesellschaft, Heft 3, Göttingen, Verlag Vandenhoeck & Ruprecht, 2007, 78. Jahrgang, S.142f.; Walter Friedensburg (Hrsg.), Urkundenbuch der Universität Wittenberg, Band 1, S. 30
72 Otto Krack, Lutherbriefe. Martin Luther als Mensch in seinen Briefen, S. 15–19
73 Heinz Schilling, Urbanisierung und Reformation in termino civilitatis – Überlegungen zu einer welthistorischen Symbiose, S. 24
74 Reiner Gross und Gottfried Börnert, Martin Luther 1483 – 1546. Dokumente seines Lebens und Wirkens, S. 71f. Nr. 38 zwei Abb.
75 Jos Vercruysse, Wittenberg von außen gesehen, S. 10
76 Reinhard Buchwald (Hrsg.), Martin Luthers Briefe. S. 41f.
77 Reinhard Buchwald (Hrsg.), Martin Luthers Briefe, S. 53 und 232
78 Joachim Camerarius, Das Leben Philipp Melanchthons, übersetzt von Volker Werner, mit einer Einführung und Anmerkungen versehen von Heinz Scheible, Schriften der Stiftung Luthergedenkstätten in Sachsen-Anhalt, Band 12, Leipzig, Evangelische Verlagsanstalt, 2010, S. 55
79 Martin Treu, Die Leucorea zwischen Tradition und Erneuerung, S. 46f.; Alexander Bartmuß, Melanchthon erzählt. Ein Beitrag zu den »Dicta und Exempla« Melanchthons, in: Luther. Zeitschrift der Luther-Gesellschaft, Heft 1, Göttingen, Verlag Vandenhoeck & Ruprecht, 2008, 79. Jahrgang, S. 26, nach: CR II, S. 22f.
80 Joachim Camerarius, Das Leben Philipp Melanchthons, S. 57
81 Martin Treu, Die Leucorea zwischen Tradition und Erneuerung, S. 138
82 Friedrich Bünger und Gottfried Wentz, Das Bistum Brandenburg, S. 384
83 Sebastian von Birgelen, Die Reformation auf dem Lande, S. 54f., 55

84 Rolf Kober, Weihnachten im Wittenberg der Reformationszeit und der Renaissance, Begleittext zur CD der Capella Wittenbergensis

85 Friedrich Bünger und Gottfried Wentz, Das Bistum Brandenburg, S. 102

86 Friedrich Bünger und Gottfried Wentz, Das Bistum Brandenburg, S. 477, nach RA Wittenberg, Be 1519

87 Werner Schade, Die Malerfamilie Cranach, Dresden: Verlag der Kunst 1974, S. 409 Nr. 157

88 Valentin Ernst Löscher, Unschuldige Nachrichten von alten und neuen theologischen Sachen, Büchern, Uhrkunden, Controversien, Veränderungen, Anmerckungen, Vorschläge u.d.g., 1731, S. 690

89 Jaekel, Gedenkschrift zur 500-Jahrfeier der Stadtkirche in Bad Schmiedeberg am 1. Pfingstfeiertag (6. Juni) 1954, S. 8

90 Joachim Camerarius, Das Leben Philipp Melanchthons

91 Foerstemann, Der Studentenauflauf zu Wittenberg im Jahre 1520, in: Neue Mitteilungen aus dem Gebiet historisch-antiquarischer Forschungen VIII, 2, 1848, 51–53; Walter Friedensburg, Urkundenbuch der Universität Wittenberg Teil I, Magdeburg 1926, Nr. 80ff.; Martin Treu, Die Leucorea zwischen Tradition und Erneuerung, S. 49, nach: Friedensburg 1, S. 103 Nr. 87

92 Ulrike Ludwig, Die Universitätsgebäude von der Gründung der Leucorea 1502 bis zum Jahr 1547, S. 130 f.

93 WA 10 II, S. 308

94 Heinz Lüdecke, Lucas Cranach d. Ä. im Spiegel seiner Zeit. Aus Urkunden, Chroniken, Briefen, Reden und Gedichten, Berlin: Rütten & Loening 1953, S. 109: Walter Friedensburg, Urkundenbuch der Universität Wittenberg Teil I, Nr. 87

95 Luther, Erbieten, 1520, in: WA 6, S. 478

96 Martin Treu, Die Leucorea zwischen Tradition und Erneuerung, S. 49

97 Friedrich Bünger und Gottfried Wentz, Das Bistum Brandenburg, S. 418

98 Günther Wartenberg (Hrsg.), Martin Luther. Briefe. Eine Auswahl, Leipzig: Insel-Verlag 1983, S. 60

99 Luthers im Mai 1521 in Wittenberg gedruckte Rede, in: WA 7, S. 838

100 Walter Friedensburg, Urkundenbuch der Universität Wittenberg. Teil 1 S. 119 Nr. 110

101 Fritz Bünger und Gottfried Wentz, Das Bistum Brandenburg, S. 450

102 Gustav Kawerau, Luthers Rückkehr von der Wartburg nach Wittenberg, in: Neujahrsblätter. Hrsg. Von der Historischen Kommission der Provinz Sachsen 26, Halle: Verlag Otto Hendel 1902, S. 11f., 15f. und 18

103 Werner Schade, Die Malerfamilie Cranach, S. 410 Nr. 168

104 Gustav Kawerau, Luthers Rückkehr von der Wartburg nach Wittenberg, S. 25f.

105 Gustav Kawerau, Luthers Rückkehr von der Wartburg nach Wittenberg, S. 32

106 Gustav Kawerau, Luthers Rückkehr von der Wartburg nach Wittenberg, S. 33f.

107 Gustav Kawerau, Luthers Rückkehr von der Wartburg nach Wittenberg, S. 36

108 Karl Pallas, Die Visitationsreise des Bischofs Johann VII. von Meißen im Kur-

fürstentum Sachsen 1522. Auf Grund der erhaltenen urkundlichen Nachrichten. In: Zeitschrift des Vereins für Kirchengeschichte der Provinz Sachsen. Heft 1, Magdeburg 1909, S. 27f. und 36

109 Friedrich Bünger und Gottfried Wentz, Das Bistum Brandenburg, S. 29, offenbar mit falschem Datum 22. Januar 1522

110 Friedrich Bünger und Gottfried Wentz, Das Bistum Brandenburg, S. 452f.

111 Johannes Schlageter, Das Franziskanerkloster in Wittenberg bei der Gründung der Universität (1502) und im Beginn der Reformation (1517/25), S. 109f.

112 Martin Treu, Die Leucorea zwischen Tradition und Erneuerung, S. 50f.

113 Gustav Kawerau, Luthers Rückkehr von der Wartburg nach Wittenberg, S. 30f., nach: Sebastian Fröschel, Vom Priestertum der rechten, wahrhaftigen, christlichen Kirche, Wittenberg 1565

114 Gedruckt in: Adolf Laube, Sigrid Loos und Annerose Schneider, Flugschriften der frühen Reformationsbewegung (1518–1524), mit Erläuterungen zur Druckgeschichte von Helmut Claus, Band 2, Berlin: Akademie-Verlag 1983, S. 1035

115 Karl Pallas, Die Wittenberger Beutelordnung vom Jahre 1521 und ihr Verhältnis zu der Einrichtung des Gemeinen Kastens im Januar 1522. Aus dem Nachlasse ... Nic. Müller herausgegeben, in: Zeitschrift des Vereins für Kirchengeschichte der Provinz Sachsen. Heft 1, Jg. 12, Magdeburg: Holtermann 1915

116 Hartmut Kühne, Skizzen zu Reliquienverehrung und Ablaßpraxis im mitteldeutschen Raum, S. 109

117 Karl Pallas, Die Visitationsreise des Bischofs Johann VII. von Meißen im Kurfürstentum Sachsen 1522, S. 74f.

118 Gustav Kawerau, Luthers Rückkehr von der Wartburg nach Wittenberg, S. 37

119 Johannes Cochläus, Sieben kopffe Martin Luthers, von acht hohen sachen des Christlichen glaubens, durch Doct. Jo. Covleum. Dresden: 1529, Bl. Eiijb

120 Gedruckt in: Adolf Laube, Sigrid Loos und Annerose Schneider, Flugschriften der frühen Reformationsbewegung (1518–1524), S. 1035

121 Die Autorin dankt Herrn Prof. Franz Irsigler, Trier, herzlich für seinen freundlichen Hinweis auf: Franz Irsigler, Die »kleinen Leute«. Soziale Randgruppen im 15. Jahrhundert, in: Klaus Herbers und Florian Schuller (Hrsg.), Europa im 15. Jahrhundert. Herbst des Mittelalters – Frühling der Neuzeit? Regensburg: Verlag Friedrich Pustet, S. 118f., und: Franz Irsigler und Arnold Lassotta, Bettler und Gaukler; Dirnen und Henker. Außenseiter einer mittelalterlichen Stadt, München: dtv 12. Auflage 2010

122 Mein Dank für diesen Hinweis gilt dem Leiter der Ratssammlungen Wittenberg, Herrn Andreas Wurda.

123 Stefan Oehmig, Die Wittenberger Bewegung 1521/22 und ihre Folgen im Lichte alter und neuer Fragestellungen. Ein Beitrag zum Thema (Territorial-) Stadt und Reformation, in: Stefan Oehmig (Hrsg.), 700 Jahre Wittenberg. Stadt, Universität, Reformation, Weimar: Hermann Böhlaus Nachfolger 1994, S. 123

124 RA Wittenberg Kämmerreirechnung Ausgab vorn Nachrichter 12. April 1522, Bl. 201v; Stefan Oehmig, »Vor den Schranken des Gerichts«. Kriminalität und Alltag im Wittenberg Martin Luthers, S. 68

125 Uwe Schirmer, Alltag, Armut und soziale Not in der ländlichen Gesellschaft – Beobachtungen aus dem kursächsischen Amt (1485–1547), S. 128, Anm. 67

126 Tim Klein, Luther – Deutsche Briefe, Schriften, Lieder, Tischreden, S. 283

127 Werner Rautenberg. Johann Bugenhagen. Beiträge zu seinem 400. Todestag, Berlin: Evangelische Verlagsanstalt 1958

128 Fritz Bünger und Gottfried Wentz, Das Bistum Brandenburg, S. 86f.

129 Joachim Camerarius, Das Leben Philipp Melanchthons, S. 60f.; Stefan Rhein, Katharina Melanchthon, geb. Krapp. Ein Wittenberger Frauenschicksal der Reformationszeit, in: Stefan Oehmig (Hrsg.), 700 Jahre Wittenberg. Satdt, Universität, Reformation; Weimar 1995, S. 508

130 Joachim Camerarius, Das Leben Philipp Melanchthons, S. 62f.

131 Joachim Camerarius, Das Leben Philipp Melanchthons, S. 62f.

132 RA Wittenberg: Der Chur Stadt Wittenberg Urbarii II. Teil von denen Cämerey-Renthen und Einkünften ... Band 1, Bc 4 = Nr. 7 (= Abschriften), S. 285f.

133 Adolf Saager, Luther-Anekdoten. Lebensbilder, Anekdoten, Kernsprüche, Stuttgart, Verlag Robert Lutz o.J., S. 155

134 Günther Wartenberg (Hrsg.), Martin Luther. Briefe, S. 43 und 388: Walpurga Landmann

135 WATR. 3, S. 593 Nr. 3755

136 Georg Buchwald, Zur Wittenberger Stadt- und Universitäts-Geschichte in der Reformationszeit: Briefe aus Wittenberg an M. Stephan Roth in Zwickau, Charlestown 1997, S. 62 Nr. 68: Melanchthon tanzte mit Katharina Jonas, der Ehefrau des Propstes Justus Jonas

137 Antje J. Gornig, Stadt und Kirche im mittelalterlichen Wittenberg, S. 55 Anm. 64, nach: RA W KR 1489, Bl 168v; S. 55

138 Helmar Junghans, Wittenberg und Luther – Luther und die Universität, S. 107

139 RA W: Nachrichten des Gotteskastens zu Wittenberg... = Bc4 vol A. Bl. 156b, c, d und e

140 Wittenberger Beutelordnung, S. 30, 34, 35, 38

141 Friedrich Bünger und Gottfried Wentz, Das Bistum Brandenburg, S. 389

142 Werner Schade, Die Malerfamilie Cranach, S. 412 Nr. 219

143 RA W: Der Chur Stadt Wittenberg Urbarii II. Teil von denen Cämerey-Renthen und Einkünften ... Band 1, Bc 4 = Nr. 7 (= Abschriften), S. 29; RA W Nr. 69=Bc 57: allerhand zum Archiv gehörige Original Befehle und Acta über zusammen gezogene einzelne Stadt-Sachen, die nicht wohl separiret und zu keinen gewißen Acten gebraucht werden können d. a.1512 biß 1612, S. 11–12b

144 Beatrice Frank, Luther und Geld. Luthers Wirtschaftsethik in Theorie und Praxis, in: Luther. Zeitschrift der Luther-Gesellschaft, Heft 2, Göttingen, Verlag Vandenhoeck & Ruprecht 2009, 80. Jahrgang, S. 15 Anm. 14, nach: WATR. 5, Nr. 6430

145 Friedrich Bünger und Gottfried Wentz, Das Bistum Brandenburg, S. 383
146 Friedrich Bünger und Gottfried Wentz, Das Bistum Brandenburg, S. 459
147 RA W Nr. 69=Bc 57: allerhand zum Archiv gehörige Original Befehle und Acta über zusammen gezogene einzelne Stadt-Sachen, S. 19
148 Karl Pallas, Wittenberger Beutelordnung, S. 40
149 Helmar Junghans, Wittenberg und Luther – Luther und die Universität, S. 113
150 Adolf Saager, Luther-Anekdoten. Lebensbilder, Anekdoten, Kernsprüche, S. 158
151 Tim Klein, Luther, Deutsche Briefe, Schriften, Lieder Tischreden, S. 267
152 Reiner Gross und Gottfried Börnert, Martin Luther 1483–1546. Dokumente seines Lebens und Wirkens, S. 150
153 Fritz Stoy, Friedrich des Weisen Hoflager in Lochau in seinem letzten Lebensjahre, in: Forschung und Leben. Heimatblätter des Schönbergbundes. Arbeitsgemeinschaft für Heimatpflege im Regierungsbezirk Merseburg. Heft 5 und 6, Halle, Karras & Koennecke Verlag, 2. Jahrgang, 1928, S. 289
154 Günther Wartenberg (Hrsg.), Martin Luther. Briefe, S. 114; Hanns Bächtold-Stäubli, unter Mitwirkung von Eduard Hoffmann-Krayer (Hrsg.), Handwörterbuch des deutschen Aberglaubens, Band 7, Berlin und New York: Verlag Walter de Gruyter 1987, Sp. 596f.
155 Ingetraut Ludolphy, Friedrich der Weise. Kurfürst von Sachsen, S. 485f.
156 Uwe Schirmer, Kursächsische Staatsfinanzen (1456–1656), S. 381
157 Reinhard Jonscher, Der Bauernkrieg in Thüringen. Ausstellungskatalog der Mühlhäuser Museen, 2003, S. 120; Uwe Schirmer, Kursächsische Staatsfinanzen /1456–1656), S. 375 und 378
158 Reichhardt, Luther im Kirchenkreise Kemberg. Vortrag, gehalten auf dem 2. Kirchentag zu Kemberg am 22. April 1928, S. 5
159 Günther Wartenberg (Hrsg.), Martin Luther. Briefe, S. 115
160 Friedrich Bünger und Gottfried Wentz, Das Bistum Brandenburg, S. 131 Nr. 137
161 Günther Wartenberg (Hrsg.), Martin Luther. Briefe, S. 116f.
162 Günther Wartenberg (Hrsg.), Martin Luther. Briefe, S. 116
163 Zusammenstellung von Kettner 41, nach Ratsakten
164 Johann Karl Seidemann, Luthers Grundbesitz, in: Zeitschrift für die historische Theologie, Jg. 1860, IV. Heft, S. 484
165 WATR 4, 670, 24–27 (5117), Tischreden vom 2. bis 7. August 1540
166 Johann Karl Seidemann, Luthers Grundbesitz, S. 476, 477
167 Günther Wartenberg (Hrsg.), Martin Luther. Briefe, S. 116
168 Elke Strauchenbruch, Luthers Kinder, Leipzig: Evangelische Verlagsanstalt 2010
169 Stefan Oehmig, Wittenberg als Universitäts- und Studentenstadt, S. 44
170 Thomas Lang, Der Kurfürst zu Besuch in seiner Residenz, S. 115
171 Karl Pallas, Die Registraturen der Kirchenvisitationen im ehemals sächsischen Kurkreise, S. 12f.; Elke Strauchenbruch, Luthers Kinder
172 Friedrich Bünger und Gottfried Wentz, Das Bistum Brandenburg, S. 387

173 Uwe Schirmer, Kursächsische Staatsfinanzen (1456–1656), S. 376 Anm. 1058: der 1992 verstorbene Archivar Ernst Müller hat den Verbleib des Wittenberger Heiltums aufgeklärt, S. 377, S. 380 Tabelle 25, S. 381 Anm. 1078 und S. 382 Tabelle 26

174 Günther Wartenberg (Hrsg.), Martin Luther. Briefe, S. 163f.; Helmar Junghans, Wittenberg und Luther – Luther und die Universität. S.115

175 Günther Wartenberg (Hrsg.), Martin Luther. Briefe, S. 128f.

176 Beatrice Frank, Luther und Geld. Luthers Wirtschaftsethik in Theorie und Praxis, S. 28 Anm. 116, nach: WA 24, 28, 31 I, 33, 34 II, 51

177 Karl Pallas, Die Registraturen der Kirchenvisitationen im ehemals sächsischen Kurkreise, S. 2ff., 91f., 99f., 110, 120f. und 163f.

178 Nebelsieck, Pfarrer und Gemeinden im ehemaligen sächsischen Kurkreise. Kirchliche Kulturbilder aus dem 16. und 17. Jahrhundert. In: Zeitschrift des Vereins für Kirchengeschichte der Provinz Sachsen und des Freistaates Anhalt, 1909, S. 16

179 Sebastian von Birgelen, Die Reformation auf dem Lande, S. 96ff.

180 Sebastian von Birgelen, Die Reformation auf dem Lande, S. 44 Anm. 151, nach: ThHStA Weimar, EGA, Reg. Bb 2833, S. 8r; S. 45

181 Günther Wartenberg (Hrsg.), Martin Luther. Briefe, S. 194

182 Beatrice Frank, Luther und Geld. Luthers Wirtschaftsethik in Theorie und Praxis, S. 33 Anm. 135, nach: WA 30 II, 327, Zeile 17f.und 31f.; ---- WA 7, 580, 30 (Das Magnificat ... ausgelegt, 1521); WA 24, 407, 13ff. (Über das 1. Buch Mose, 1527) und in der Folge sehr ähnlich in vielen weiteren Predigten und Schriften)

183 Beatrice Frank, Luther und Geld. Luthers Wirtschaftsethik in Theorie und Praxis, S. 29

184 Karl Pallas, Die Registraturen der Kirchenvisitationen im ehemals sächsischen Kurkreise, S. 21 und 22

185 Friedrich Bünger und Gottfried Wentz, Das Bistum Brandenburg, S. 393, 395 und 383

186 Günther Wartenberg (Hrsg.), Martin Luther. Briefe. S. 137

187 RA Wittenberg: Der Chur Stadt Wittenberg Urbarii II. Teil von denen Cämerey-Renthen und Einkünften ... Band 1, Bc 4 = Nr. 7 (= Abschriften), S. 267; Günther Wartenberg (Hrsg.), Martin Luther. Briefe, S. 141

188 Stefan Oehmig, Wittenberg als Universitäts- und Studentenstadt, S. 50

189 Uwe Schirmer, Alltag, Armut und soziale Not in der ländlichen Gesellschaft – Beobachtungen aus dem kursächsischen Amt (1485–1547), S. 133, Anm. 98, 99 und Anm. 101, S. 128, Anm. 71

190 Uwe Schirmer, Alltag, Armut und soziale Not in der ländlichen Gesellschaft – Beobachtungen aus dem kursächsischen Amt (1485–1547), S. 127 Anm. 61

191 Elke Stiegler, die Durchsetzung des Buchverlages in Wittenberg (1522 bis 1533), S. 39–48

192 Heiner Lück, Das ernestinische Wittenberg. Universität und Stadt (1486–

1547). Ein Forschungsvorhaben, S. 16, nach: Manfred Straube, Wittenberg in den Anfangsjahren der Universität und der Reformation. Wirtschaftliche Herausforderungen und soziale Probleme am Beginn einer neuen Stadtentwicklung, S. 439

193 Nach: Manfred Straube, Wittenberg in den Anfangsjahren der Universität und der Reformation, S. 442

194 Manfred Straube, Wittenberg in den Anfangsjahren der Universität und der Reformation, S. 443ff.

195 Holger Niewisch, Dachkonstruktionen in Wittenberg: Ergebnisse einer ersten dendrologischen Kampagne, in: Wittenberg-Forschungen, Band 1, Das ernestinische Wittenberg, S. 204

196 Stefan Oehmig, Wittenberg als Universitäts- und Studentenstadt, S. 42

197 Stefan Oehmig, »Vor den Schranken des Gerichts«. Kriminalität und Alltag im Wittenberg Martin Luthers, S. 81

198 Becker, Lutherstadt Wittenberg. Die Wiege der Reformation. Bearbeitet im Auftrage des Magistrats von Stadtvermessungsdirektor Becker, Hrsg. durch den Deutschen Städte-Verlag Artur Seelemeyer 1927, S. 41, nach einer Aussage von Nikolaus Müller

199 Fritz Stoy, Friedrich des Weisen Hoflager in Lochau in seinem letzten Lebensjahre, S. 288

200 Karl Pallas, Die Wittenberger Beutelordnung, S. 30, 34, 35, 38

201 WA 38, S. 351

202 WA 38, S. 358f. und 364

203 H.G. Evers, Tod, Macht und Raum als Bereiche der Architektur, München 1939, S. 180–83

204 G. Troescher, Weltgerichtsbilder in Rathäusern und Gerichtsstätten, in: Wallraf-Richartz-Jahrbuch 11, Köln 1939

205 Paul Gottlieb Kettner, Historische Nachricht Von dem Raths-COLLEGIO Der Chur-Stadt Wittenberg, S. 84f. Nr. IV, VI. und VII.

206 Gustav Kawerau (Hrsg.), Der Briefwechsel des Justus Jonas. Gesammelt und herausgegeben. (2 Teile in einem Band), Hildesheim, Georg Olms Verlagsgesellschaft 1964 (Repografischer Nachdruck), Geschichtsquellen der Provinz Sachsen und angrenzender Gebiete, Band 17, Teil 1, S. 229 Nr. 276

207 Felix Theodor Mühlmann, Wanderung durch die Geschichte der Stadt Belzig, des Schlosses Eisenhardt und der Umgegend, Belzig 1870, S. 61 Anm.

208 Uwe Schirmer, Alltag, Armut und soziale Not in der ländlichen Gesellschaft – Beobachtungen aus dem kursächsischen Amt (1485–1547), S. 122 ; Georg Buchwald, D. Martin Luthers Briefe, ausgewählt, Leipzig und Berlin: B.G. Teubner Verlag 1925, S. 253 Nr. 357

209 Uwe Schirmer, Kursächsische Staatsfinanzen (1456–1656), S. 479, Anm. 1461

210 Otto Krack, Lutherbriefe. Martin Luther als Mensch in seinen Briefen, S. 116–118

211 Richard Möbius, Zahna, in: Stadt und Land. Monographien entwicklungs-

fähiger Städte und Ortschaften: Der Landkreis Wittenberg, Berlin: Hans Burkhard 1929, 10. Jg., S. 18; Richard Möbius, Kohlhases Fehde mit Kursachsen, in: Wittenberger Rundblick. Berichtet über Heimat und Kultur aus Fläming Heide Aue, Wittenberg, November 1956, S. 195f.; Oskar Brachwitz, Geschichtliche Bilder vom Südfläming und aus der Elbe-Elster-Gegend, Biehl 1926, S. 15

212 WATR 4 Nr. 4088

213 Uwe Schirmer, Kursächsische Staatsfinanzen (1456–1656), S. 479

214 Freundlicher Hinweis von Andreas Wurda, Ratssammlungen der Stadt Wittenberg

215 Günther Wartenberg (Hrsg.), Martin Luther. Briefe. S. 246f.

216 (Kriegsvorbereitung) RA Wittenberg: Churfürstlich Sächsische Mandate betreff Landesgesetze und Ordnungen d. a. 1656 bis mit 1723, BC 39 = Nr. 50, S. 402

217 A. H. Burkhardt (Hrsg.), Thüringische Geschichtsquellen, N.F., Band 5 = Ernestinische Landtagsakten, Band 1: Die Landtage von 1487 bis 1532, Jena: Gustav Fischer-Verlag, S. 215f.

218 WATR 5, S. 232 Nr. 5552

219 Uwe Schirmer, Kursächsische Staatsfinanzen (1456–1656), S. 373 und S. 403, Anm. 1172; WATr 2, 509 Nr. 2540

220 Uwe Schirmer, Kursächsische Staatsfinanzen (1456–1656) S. 477, Anm. 1450

221 Uwe Schirmer, Kursächsische Staatsfinanzen (1456–1656), S. 432

222 WATR 4, Nr. 4472

223 Walter Friedensburg, Urkundenbuch der Universität Wittenberg. Teil 1 (1502–1611), S. 240 Nr. 254

224 Paul Scheurlen, Luther, unser Hausfreund, Stuttgart: Chr. Belser Verlag, o. J., S. 173

225 Andreas Gößner, Die Studenten an der Universität Wittenberg, S. 66, Anm. 254; Walter Friedensburg, Urkundenbuch der Universität Wittenberg,Teil 1 (1502–1611), Nr. 236ff. und Nr. 241

226 RA Wittenberg, Lagerungs-Nr. 4006 S. 95; freundlicher Hinweis von Andreas Wurda, Ratssammlungen

227 Otto Krack, Lutherbriefe. Martin Luther als Mensch in seinen Briefen, S. 173–175

228 Paul Scheurlen, Luther, unser Hausfreund, S. 174

229 Walter Friedensburg, Urkundenbuch der Universität Wittenberg. Teil 1 (1502–1611), S. 244

230 Otto Krack, Lutherbriefe. Martin Luther als Mensch in seinen Briefen, S. 100

231 Sebastian von Birgelen, Die Reformation auf dem Lande, S. 118f.

232 Uwe Schirmer, Alltag, Armut und soziale Not in der ländlichen Gesellschaft – Beobachtungen aus dem kursächsischen Amt (1485–1547), S. 129f., Anm. 76

233 Uwe Schirmer, Alltag, Armut und soziale Not in der ländlichen Gesellschaft – Beobachtungen aus dem kursächsischen Amt (1485–1547), S. 130, Anm. 81

234 Georg Buchwald, Allerlei Wittenbergisches aus der Reformationszeit V, in: Luther-Jahrbuch 11, 1929, S. 120f.

235 Gustav Kawerau (Hrsg.), Der Briefwechsel des Justus Jonas, S. 121 Nr. 125; Karl Pallas, Die Registraturen der Kirchenvisitationen im ehemals sächsischen Kurkreise, S. 29; ARG 25, 87, WATr 4 S. 115 Nr. 4073c

236 Günther Wartenberg (Hrsg.), Martin Luther. Briefe.

237 Otto Vogt (Hrsg.), Dr. Johannes Bugenhagens Briefwechsel gesammelt und herausgegeben. Mit einem Vorwort und Nachträgen von Eike Wolgast unter Mitarbeit von Hans Volz, Hildesheim, Georg Olms Verlagsbuchhandlung, 1966, S. 324–327 Nr. 154

238 Uwe Schirmer, Kursächsische Staatsfinanzen (1456–1656), S. 413–415

239 Uwe Schirmer, Kursächsische Staatsfinanzen (1456–1656), S. 477, Anm. 1454

240 Kirchen-Ordnung für die Stadt Wittenberg. 1533, in: Die Kirchenordnungen. Die Städte und Ortschaften der ernestinischen und albertinischen Länder, S. 700 Nr. 162

241 Norbert Buske, Johannes Bugenhagen. Sein Leben. Seine Zeit. Seine Wirkungen. Schwerin: Thomas Helms Verlag 2010, S. 44

242 Günther Wartenberg (Hrsg.), Martin Luther. Briefe, S. 293

243 Tim Klein, Luther – Deutsche Briefe, Schriften, Lieder, Tischreden, S. 258

244 Günther Wartenberg (Hrsg.), Martin Luther. Briefe, S. 219f. und 225

245 Otto Krack, Lutherbriefe. Martin Luther als Mensch in seinen Briefen, S. 136

246 WATR 5, Nr. 6436 (1543)

247 WATR 3, Nr. 3472

248 Tim Klein, Luther – Deutsche Briefe, Schriften, Lieder, Tischreden, S. 259

249 Deutsche Übersetzung aus: Kurt Aland, Lutherlexikon, Berlin: Evangelische Verlagsanstalt 1956, S. 176f., nach: WA 5, S. 423

250 Kurt Aland, Lutherlexikon, S. 177, nach: WA 51, S. 268

251 WATR 2563b

252 WATR 6406

253 WABR 11, 148–152; 13, 345f.; Hans-Ulrich Delius, Briefe Martin Luthers, ausgewählt, eingeleitet und übersetzt, in: Reformatorenbriefe. Luther. Zwingli. Calvin, hrsg. v. Günter Gloede unter Mitarbeit von Hans-Ulrich Delius und Gottfried W. Locher, Berlin, Evangelische Verlagsanstalt 1973, S. 168f. Nr. 94

254 Walter Friedensburg, Urkundenbuch der Universität Wittenberg, Nr. 264

255 Werner Schade, Die Malerfamilie Cranach, S. 388 Anm. 592

256 Werner Rautenberg. Johann Bugenhagen. Beiträge zu seinem 400. Todestag, S. 39, nach: WA 7, S. 252

BILDNACHWEIS

Umschlagbild: Ältestes Stadtsiegel Wittenbergs mit herzoglich sächsischem Wappen, Elbe und mächtiger Stadtbefestigung, 1358 (Elke Stiegler)
S. 14 Elke Stiegler (Fotostudio Kirsch, Wittenberg)
S. 15 Elke Stiegler
S. 18 Universitätsbibliothek Würzburg, Delin. VI, 14
S. 20 Ratsarchiv Wittenberg
S. 27, 31, 36 Elke Stiegler
S. 37 Stadtkirchgemeinde (Foto Jürgen M. Pietsch)
S. 39, 41, 42, 46, 48, 65, 73 Elke Stiegler
S. 76 Lutherstiftung
S. 87 Elke Stiegler
S. 97, 100 Lutherstiftung
S. 105 Schlosskirche – Predigerseminar (Foto Wittenberg Kultur e. V.)
S. 107, 113, 119 Lutherstiftung
S. 121 Lutherstiftung (Fotostudio Kirsch)
S. 124, 131, 132, 137, 145, 149, 151 (Elke Stiegler)
S. 157 Stadtkirchgemeinde (Foto Elke Stiegler)
S. 164, 169, 176 Elke Stiegler
S. 179, 181–183 Lutherstiftung
S. 184, 187, 189, 193 Elke Stiegler
S. 195 Stadtkirchgemeinde (Fotostudio Kirsch, Wittenberg)
S. 196 Lutherstiftung (Fotostudio Kirsch, Wittenberg)
S. 197, 199, 201, 206, 208, 218, 221, 224 Elke Stiegler
S. 226 Fotostudio Kirsch
S. 232 Elke Stiegler